중국투자 *China Business Success* 성공하기

안교석
지음

중국 **M&A**미디어사

　중국에 진출한 노동집약형 외자기업들은 중국정부가 산업구조 고도화를 추진하면서 새로이 실시하고 있는 신노동법으로 일컫는 '노동계약법', 가공무역 업종의 제한 및 금지, 증치세 환급율 인하 또는 폐지, 오염물질 배출기업 제품 수출금지 등의 각종 규제와 외자기업들에 대한 노조 활성화 등으로 한국계 중소기업의 경영환경이 악화되면서 한계상황으로 내몰리고 있다고 전한다.

　이에 이미 중국에 진출한 기업들로서는 급변하는 경영환경에 적응하던가 아니면 새로운 선택을 해야 할 입장이며, 앞으로 중국진출을 검토하고 있는 기업들은 달라진 환경을 사전에 면밀히 분석해 새로운 전략을 강구하여야 할 것으로 사료된다.

　중국투자를 결정하는 우리 기업들이 가장 먼저 살펴보아야 할 중요사항은 투자환경과 주요 상거래법 등 중국 관련 법규에 따라서 투자가 결정되어야 한다는 것이다. 이러한 중국 투자관련 규정에 대한 이해부족은 결과적으로 우리 기업에게 적지 않은 시간과 비용 및 노력 등의 희생을 요구할 것이다.

　그러므로 이미 중국에 진출한 기업이든 진출을 준비 중인 기업이든 반드시 중국투자 관련 법률 규정과 실제사례를 면밀히 살펴보는 것이 중국투자의 실패위험을 줄이는 첫걸음이 될 것이다. 이 책은 이러한 문제들에 대한 명확한 해결책을 제시하고 있다.

　저자는 중국에서의 실제 현장경험을 살려서 중국투자의 핵심이 되는 법률지식은 물론 다양하고 요긴한 실무사례를 통하여 우리 투자기업들이 알기 쉽게 이 책을 저술하였고, 각 장의 말미에는 "중국은 지금"이란 코너를 만들어 중국 현지의 재미있는 최신 소식을 생생하게 전하고 있다.

　특히 여러 가지 여건상 중국투자 서비스를 충분히 제공받지 못하는 기업들이 이 책을 통해 급변하는 현지 업무를 처리하는 과정에서 실패의 위험을 줄여서 중국투자 성공의 기반을 조성할 수 있기를 기대한다.

2008. 3

대 한 민 국
전 국무총리 　이 한 동
이 한 동

"일부 재중 한국기업 야반도주(一些在中韩企半夜逃逸)"

이 기사는 중국에서 최고 권위의 관영 매체인 공산당 기관지 '인민일보'의 국제판 신문 '환치우스바오(环球时报)'가 2007년 12월 27일자와 2008년 2월 18일자로 연이어 머리글로 대서특필한 기사의 제목이다.

동 보도에 의하면 한국계 기업들이 중국에서의 경영환경 악화를 이유로 정상적 철수를 이행하지 않고 노동자들의 임금을 체불하고서 공장 설비를 남기고 단신 철수하는 이른바 "야반도주"를 택하는 기업들이 점차 증가하고 있다고 하고 있다.

신문은 또한 앞으로 중국정부는 나날이 법률체계와 환경표준을 완비하면서 세수와 노동정책을 엄격히 적용할 것이며 이에 적응하지 못하는 기업은 견디기 어려울 것이라고 밝히고 있다.

"규율을 바꿀 수 없으면 규율에 적응하라"

실제로 중국 현지에서 확인해보면 아직 일부에 불과한 한국기업의 "야반도주" 현상(중국 청도지역의 경우 2007년 말까지 총 투자기업 8,344개 기업 중 87개회사가 야반도주한 것으로 조사되었음)에 대한 중국 环球时报와 한국 언론들의 보도 내용은 사실과 달리 과장보도의 측면이 강하긴 하다.

하지만 작금에 중국정부 당국은 자국의 산업구조 고도화를 추진하면서 외자기업들의 적응이 어려울 정도로 전 산업 분야에 걸쳐서 각종 새로운 규정 또는 규제를 무더기로 쏟아내고 있으며 중국 현지의 몇몇 한국계 기업은 이렇게 급격한 기업환경 변화에 적응하지 못해서 부득이 "야반도주"를 택하고 있다.

현재 중국 경제는 확실히 구조조정 단계에 있다. 저임금시대는 끝나가고 있으며 저효율·저부가산업은 고효율·고부가산업으로 바뀌어가고 있는 것이다. 이른바 "야반도주"는 이러한 경제 구조 변화의 부산물일 수도 있다.

하지만 중요한 것은 중국에 투자한 우리 기업들은 투자자본과 기술 및 투자 기업의 경영권자는 한국인일지라도 기업 그 자체는 중국의 법률과 제도를 따라야만 하는 중국의 외상투자기업임을 언제나 명심해야 한다.

그러므로 상시적으로 중국 중앙정부와 지방정부에서 발표하고 시행하는 제반 기업환경 요소와 상거래 법률관계 내용을 숙지하고 그 이행에 만전을 기해야 한다.

"'관시(关系)'보다 법규를 알아야 한다"

중국은 한국과 다른 게임의 법칙을 가지고 있다. 이를 모르면 쉽게 법규를 위반하게 된다. 사소한 위반의 결과는 엄청난 투자의 실패를 초래할 수 있으므로 주의해야 한다.

중국을 한국으로 착각한 결과, 법규위반이 늘어나 손실이 증가하게 되고 투자원가가 높아지게 된다. 투자원가가 감당할 수 없을 정도로 증가하면 사업실패로 이어질 수밖에 없다.

중국에서도 관시(关系)가 불가능한 것을 가능하게 하는 것이 아니라 가능한 것을 얼마나 효율적으로 처리할 수 있느냐하는 개념으로 변화하고 있다.

우리 기업들에게 기업 경영상의 문제가 발생하였을 때 이 문제가 해결이 가능한 것이냐 불가능한 것이냐에 대한 판단이 선행되어야 하는데 이의 해결책으로 해당 법률 내용을 우선 숙지하여야 한다.

본서의 PART I 에서는 중국 현지에서 실제로 사업을 시행 시 현실적으로 당장 직면하는 기업환경 즉, 부동산 취득(房地产购物)·노무관리(劳务管理)·사회보험제도(社会保险制度)·금융외환관리(金融外汇管理)·통관(通关)·가공무역(加工贸易) 및 환경보호제도(环境保护制度)에 이르기까지 저자가 직접 상담한 다양한 실무사례와 함께 기술하였다.

또한 PART II 에서는 중국의 주요 상거래법에 관하여 즉, 중국에서 사업 시 반드시 직면하는 계약법(合同法)·계약이 문제화 되었을 경우 이를 해결하기 위한 중재법(仲裁法)·중국에서 내수를 하기 위해서 꼭 알아야하는 담보법(担保法)과 어음수표법(票据支票法) 및 증권법(证券法)에 관하여 생생한 실무사례와 함께 알기 쉽게 제시하였다.

저자의 중국 생활에 언제나 따듯한 친절로서 절친한 동료 관계를 유지하고 있는 上海 万隆회계법인 王晓鹏董事长과 尹泳宇변호사, 北京 中龙회계법인 徐维敏, 杭州 中瑞江南회계법인 俞子辰, 沈阳 万隆회계법인 刘宁宇, 大连 东方회계법인 汪海董事长, 青岛 金水江山회계법인 朴永泉회계사와 刘建华세무사님께 진심으로 감사를 드리며, 국가·지방세무국에 근무하는 여러 중국친구들의 이름을 기록하지 못한 점에 대하여 널리 양해를 구한다.

2008년 3월

저자 안 교 석

PART 1

중국의 기업환경

중국의

토지는 소유권(所有权)과 사용권(使用权)이 분리되어 있어서 토지에 대한 사적소유권을 인정하지 않고 있으므로 토지소유권(土地所有权)은 거래할 수 없으며 토지사용권(土地使用权)은 거래가 가능하다

도시구역의 토지는 국가소유(国有土地)에 속하며, 도시교외구역과 농촌지역의 토지는 국가소유로 규정한 것을 제외하고는 농민집체소유(集体土地)에 속한다.

국유토지와 농민집체소유의 토지는 단위(单位) 또는 개인(个人)에게 사용권을 줄 수 있으며 중국에서의 토지 거래는 이러한 사용권에 대한 취득 및 임대를 의미한다. 한편 지상건축물(공장 등) 기타 부착물의 소유권은 해당 토지의 사용권 범위 내에서 유지되므로 주의가 요망된다.

1. 토지사용권 취득방법

토지사용권 취득 시에는 토지에 대한 등기자료(登记资料)는 공개 열람할 수 있으므로 토지사용권을 취득하기 전에 관할 토지관리부서에 가서 토지사용권자, 사용기한, 저당관계, 임대여부를 먼저 확인 할 필요가 있다.

또한 군(軍)부대도 토지관리기구가 있어서 군을 통해서 토지사용권을 취득하는 경우가 있는데 이는 불확실한 회색지대가 많기 때문에 반드시 현지의 토지관리기구를 찾아가서 불법여부를 확인한 후 취득하여야 한다.

(1) 국유토지의 토지사용권(土地使用权) 취득

1) 유상취득(出让 출양)

1979년 중국경제의 대외개방이 시작된 이래 중국정부는 국유토지를 무상으로 제공하고 투자기업을 유치하곤 하였으나, 1988년 12월 「토지관리법」이 실시되면서부터 국유토지에 한해 유상취득제도가 처음으로 도입되었다.

가. 출양방법

① 국유토지사용권은 입찰(招标)·경매(拍卖)·공시(挂牌)·협의(协议 수의계약)방식 등으로 취득한다.

② 상업, 관광, 오락과 주택상품 등의 각종 경영성 용지는 토지의 공급계획을 공포한 후 동일한 부지에 2인 이상의 수요자가 있을 경우에는 반드시 입찰·경매·공시의 공개거래방식으로 출양하며, 이 밖의 용도의 토지는 협의방식으로 국유토지사용권을 출양할 수 있으나 협의방식으로 출양한 국유토지사용권의 출양금은 국가규정에서 확정한 최저가격보다 낮아서는 안 된다.

나. 출양주체

① 35헥타르 이상의 기본농경지(基本农田)와 경작지(耕地) 및 70헥타르 이상의 기타 토지는 국무원의 비준(国务院批准)을 받아야 한다.

② 상기①항 이외의 토지는 성·자치구·직할시정부의 비준을 득

해야 한다.

③ '국유토지사용권 출양계약'은 현급(县级) 혹은 현급 이상의 인민정부와 국유토지 사용계약을 체결하여 대금(出让金)을 지불하고 국유토지토지사용권을 취득한다. 그러므로 개발구관리위원회, 현급(县级) 아래의 인민정부와 체결한'국유토지사용권 출양계약'은 법적인 보호를 받지 못한다.

다. 출양토지의 개발

출양방식으로 취득한 토지사용권은 반드시 '국유토지사용권 출양계약'에서 약정한 용도(出让用途)와 착공개발기한 이내에 토지를 개발해야 한다.

만일 출양계약서상의 착공개발시기로부터 만 1년 이내에 착공하지 않을 경우 토지사용권 출양금의 20%에 상당하는 토지방치비(土地闲置费)를 징수할 수 있으며, 만 2년이 지나도 개발착공하지 않을 경우 무상으로 토지사용권을 회수할 수 있다. 다만 불가항력이나 정부의 행위 또는 개발착공에 필요한 준비작업으로 인하여 착공이 지연되는 것은 제외한다.

라. 출양조건

외상투자기업은 '국유토지사용권 출양계약' 시 <7통1평>(도로, 전기, 물, 하수도, 통신, 천연가스, 스팀 과 부지의 평탄)과 같은 일정한 조건의 구비를 현급 이상 인민정부에게 요구할 수 있다.

마. 출양 최저가격제 실시

중국은 2007년 1월 1일부터 지방정부의 토지 난개발을 방지하고 도시주변 개발이익 수혜자와 피수용 농민간의 경제적 불평등해소 및 고정자산 투자과열을 억제하기 위하여 전국의 공업용지 불하가격 최저기준제도를 실시하고 있다.

바. 토지사용증의 취득

① 외상투자기업은 현급 혹은 현급이상의 지방인민정부 토지관리 국에서 토지사용 수속을 마치고 토지사용증(土地使用证)을 취득해야 한다.
토지사용증의 주요 내용은 토지사용자의 명칭, 주소, 용도, 비준사용기한, 경계, 발행기관의 서명, 용지면적, 토지등급, 사용증번호, 비고, 작성 연월일 등이 표시된다.

② 토지사용증은 외상투자기업이 담보제공 등 토지를 사용하기 위한 법률적 근거가 된다. 단 경영기간 내에 비준기관의 승인없이는 토지사용권을 제3자에게 양도할 수 없다.

③ 국가소유의 토지, 즉 국유토지를 유상취득 시에는 재양도 · 임대 및 저당권 설정이 가능하다.

2) 재양도(转让)

① 재양도에 의한 토지사용권의 취득방법은 토지사용자로부터 토지사용권 잔여기간 내에 토지사용권을 다시 취득하는 방법으로 양도(让与) · 교환(交换) · 증여(赠与) 등이 토지사용권의 재양도에 포함되며 저당권설정이나 임대가 가능하다.

② 토지사용권 재양도 시에는 지상건축물과 기타 부착물의 소유권 및 등기문건에 기재된 권리와 의무도 따라서 함께 이전되며 규정에 따라 명의변경등기(过户登记)를 해야 한다.

③ 토지사용권과 지상건축물 및 기타 부착물의 소유권을 분할하여 재양도(分割转让) 시에는 반드시 시 · 현 인민정부 토지관리부문과 건물관리부문의 비준(批准)을 받아서 명의변경등기(过户登记)를 해야 한다.

④ 토지사용권 재양도 가격(转让价格)이 시장가격보다 현저하게 낮을 경우, 시 · 현 인민정부가 구매우선권(先购买权)을 가지

며 재양도 시장가격이 불합리하게 상승하는 경우 시·현 인민
정부는 필요한 조치를 취할 수 있다.
⑤ 외상투자기업이 출양 취득한 토지사용권도 토지사용권출양금
을 전액지불하고 출양계약에 따라 투자개발을 이행(부동산건
설공사의 경우 개발투자총액의 25% 이상)한 경우 타인에게 재
양도할 수 있다.

3) 무상취득(划拔)

① 1988년 12월 「토지관리법 」이 시행되기 전까지는 행정배정의
방식으로 현급이상 정부의 비준을 받아 무상(无偿)으로 토지사
용권을 취득하고 토지사용자는 토지보상비용을 지급하고 매년
토지사용세를 납부하였다.
현재는 공익목적의 도시기초시설용지, 공익사업용지 및 국가에
서 중점적으로 지원하는 에너지, 교통, 수리 등의 사업과 관련된
용지의 외국투자자에 한하여서만 무상(획발)취득이 가능하다.
② 무상취득(无偿取得)한 토지의 사용기한은 기업의 경영기한과
동일하며 무상취득한 토지사용권은 양도, 임대 및 저당권설정
을 할 수 없다.
다만 무상취득한 토지도 토지사용권 양도금(出让金)을 지불
(缴纳补偿)하고 다시 유상 취득할 경우 양도, 임대 및 저당권설
정이 가능하다.

4) 임차(租赁)

① 토지사용자가 임대인으로서 토지사용권을 지상건축물, 기타 부
착물과 함께 임차인이 사용토록 임대하고 임차인이 임대인에게
임차비를 지불하는 행위를 말하며, 최장임대기한은 20년을 초
과하지 못한다.

② 토지사용권 임대 후 임대인은 계속 기존의 토지사용권 양도계
약을 이행해야 하며 지역에 따라 임대료, 임대기간, 재임대, 저
당권설정에 관한 규정과 실무적인 처리방법이 다르므로 유의해
야 한다.
③ 토지사용권과 지상건축물, 기타 부착물을 함께 임대한 경우 임
대인은 규정에 따라 임대 사실을 관할 부동산관리국에 등기해
야 한다.

5) 중국측 합작선이 토지사용권을 출자지분으로 투자하는 방식

① 합자/합작투자 시 토지사용권과 건물소유권을 갖고 있는 중국
측 합작선이 현물출자(現物出資)하는 방식으로 토지사용기한
은 외상투자기업의 경영기한과 동일하다.
② 현물출자의 평가액은 동일류의 토지사용권을 취득하는데 지불
되는 금액과 같아야 하고, 합자/합작기업을 설립한 후에는 중국
측 합작선에서 합자/합작기업의 명의로 등기이전하여야 한다.
③ 만일 해당 토지가 중국측 합작선이 무상(획발)취득한 토지사용
권이라면 먼저 중국측이 토지출양절차를 거쳐서 토지사용권을
출양받은 후에 출자하여야 한다.
④ 이방식은 합자/합작기업의 입장에서는 토지사용권 이라기보다
는 일종의 무형자산투자로 보아야 하므로 합자/합작기간동안
당해 토지를 사용할 권리만을 가지며 양도할 수 없다.

(2) 집체토지의 토지사용권(土地承包经营权) 취득

1) 국유토지로 전환 후 유상(出让)취득

① 집체토지(集体土地)를 먼저 국유토지(国有土地)로 전환 후
외상투자기업이 출양방식으로 취득하는 방식으로 이는 국유토

지의 출양취득과 동일하게 유상양도·재양도·임대 및 저당권 설정이 가능하다.

농민집체소유의 토지는 유상양도·재양도·임대가 불가능(不得)하므로 집체가 소유한 토지를 유상양도·재양도 하려면 정부의 승인을 받아 먼저 국가 소유의 토지로 전환(集体土地转为国有土地)한 후에 취득가능하다.

② 실무적으로 집체토지에 조성한 개발구(开发区 공업단지)와 공업원(工业圆 지방공단)의 토지가 이에 해당하는 경우가 많으며, 개발구 토지관계부서와 〈토지사용권 취득의향서〉 작성시 '개발구관리위원회에서 토지사용권 취득 본계약과 취득가격 및 토지사용증의 발급을 책임진다'는 조항을 반드시 기재하여야 한다.

중국 현지에서 보면 집체토지에 조성한 개발구의 토지사용권을 취득한 많은 한국계 기업들이 토지사용권을 장기간 발급받지 못하여 금융(대출)의 이용에 어려움을 받는 등 권리행사에 제약을 받고 있다.

2) 중국측이 집체토지사용권을 출자지분으로 투자하는 방식

① 합자/합작기업을 설립 시 중국측 합작선이 집체토지사용권을 출자하는 형태로 토지사용기한은 기업경영기한과 동일하다.

② 이 경우 현급 이상 정부의 집체토지사용권 출자허가를 받지 못할 경우 양도·저당권설정·임대가 불가능하며 아울러 지상 건축물도 불법건축물로 판정받을 가능성이 있다.

3) 임차건물의 부속토지

① 농민집체토지의 토지사용권은 원칙적으로 출양, 양도, 비농업 건설용지로 사용하지 못하게 되어 있으나 실제적으로는 촌민위

원회나 향진기업 소유의 공장건물을 임차하여 경영장소로 사용
함으로서 결국 그 건물의 부속토지를 함께 임차하는 것이 된다.
이 경우 임대기한은 최장 20년을 초과하지 못한다.
② 집체토지의 건물을 임차계약 체결 시에는 임대료금액에 토지사
용비 또는 토지사용세의 포함여부, 상급정부의 이전명령 또는
국가에서 건물을 강제수용 할 경우 보상받은 금액의 일정한 부
분을 외상투자기업에게 분배하는 약정이 필요하다.

2. 토지사용권 관련비용

외상투자기업이 토지사용권을 취득하기 위해서 소요되는 비용은 토지취
득 방법에 따라 다르며 취득비용·토지개발비·토지사용비·토지사용세 및
임차료가 있다.

(1) 취득비용(取得費)

① 유상양도 또는 재양도 방식으로 토지사용권을 취득할 때 지급하는
비용으로서
② 유상양도 방식의 경우 토지사용자는 토지사용양도계약 체결일로
부터 60일 이내에 비용전액을 지불해야하나, 지역에 따라 연간 혹
은 분기별 납부도 가능하다.
→ 취득비용 전액을 지불한 후 등기이전하고 토지사용증서(土地使用证)를 수령·취
득 한다.

(2) 토지개발비(土地开发费)

외상투자기업이 개발된 토지(주로 정부기관이 개발하여 행정분양하는 토
지)의 사용권을 취득시 토지개발비를 납부해야한다. 토지개발비란 토지를
기업 용도에 맞게 개발하는데 소요되는 비용으로 개발을 위한 보상비용, 철

거비용 등의 제비용과 기초간접시설 건설비용이 포함된다.

(3) 토지사용비(土地使用費)

① 토지사용비는 토지사용권 취득 후에 계약에 따라 사용료 형식으로
매년 지방정부에 납부하는 비용으로서, 토지사용비의 표준은 1995
년에 제정된 것으로 15개 등급으로 이루어져 있으며 가장 높은 토
지사용비는 70元/㎡이며 가장 낮은 토지사용료는 5元/㎡이다.
한편 국무원 국토개발부는 2007년 1월부터 토지사용비를 대폭 인
상하여 최고 170元/㎡, 최저 0.5元/㎡을 적용하고 있다.

② 토지사용비의 기준은 당해 토지의 용도 등의 요소에 근거하여 소
재지의 성, 자치구, 직할시 인민정부가 정하며 토지사용비의 30%
는 중앙정부에 귀속되고 나머지 70%는 지방정부에 돌아가며 이
자금은 주로 농지개발 및 보호에 사용하고 있다.

③ 토지사용비는 토지사용을 개시해서 5년간 조정하지 아니하며, 그
후 조정이 필요한 경우 조정의 간격은 3년 이상으로 한다.
다만 중국측 합작선이 토지사용권을 현물투자한 경우에는 당해 계
약기간 내에는 조정하지 아니한다.

④ 외상투자기업이 지불하는 토지사용비는 계약에 의한 사용기간이
개시된 때(조정된 경우에는 조정된 연도)로부터 연도별로 납부하
는 것으로 하며, 제1차 연도의 사용기간이 6개월을 초과하는 경우
에는 6개월로 계산하고 6개월 미만인 경우에는 면제한다.

⑤ 합작선으로부터 토지를 현물로 출자받은 경우의 토지사용비는 중
국측 합작선이 합작기업으로부터 얻은 이익금으로 납부하는 것이
원칙이기 때문에 외상투자기업이 부담해야 할 토지사용비는 없다.

※ 토지사용료의 감면·면제
일반적으로 지방정부마다 다소의 차이는 있으나 첨단기술산업 또

는 사회간접자본분야 투자기업에 대해서는 5년간 면제하고 그 후 5년간 50%감면한다.

(4) 토지사용세(土地使用税)

① 중국정부는 외상투자기업에는 적용하지 않던 〈도시토지사용세잠 정조례〉를 2006년 12월 31일 개정하고 2007년 1월 1일부터는 대폭 인상한 세액을 외상투자기업에게도 과세하여 중국에 진출한 외상투 자기업에게 상당한 부담이 되고 있다.

② 토지사용세의 납세자는 국유토지(国有土地)의 경우 토지사용권 을 보유(拥有土地使用权)한 단위나 개인이 납세자가 되며, 집체 토지(集体土地)는 집체토지를 실제로 사용(实际使用)하는 단위 나 개인이 납세자가 된다

③ 연간 납부세액(㎡당)
토지사용세는 납세자가 실질적으로 점용한 토지면적(实际占用的 土地面积)을 기준으로 규정한 세액에 따라 계산하여 징수한다.
성, 자치구, 직할시 인민정부는 다음의 납부세액 범위 내에서 관할 지역의 세액 적용범위를 확정하고 시, 현 인민정부는 본 지역의 토 지를 약간의 등급으로 나누어 세액 적용기준을 제정하여 집행한다.
- 대도시: 1.5 ～ 30元
- 중급도시: 1.2 ～ 24元
- 소도시: 0.9 ～ 18元
- 현·진 등 소행정단위와 공업·광산구역: 0.6 ～12元

(5) 임차료(租金)

① 정부와 임대계약 체결시 4년차부터 조정이 가능하며 인상폭은 기 존임대료의 30%를 초과할 수 없다.

② 국유토지(国有土地)의 경우 토지사용권을 보유(拥有土地使用
权)한 단위나 개인이 납세자가 되며, 집체토지(集体土地)는 집체
토지를 실제로 사용(实际使用)하는 단위나 개인이 납세자가 된다.
개인이나 기업과 임대차계약 체결 시에는 과다한 임차료 인상을
방지하기 위해서는 정부와의 임대차계약사항을 준용하여 계약서
를 작성하는 것이 바람직하다.
③ 토지사용임차료는 토지사용비를 기준으로 결정되며, 토지사용비는
토지등급에 따라 각 지방정부가 결정하여 고시하며, 표준가격 인상
은 3~5년(각 지역마다 다름)에 한 번씩 가능하다.

3. 토지사용권의 사용기한과 종결

(1) 토지사용권의 사용기한(使用年限)

① 합자/합작투자기업의 토지 사용기한(使用年限)은 비준 받은 외상
투자기업 경영기간과 동일하며, 외자기업은 사용계약기한에 따른다.
② 일반적 토지사용권의 최장기한은 용도에 따라 다음과 같다.
  • 주거용지: 70년
  • 공업, 창고, 교육, 과학기술, 문화, 위생, 체육, 호텔용지: 50년
  • 상업, 금융보험, 관광, 오락용지, 주유소, 주차장용지: 40년
  • 용수, 전력제공, 통신, 교통 등 공공사업 기업용지: 40년
  • 농림, 목축, 어업 양식용지와 기타용지: 30년

(2) 토지사용권의 사용종결(使用终止)

① 토지사용권은 사용기한의 만료, 토지멸실 및 비준기간을 경과한 경
우 등의 원인에 의해 종결(停止) 된다.
② 특수한 경우 사회공공이익(社会公共利益)의 수요에 따라 국가는

합리적 보상(合理补偿)의 전제하에 법에 따라 토지사용권을 회수
할 수 있다.

③ 토지사용권 기한이 만료되면 토지사용권 및 그 지상건축물·기타
부착물은 국가가 무상으로 취득한다. 토지사용자는 토지사용증서
를 반환하고 말소등기를 해야 한다.

④ 토지사용권의 만기 전 1년 이내(경제특구는 6개월)에 토지사용자
는 사용기한 연장을 신청할 수 있으며, 토지관리국과 재계약을 체
결하고 등기수속을 밟아야 한다.

4. 토지사용권의 저당(抵押)

① 토지사용권 저당 시에는 그 지상건축물과 기타부착물도 동시에 저당
되며, 지상건축물과 기타부착물 저당 시에는 그 사용범위내의 토지사
용권도 저당에 포함된다.

② 토지사용권의 저당은 반드시 지가를 평가(地价评估)하여야 하며, 당
사자는 저당계약(抵押合同)에 서명하여야 한다. 지가평가 비용표준은
국가유관규정에 따라 집행한다.

③ 저당을 설정하는 경우 당사자(抵押人和抵押权人)는 저당계약일로부
터 15일 이내에 저당등기(抵押登记)를 해야만 등기일로부터 법적효
력이 발생한다. 저당기간 내에 저당계약에 변경(变更)이 발생 시에도
당사자는 저당계약 변경일로부터 15일 이내에 변경등기(变更登记)를
해야 한다.

④ 법에 따라 등기를 해야 효력을 발생하는 저당계약을 체결한 후 저당인
(抵押人)이 저당등기를 하지 않아 저당권자(抵押权人)가 손해를 입었
을 경우 저당인은 배상책임을 진다.

⑤ 저당자가 채무이행을 하지 않거나 저당계약기간 중 해산·파산한 경우
저당권자는 저당자산을 처분할 권리가 있고, 저당자산 처분대금은 저
당권자가 우선적으로 보상받을 권리가 있다.

⑥ 저당계약이 해제(解除)되거나 종료(终止)된 경우 저당자는 해제 또는 종료일로부터 15일 이내에 토지관리부문에 저당등기를 말소(注销)하여야 한다.

5. 유의사항

(1) 유상양도(出让)·재양도(转让)·무상양도(划拔)방식

① 유상양도 및 재양도 방식으로 토지사용권을 취득 시 해당 토지가 국가소유가 아닌 농민집체소유 토지인 경우, 재양도·임대 및 저당이 불가능하다.
즉 국가에서 별도의 보상없이 언제든 주거용지 등의 필요한 용도로 지목변경하여 사용할 수 있으며 일부 지역에서는 이러한 사례가 실제로 나타나고 있으므로 각별한 주의가 요망된다.

→ 따라서 농민집체토지를 유상양도·재양도 받고자 할 경우에는 먼저 국유토지로 전환한 다음 취득자 명의로 명의변경하여야 한다.

② 재양도 방식으로 토지사용권을 취득할 경우 당해 토지사용권의 잔여 사용기한(剩余使用期限)을 확인할 필요가 있다.

→ 토지사용권 만료시점에 정부에 토지를 반환하거나, 높은 가격으로 재취득해야하는 등의 문제점이 발생할 수 있다.

③ 토지사용권의 유상 또는 무상양도를 결정할 수 있는 주체는 국가소유의 토지는 현급(县级) 이상 인민정부이고, 농민집체소유의 토지는 현급 인민정부이다.

→ 입주지역의 상대방이 개발구인 경우 개발구관리위원회가 현급 이상의 정부기관이거나, 그로부터 위임받은 기관이어야 한다.

④ 지상건축물(地上建筑物)과 기타 부착물(其他附着物)의 소유권과 임차권은 토지사용권과 동시에 소멸된다.

→ 토지사용권의 잔여기한을 확인하고서 건축물 등을 매입하여 신축하거나 임차하여야 한다.

(2) 임차(出租)방식

① 임차료 과다인상 우려

→ 임차료는 토지사용비가 기준이 되는데 일반적으로 토지사용비는 3~5년에 한번, 30% 이내에서 조정되므로 계약시 사전에 변동폭을 명시할 필요가 있다.

② 임차계약기간과 영업기한의 불일치 발생

→ 중국계약법상 임대차계약은 최장 20년임에 비해, 외상기업의 영업기한은 50년까지 가능하므로 중간에 재임대계약을 해야 하는 불편함이 있다.

③ 저당권이 설정되어 있는 토지 및 사용권을 불법으로 취득한 토지는 임대가 불가능하다.

→ 임차토지 및 건축물 등에 대하여 토지관리국(토지)과 부동산관리국(건축물 등)의 등기내용의 확인이 필요하며, 임차사용권은 부동산관리국에 등기함으로써 법적으로 보호받을 수 있다.

(3) 중국측 합작선의 토지 현물출자 방식

① 중국측 합작선은 출자대상 토지에 대해 사용권을 취득한 후에 이를 합자/합작기업 명의로 사용권 변경등기를 하는 것이 원칙이다.

→ 중국측이 출자한 토지사용권증서의 권리내용을 확인해야 한다.

② 합자/합작계약서 작성 시

→ • 출자자산을 상세히 기재한 출자명세서를 계약서의 부속문서로 작성하여 계약서와 같은 효력을 가지도록 규정해야 한다.
• 매년 납부하는 토지사용비는 원칙적으로 토지사용권을 지분으로 출자한 중국측이 납부하도록 계약서에 명시할 필요가 있다.

〈참조〉 [건축물 신축시 유의사항]

① 외상투자기업이 사용권을 가진 토지상에 건축물을 신축 시 추후 건축비의 회수는 간단치 않으며 계약기간 만료 시 오히려 원상복구 요구를 받아 철거비용까지 부담할 수도 있다.

② 건축공사의 설계·시공의 질은 국가 건축공사 안전표준의 요구에 부합되어야하는 등 건축허가·건축공사 발주와 도급·감리·안전·건축공정의 질에 이르기까지 제반 규정이 복잡하고 우리와 제도가 많이 상

이함으로 여러 시행착오의 발생을 감수하여야 한다.

③ 중국 건축법은 건축공사에 있어서 총도급을 주는 것을 장려하며 건축
공사를 분할하여 발주하는 것을 금지하고 있다.
그러므로 입찰공고에 의해 발주하든 직접발주하든 공사도급회사 선정
시 공사업체에 대하여 다방면으로 주의 깊게 분석하고 나서 선정하여
야 할 것이다.

④ 공사도급계약 시 건축자재·건축부품과 설비를 공사도급회사가 구입
하는 것으로 할 경우, 중국 건축법에는 발주회사가 공사에 사용되는
건축자재·부품과 설비를 지정하여 도급회사가 구입하도록 요구하거
나 공급자를 지정할 수 없으므로 공사계약서 작성 시 세심한 주의가
필요하다.

⑤ 건축공사계약상의 건축기한과 관계없이 하도급 과정에서 자재비·임
금지급이 지연되어 건축이 지연되거나 중단되는 경우가 많아서 당초의
투자계획에 차질이 발생할 수도 있다.

[농민집체토지사용권 이용의 함정]

Q : 농민집체토지소유권 이용시 숨겨진 함정이 많다는데 실패한 사례가 있다면?

A : ① 일례로 심양시의 촌(村)지역인 소가툰구에 진출한 모 한국가구회사는 집체토지위에 공장을 설립하던 중 촌민들과 분쟁이 발생하였다.

집체토지 소유자인 촌민들에게 임대료를 지급하려고 갔는데 "정식영수증을 발행해줄 수 없다(임대에 따른 세금납부를 피하려는 목적)" 하여 그냥 돌아와 버렸다. 영수증 없이는 임대료를 내지 못하겠다는 우리기업과 임대료를 그냥 납부하라는 그들 간에 대치가 지속되다가 결국 공장건물의 준공도 되기 전에 철수하고 말았다.

② 산동성 청도지역의 모 지방정부는 농민집체토지에 위치한 한국기업들에게 토지용도변경을 이유로 졸지에 이전명령을 내려 입지기업들이 부득이 상당한 이전비용 등을 감수하고 이전할 수밖에 없었다.

③ 농민집체소유의 토지는 유상양도·재양도가 불가능하므로 집체가 소유한 토지를 유상양도·재양도 하려면 법적으로 정부의 승인을 받아 먼저 국가 소유의 토지로 전환한 후에 가능하긴 하지만, 최근에는 중국정부가 거시적인 긴축정책을 펴고 있기 때문에 건설용지의 판매를 엄격히 제한하고 있으며 농지를 비농지로 전용하는 허가는 잠시 중단되어 있는 상황이다.

④ 많은 외상투자기업들이 값이 싼 토지를 사기 위해 乡, 村정부로부터 저렴하게 토지를 사는 경우가 많은데 설사 매매계약서와 영수증을 받았다 하더라도 이는 100% 불법구매이기 때문에 수시로 상급기관인 县정부로부터 취소당하거나 이미 지불한 토지대금조차 몰수당할 위험성이 크다.

결론적으로 집체토지는 가급적 임대하거나 사용권을 취득하지 않는 것이 바람직하다.

[개발구관리위원회와의 토지사용권 계약의 유효성]

Q : 산동지역의 C의류회사는 소재지 개발구관리위원회와 계약하고 국유토지사용권을 취득하여 공장을 가동 중, 해당지역 시 인민정부로부터 공장의 이전명령을 받아서 부득이 공장을 타 지역으로 이전해야하는지 고민이다. 시정부의 이전명령에 따라야만 하는가?

A : 2005년 8월 1일부터 국유토지사용권의 출양권한은 오직 해당지역 시·현 인민정부(토지관리부서)에만 있고, 개발구관리위원회(단 2005년 8월 1일 이전에 시·현 인민정부가 추인한 것은 제외), 촌민위원회는 출양권한이 없음을 유의하여야 한다.

[토지사용권 매입시 주의할 점]

Q : 중국에서 토지(토지사용권) 매입시 특히 주의할 점은?

A : 많은 외상투자기업들이 중국에서 토지사용권을 잘못 취득하여 낭패를 보는 경우가 있다. 중국에서 토지사용권을 취득 시 기본적으로 다음 3가지를 유념하여야 한다.

① 현급(县级)이상의 토지관리부서로부터 토지사용권을 구입할 것.

② 반드시 구입 전에 국토자원국을 찾아가 토지의 합법적인 사용기간과 건설범위를 확인할 것.

③ 사전에 유사 인근지의 시세를 파악하여 가격협상에 임할 것.

[현지법인 설립전의 토지사용권 대금의 지급방법]

Q : 비준증서나 영업집조를 발급받기 전에 토지사용권 대금의 지급방법은?

A : ① 토지사용권 출양금의 지급은 일반적으로 '비준증서' 와 '영업집조' 를 발급받은 후 자본금외환계좌를 설치하고 그 계좌로부터 출양금을 지급한다.

② 중국에 현지법인을 설립하기 전에 출양계약에 따라 출양금을 지급하여야 하는 경우 현지 외환관리국의 비준을 받아 외국투자자의 명의로 보증금계좌를 개설하고 그 계좌에 송금 후 그 계좌로부터 토지관리부서에 출양금(토지보증금)을 지급한다. 이때 입금한 외환은 외상투자기업 설립 후 출자로 전환된다.

[토지사용권 출양(出让)대금 추가지급 요구]

Q : 2006년 6월 중국 산동성 농촌지역 인민정부와 토지사용권 출양(出让)계약을 체결하고 대금을 지불하였다. 회사의 사정으로 2007년 9월에 공장건물을 신축하고자 허가신청을 제출하였는데 해당 시 토지관리부서로부터 토지사용권 출양대금을 추가지급하라는 통지를 받았다. 이에 응해야 하는지?

A : ① 2007년부터 시·현 인민정부의 비준을 거쳐 협의방식으로 출양한 토지사용권의 경우 출양금액이 계약체결당시 해당정부가 국가규정에 의거하여 확정해놓은 최저가격에 미달하는 경우에는 출양계약에서 약정한 가격조항은 무효가 된다.

② 이 경우 한국측 투자자는 추가납부에 동의하지 않고 계약해제를 요구할 수 있으며 이로 인해 발생한 손실에 대해서는 양당사자의 과실정도에 따라 책임을 부담한다.

③ 그러므로 당초 투자계약 시 약정한 우대가격과 추후 토지관리부서와 체결할 <국유토지사용권 출양계약>에 명시되는 가격의 차이에 대한 처리방법을 분명히 약정할 필요가 있다.

[개발중지상태의 토지사용권의 처리]

Q : 상해 인근지역 개발구의 토지사용권을 출양(出让)받은 S사는 한국 본사의 경영악화로 인하여 해당토지에 대한 개발을 상당기간 착수하지 못하고 있다. 토지개발을 오랫동안 이행하지 못하는 경우 중국정부 측에서 무상회수한다는 말이 있는데 사실인지?

A : 이러한 경우 해당 토지가 도시계획구역내에 포함되어 있는지 여부에 따라 적용법규가 다음과 같이 달리 적용된다.

① 해당 토지가 도시계획구역내에 포함되어 있는 경우
 : 이 경우에는 「중국 도시부동산관리법」의 적용을 받는다. 동법에 의하면 '출양방식으로 취득한 토지사용권을 이용하여 부동산을 개발할 경우 반드시 <토지사용권 출양계약서>에 약정한 개발용도와 시공개발기한에 따라 개발하여야 한다.'라고 규정하고 있으며 '만일 이를 불이행시에는 정부에서 무상으로 회수할 수 있다'라고 하고 있다.

② 해당 토지가 도시계획구역내에 포함되어 있지 않는 경우
 : 이는 「중국 토지관리법」을 적용한다. 동법에 따르면 '경작지를 건설용지로 점용하여 1년 이내에 개발하지 않을 경우 해당 토지가 경작이 가능하다면 경작을 해야 하고, 1년 이상 개발하지 않을 경우에는 규정에 따라 벌금을 납부해야하고, 2년이 경과할 경우에는 비준을 거쳐 무상으로 회수한다'라고 규정하고 있다.

[토지사용권의 양도]

Q : 중국에서 출양받은 토지사용권은 언제든지 양도할 수 있는지?

A : 출양받은 토지사용권은 유휴토지를 제외하고 양도할 수 있다.

 <유휴토지관리방법>에 의하면 유휴토지에 관하여 '규정한 기한을 초과하여 개발하지 않은 건설용지, 개발을 시작하였을지라도 개발한 면적이 개발해야할 총면적의 1/3에 미달하는 경우, 투자한 금액이 총투자액의 25% 미만으로 허가 없이 개발을 중지한 기간이 연속 1년을 넘을 경우'라고 규정하고 있다. 그러므로 이러한 유휴토지는 비록 출양 취득하였을지라도 양도할 수 없다.

[국유토지를 임대사용시 임대료 납부시기와 토지사용권의 명의변경여부]

Q : 산동성 국유토지를 임대하여 공장건설을 추진 중이다. 이 경우 임대료 납부와 토지사용권의 명의변경은?

A : ① 국유토지를 임대방식으로 사용할 경우 토지사용비를 지방세무국에 납부해야 하며 토지사용비는 임대계약에 따라 매년 1회 지급하는데 일반적으로 매년 10월 15일 이전에 지급한다.

② 임대방식의 토지 사용시 토지사용권은 변하지 않기 때문에 토지사용권 명의변경은 불가능하다.

[토지사용권 전매계약의 등기]

Q : 토지사용권을 가진 중국인과 토지사용권 전매계약을 체결하였다. 이 경우 향후 안전하게 토지를 사용할 수 있는 방법은?

A : ① 토지사용권을 가진 자가 양도인이 되어 양수인에게 토지사용권을 전매하고 양수인은 사용료를 지불하는 토지사용권 전매계약은 토지사용권 변경등기를 통하여 양수인의 권리를 확보할 수 있다. 한편 전매계약을 체결한 후에는 당사자중 누구도 토지사용권 변경등기수속을 마치지 않았음을 이유로 계약을 무효로 주장하지 못한다.

② 양도인이 비준권한이 있는 인민정부의 비준을 받지 않고 무상양도 토지를 양수인과 체결한 전매계약은 무효이다. 다만 기소(起诉)전에 비준을 받고 양도인이 토지사용권 출양수속을 마친 경우에는 유효한 계약으로 인정된다.

[임차인과 전매에 의한 재임차]

Q : 심양에서 한식당을 운영하려하는데 건물주가 아닌 임차인과 전매에 의한 재임차를 받으려한다. 이 경우 주의할 점은?

A : ① 중국에서 영업용 건물을 임대하여 사용시 가능하면 건물주와 직접 임대계약을 체결하고 재양도 건물을 임대받을 경우에는 그 건물의 재양도 가능 여부를 확실하게 파악해야 한다.

② 부득이하게 전매를 받을지라도 건물주의 동의를 받아두고 임대건물의 재산권도 확인해야한다.

[저당물의 저당등기]

Q : 상해의 한국계 A의류제조업체는 중국 주요도시에 판매망을 가진 중국내 자기업인 B회사와 판매대리 계약을 체결하였다. 한편 B는 건물을 제품에 대한 담보로 A에게 제공하는 저당계약을 체결하고 부동산권리증을 A에게 넘겼으나 저당등기는 하지 않았다. 이후 B의 대금 미지급으로 A는 저당잡은 건물의 경매를 신청하는 동시에 B에 대해서 손해배상을 신청하였다. 이 경우 저당물의 경매가 가능한지?

A : 저당목적물은 법에 따라 관할 부동산관리국에 저당등기를 해야만 법적 효력이 발생한다. 부동산권리증만 넘겨준 행위는 저당등기를 한 것으로 인정할 수 없기 때문에 저당권의 법적 효력이 발생하지 않으므로 A는 저당잡은 건물의 경매를 이행할 수 없다.

[임대차계약기간]

Q : 산동성 내륙지역에 공장건물을 임대하여 가공공장을 설립하려고 준비중이다. 공장건물 임차기간은 얼마까지 가능한지?

A : 중국에서 임대차계약기간은 최장 20년이며 임대차기한이 6개월 이상인 경우에는 반드시 서면계약서를 작성하여야 한다. 서면계약을 맺지 않은 계약은 부정기계약으로 보아 언제든지 해약이 가능하다.

[건축물 철거 시의 보상 문제]

Q : 청도의 Q기업은 촌민위원회 소유의 집체토지상의 공장건물을 임차하여 경영장소로 사용하고 있는 중에 관할 구정부로부터 수용명령을 받았다. 이 경우 영업중지의 손실을 보상받을 수 있는지?

A : 중국의 건축물철거는 토지의 성격에 따라 국유토지상의 건축물철거와 집체토지상의 건축물철거로 구분하고 있다.

① '국유토지상의 건축물철거'는 <도시부동산철거관리조례>와 각 지역의 철거관리조례에 의하여 건축물철거보상 문제를 해결해주고 있다.

② '집체토지상의 건축물철거'는 국가차원의 규정은 없고, 지방차원의 규정만 있으며 이 경우에도 건축물소유자에 대한 철거보상만 규정하고 있다.

그러므로 외상투자기업이 임차한 집체토지상의 건축물이 강제수용될 경우 외상투자기업의 영업과 생산중단의 손실을 보상하여 준다는 규정이 없으므로 건축물 임차계약 시에 철거보상비의 분배에 대한 약정을 해두어야 한다.

[주택의 사유재산 완전인정]

Q : 중국에서 주택소유 시 완전히 사유재산권을 인정받게 된다는데 그 내용은?

A : ① 중국은 그 동안 주택부분의 토지사용기한인 70년이 만료되면 주택사용기간을 연장해주는 대신 국무원 규정에 따라 토지사용료를 재징수하였으나 신「물권법」은 '토지사용기간을 연장할 때 토지사용료를 재징수한다'는 조항을 삭제하였다.

② 이로써 주택소유에 대한 소유자의 권리는 '기간제한 없이' 온전하게 보호받을 수 있게 되어서 주택의 사유재산인정으로 볼 수 있다.

(「물권법」은 2006년 9월 30일 전국인민대표대회 상무위원회 통과.2007년 3월 전인대 전체회의를 통과하여 시행중)

[외국인 부동산투자 제한조치]

Q : 상해의 모한국기업의 주재원으로 근무중인데 중국에 1년 이상 거주하여야만 주택의 구입이 가능하다고 하는데 그 구체적 내용은?

A : 중국은 2006년 이후 부동산매매 개인소득세율 인상(15%→20%), 대출금리 인상(5.58%→5.85%),부동산 분양정보 공개, 고급빌라 건설에 토지공급 중단, 중소형주택 의무건설비율 확대 등의 각종 부동산 안정대책을 발표하였지만 실효를 거두지 못하였다.

이에 중국정부는 외국인 부동산투자를 강력히 규제하기 위하여 다음과 같은 내용의 <부동산시장에 대한 외국자본 진입과 관리에 관한 의견>을 발표하였다.

① 부동산 취득자격제한
  • 개인: 학업·취업근무 등을 위해 중국에 1년 이상 거주한 외국인만 취득 허용
  • 법인: 중국에 본사를 설립한 법인만 부동산 취득 허용

② 투자목적과 투자한도 제한
  • 개인: 실제거주 또는 사용목적이 확인될 경우에만 투자허용하며, 단순투자목적의 부동산투자는 불허
  • 법인: 등록자본금의 2배 이내에서만 부동산투자 가능

③ 제출서류 엄격화
  • 개인: 1년 이상 체류증명서, 학업·근무증명, 실수요자증명, 취업자는 소득증명 등
  • 법인: 1년 단위의 외국투자자본 비준서, 영업집조 등을 첨부해서 세무기관에 등록

④ 과실송금제한: 부동산 매각후 세금완납증명서를 첨부해야만 환전과 송금 가능

⑤ 취득자금의 조사: 외국인이 취득보유한 부동산파일을 구축하여 적법한 자금인가를 확인조사

외국인도 '동업기업'설립 가능
– 독자·합자·합작기업에 이은 제4의 투자형식 등장

중국이 등록자본금을 필요로 하지 않은 동업기업 설립을 외국자본에도 개방할 준비를 하고 있어서 외국 중소기업의 중국 진입 문이 넓어질 전망이다. 이와 관련하여 중국 상무부는 2007년 7월 1일부터 시행되는 '동업기업법' 제108조의 규정에 근거하여 외국기업 또는 개인의 중국 내 동업기업 설립에 관한 관리방법의 제정을 추진하고 있다.

또한 현재 중국은 외국 법률사무소, 회계사무소, 벤처투자회사 등의 진입을 허용하고 있으나 이는 동업 형식이 아닌 사무소(办事处) 형태로만 가능하기 때문에 진정한 의미의 동업회사는 존재하지 않고 있다.

음식문화와 상담술

중국 음식은 그야말로 다양하다. 음식종류도 많거니와 음식을 내놓는 순서 역시 우리와 다른 점이 많다.

식사를 초청하는 사람에 따라 차이가 많지만 처음에 냉채류가 나오고 이어 탕, 찜, 튀김, 구이, 볶음 등이 연이어 나온다.

중국의 음식이 끝없이 식탁에 오르듯 중국인과의 중요한 담판이나 상담도 마찬가지다. 중국인의 상담술은 그들의 음식문화에서 왔는지 끝이 없다. 이거다 싶으면 또 다른 제안이나 요구가 나오고 끝이다 싶으면 또 다른 조건을 제시한다. 한마디로 끝이 없다.

중국에서의 사업 성공도 유도경기의 한판승이 아닌 포인트 획득 위주로 하나씩 하나씩 이뤄가야 한다.

중국진출 후 사업실패로 출국정지 당하는 한국인 늘어

중국정부가 최근 영세 외상투자기업에 대한 혜택을 축소하고 규제를 강화하면서 사업여건의 악화로 도산하는 한국계기업이 늘어나면서 야반도주하거나 미쳐 회사를 정리하지 못한 기업주에게는 출국을 정지시켜서 귀국을 포기하고 노숙을 하는 등 어려움을 겪는 기업이 늘어나고 있다. 2007년 6월에는 수명의 부도기업주가 밀항(蛇头 '뱀머리'의 표현으로 한국말로 밀항을 뜻함)을 하다가 중국공안에 붙잡혀서 현지 신문에 대서특필되는 등 망신을 당한 적이 있으므로 현지 진출기업은 상시 주의가 요망된다.

'거침이 없는 중국경제'

중국 경제의 기세가 무섭다. 중국과 미국이 세계경제를 좌우한다고 해서 생긴 'G2'에 걸맞는 경제성장이 이어지고 있다. 수년간 연속 두 자리 수의 성장이 이어져 조만간 중국은 독일을 제치고 미국 일본에 이어 세계 3위의 경제규모로 올라설 전망이다.

산업 전 분야에서 압도적인 두각을 드러내고 있는 중국은 국부를 상징하는 외환보유고(2006년 말 현재 1조 663억 달러), 산업성장의 기반인 조강생산량(2006년 말 현재 4억 1,880만 톤), 경제전망을 대표하는 주가상승률(2006년 상하이 종합주가지수는 전년 말 대비 130.44% 성장) 등에서 세계 1위를 질주하고 있다.

제2장 노무관리
(劳务管理)

중국정부는

우리의 근로기준법에 해당하는 「중국노동법(中国劳动法)」을 1995년 1월 1일부터 시행하고 있으며, 외상투자기업과 근로자와의 안정적이고 화합적인 노동관계를 확립·수호·발전시키키 위하여 <외상투자기업노동관리규정>을 1994년 8월11일부터 운용하고 있다.

또한 기존의 노동법과 독립적으로 2008년 1월 1일부터 시행된 「노동계약법(劳动合同法)」은 기존의 노동법이 '기업 경영효율'을 우선시하였음에 비하여 '노동자의 권익보호를 강화하고 사용자의 권리행사를 제한하는 내용'을 많이 담고 있다.

노동계약법의 제정은 중국의 노동정책이 그동안의 '노사협조노선'에서 '노동자보호노선'으로 전환되어 앞으로 노동자 해고요건의 강화, 장기고용 촉진, 단체협상 체결 및 노동조합의 권한 확대 등이 강력히 추진될 것으로 예상되어 기존 노사관계의 틀에 상당한 변화가 예상된다.

1. 노동일반

(1) 고용(雇傭)

1) 고용일반

① 중국은 근로자의 채용시 호구제도·관련법규 등에 의해 제약이 있으며, 외지인(外地人)·타회사 근로자(其他单位劳动者)·외국인(外国人) 등의 채용방식이 다르다.

② 중국은 호구제도에 의하여 기업이 소재한 지역(本地: 성, 직할시, 자치구별로 구분)근로자를 먼저 채용하고, 필요한 인력이 부족하거나 현지에서의 인력 모집이 불가능한 경우 현지 노동취업기구로부터 확인을 받은 후 외지(外地) 노동취업기구로부터 모집허가를 취득하여 외지근로자의 채용이 가능하다.

③ 기업은 근로관계를 해제하지 않은 타회사 근로자는 채용하지 못한다. 기업이 근로자를 채용 시 이전의 근무회사 또는 당해 지역 노동국에서 발급한 퇴직·전직 증명서와 추천서를 첨부하여야 한다.

④ 기업이 외국인(한국인 포함)을 채용할 경우 기업은 소재지 노동행정 부문으로로부터 '취업허가증'을 먼저 취득하여야하고, 해당 외국인은 취업비자로 입국하고서 '외국인취업증'과 '외국인거류증'을 취득하여야 한다.

2) 미성년자(未成年工)의 고용

① 미성년자는 만 16세에서 만 18세 미만의 노동자를 가리키며, 만 16세 미만 미성년자의 채용을 금지한다.
단 특수공예, 문예, 스포츠부문에서 만 16세 미만의 미성년자를 채용할 경우에는 국가의 관련 규정에 따라 심사 및 허가수속을

이행하여야하며, 미성년자가 의무교육을 받을 권리를 보장해야
한다.

② 만 16세 이상 만 18세 미만의 미성년자를 채용할 경우에는 국가
가 정한 작업종류, 노동시간, 노동보호 조치를 준수해야 하며 업
무가 과중하거나 유독유해한 작업에는 배치할 수 없다.

③ 사용자는 미성년자에 대하여 정기적으로 신체검사를 실시해야
한다.

3) 여성근로자(女職工)의 고용

① 여성은 남성과 동등한 취업의 권리를 가진다.
근로자를 채용할 때 국가에서 규정하는 여성에게 부적합한 직
종이나 직장 이외에는 성별을 이유로 여성의 채용을 거부하거
나 여성의 채용기준을 높여서는 안 된다.

② 평상시 여성에게는 갱내작업과 4급 체력노동 강도의 작업배정
을 할 수 없다. 생리기간 중의 여성근로자는 고층, 저온이나 냉
수를 사용하는 작업과 제3급 체력노동 강도의 작업에 배정할
수 없다.

③ 임신 7개월 이상의 여성근로자와 1세미만의 유아를 보육하는
여성근로자는 연장근무나 야간노동에 배정할 수 없다.

4) 장애자(殘疾人) 및 퇴직자(退職者)의 고용

① 기업은 「장애인보장법 」에 의거하여 '장애자 의무 채용기준'
(전체 종업원의 1.5%)을 준수해야 한다.
만일 장애자 채용비율이 규정비율에 미달하는 기업은 다음과
같이 계산한'장애인 취업보증금'을 차년도 9월말까지 납부해야
한다.
☞ **장애인 취업보증금** = 전년도 해당지역 근로자 평균급여액×(기

업의 전년도말 근로자수×채용기준율-기업의 전년도말 재직 장
애자수)

② 정년퇴직자를 채용시 정년퇴직자는 이미 양로보험과 의료보험
혜택을 향유하고 있기 때문에 노동계약서를 다시 체결할 수 없
고 노동계약서와 유사한 서면계약서를 체결하고 임금조건, 산
업재해 처리조건 등에 한하여 협의할 수 있다.

(2) 근로(工作)

1) 근로시간(工作时间)

① 법정 근로시간은 1일 8시간 주당 44시간을 초과할 수 없으며,
연장근무시간(延长工作时间)은 1일 1시간(특수한 경우 3시
간) 매월 36시간을 초과하지 못한다.

② 다만 다음 각 호의 경우 ①항에서 정하는 제한을 받지 않고 근
로시간을 연장할 수 있다.

　㉠ 자연재해·사고 또는 기타 원인으로 인하여 근로자의 생명
·건강과 재산의 안전에 위협이 발생하여 긴급한 조치(紧急
处理)가 요구되는 경우

　㉡ 생산설비·교통운수노선·공공시설에 고장이 발생하여 생
산 및 공공이익에 영향을 주어 긴급히 수리(及时抢修)해야
하는 경우

　㉢ 법률·행정법규로 규정된 기타 상황(其他情形)

③ 퇴직연령은 일반적으로 남자근로자 만 60세·여자간부 만55세
·여자근로자 만 50세(공무원은 남자 만 60세·여자 만 55세)
이다.

2) 휴가(休息休假)

가. 법정(法定)휴가

: 11일(신정 1일, 구정 3일, 청명 1일, 국제노동절 1일, 단오 1일, 국경절 3일, 추석 1일)

나. 탐친(探亲)휴가

: 1년이상 근무한 근로자가 배우자 또는 친부모(장인 장모는 제외) 등과 원거리에 살고 있을 경우에 받는 휴가이다.
① 기혼자의 배우자 방문 - 연1회로서 30일에 왕복일수를 더한다.
② 미혼자의 친부모방문 - 연1회로 20일(2년에 1회 휴가시 45일)에 왕복일수를 더한다.
③ 기혼자의 친부모방문 - 4년에 20일에 왕복일수를 더한다.

다. 결혼(结婚)휴가

: 근로자 본인이 결혼하는 경우 왕복교통 소요일수를 제외한 3일간 유급(기본급)휴가를 누리며, 남성 25세 여성 23세 이상인 경우 만혼장려정책에 따라 10일에 왕복소요일수를 더하여 추가휴가를 준다.

라. 장례(葬礼)휴가

: 직계친족(부모, 배우자, 자녀)이 사망했을 경우 직계존비속의 부양가족은 왕복교통 소요일수를 제외한 3일간의 유급(기본급)휴가를 가진다.

마. 출산 및 유산휴가 (다만 현행 법규상 생리휴가 부여의무는 없다)

• 순산(順产)시 90일, 난산(难产) 및 다산(多产)시 - 105일 유급

휴가

- •휴가 이후 1세미만의 유아양육 시 - 1일 2회 각 30분간 수유휴가
- •유산시 병원진단서에 의거하여 4개월 미만은 - 15~30일, 4개월 이상은 42일의 휴가부여

바. 유급연차휴가(新年休假)

: 1년 이상 근속자에게 부여하며, 회사사정으로 인하여 유급연차휴가를 실시하지 못할 경우 노동자 1일당 임금의 3배에 해당하는 보상금을 지급해야 한다.

- •근속연수 1년 이상~10년 미만: 5일/년
- •근속연수 10년 이상~20년 미만: 10일/년
- •근속연수 20년 이상: 15일/년

유급연차휴가 제외자

- •하계·동계휴가일수가 유급휴가 취득가능일수를 상회하는 경우
- •20일 이상 개인용무휴가(事假)를 취득하고 이 기간 중 급여를 공제받지 않은 경우
- •병가(病假)의 누계일수가 다음일수를 초과하는 경우
  - 근속연수 1년 이상 10년 미만: 2개월
  - 근속연수 10년 이상 20년 미만: 3개월
  - 근속연수 20년 이상: 4개월

(3) 임금(工资)

근로자에게 지급하는 임금은 시간급(计时给), 성과급(计金), 상여금(奖金), 수당(律贴) 및 보조금(补贴) 등이 포함되며 회사에서 근로자에게 지급하는 사회보험복지비용(위로구제비, 생활곤란보조비, 가족계획보조금 등),

근로보호 관련비용(작업복비, 간식비 등), 기타 부정기수입(발명상금, 과학기술상금, 원고료 등)은 임금의 범위에 포함하지 않는다.

1) 임금결정

가. 임금의 구분

① 기본급(基本給) : 기본급은 연장·휴일근무수당의 지급기초로 활용된다.
② 실득임금(实得工资) : 기본급, 상여금, 직무수당, 직급수당 및 가산수당을 포함하며 사회보험금 납부의 기초가 된다.
③ 총임금(总工资) : 실득임금에 식대, 특수수당 및 제반 복지수당 등을 포함한다.
④ 평균임금(平均工资) : 12개월의 실득임금을 그 기간으로 나누어 산정한 것으로 경제보상금(퇴직금) 지급의 기초가 되는 임금이다.

나. 임금지급 원칙

① 기업은 임금지급에 있어서 '동일노동 동일보수(同工同酬)의 원칙'을 지켜야 하며, 기업의 실제 상황에 따라 내부임금 분배제도를 자율적으로 결정한다.
② 외상투자기업 설립시의 평균 임금수준은 이사회에서 당지 동업종 종업원의 평균임금보다 낮지 아니한 수준에서 결정해야 한다.
③ 기업은 화폐형태로 매월 정해진 일시에 근로자 임금을 지급해야 하고 아울러 근로자 개인소득세를 대리공제·납부해야한다.
④ 근로자의 법정 휴가일·경조휴가기간 및 법에 의거하여 참여하는 사회활동기간에 사용자는 법에 따라 임금을 지급해야 한다.
⑤ 기업은 매월 1회 이상 임금을 지급하여야 하며, 주급·일급·시간급인 경우에는 주·일·시간단위로 임금 지급시기를 정하여야 한다.

⑥ 임금지급일이 휴일인 경우에는 1일전에 지급해야 한다.

⑦ 임시직 근로자는 계약에 따라 업무완료 즉시 임금을 지급해야
한다.

⑧ 근로계약해지·해고 시에는 임금지급일과 관계없이 즉시 임금
을 지급해야한다.

⑨ 기업은 관련 규정에 따라 근로임금통계를 산출하고 소재지 노
동행정부서, 재정부서, 통계부서 및 기업주관부서에 '근로임금
통계표(劳动工资统计报表)'를 제출해야 한다.

⑩ 전체 국민의 기념일휴가를 이전의 7일에서 10일로 변경하면서
근로자 연간 월평균 근무일과 작업시간을 각각 20.92일과 167.4
시간으로 조정하였다. 그러므로 근로자의 일당 임금과 시간당
임금은 이에 따라 환산한다.

다. 임금지급기준

① 임금지급기준은 동일지역 동일업종의 국영기업 종업원 평균임
금의 120~150%에서 결정한다. 여기서 평균임금은 기본임금,
장려금, 수당을 포함한다.

② 일반적으로 추가지급 상한선을 50%이상 초과하지 않도록 규제
하고 있으나 지방에 따라서는 상한선을 제한하지 않고 있다.

라. 임금협상

① 근로자의 임금수준은 현지 노동행정부서가 발표한 임금지도
선에 근거하여 노조와 단체협상을 통하여 결정한다. 노조가 없
는 경우에는 전체 근로자 과반수이상의 찬성을 얻어 선임된
근로자대표와 협의하여 결정한다.

② 임금협상은 일반적으로 1년에 1회이며 전년도에 정한 임금시
한 만료 60일 전에 어느 일방의 임금협상요구서의 제출로 당

해 연도 임금협상이 시작된다.

③ 임금협상이 합의된 경우에는 합의내용을 7일내에 현지 노동행
정부서에 보고하여 심사를 받아야 하며, 합의서 접수 후 15일
이내에 노동행정부서의 이견이 없으면 곧바로 효력이 발생한다.

2) 수당(补贴)

① 연장근무수당
- 평일의 연장근무수당: 통상임금의 150%이상 지급
- 휴일 근무수당: 통상임금의 200%이상 지급
- 법정휴가일 근무수당: 통상임금의 300%이상 지급
② 직무관련 수당: 자격수당, 직무수당, 기술수당
③ 노동환경 수당: 위험수당, 위생보조수당, 고온수당
④ 저생활 보조수당: 서비스보조수당, 목욕이발수당, 부식품보조수당
⑤ 유아보조수당: 탁아보조수당, 독자부양 보조수당

3) 최저임금(最低工资)

가. 최저임금의 적용

① 최저임금의 조정
: 성·자치구·직할시 인민정부는 해당지역 근로자와 부양인구
의 최저생활비, 도시주민의 소비가격지수, 근로자 개인이 납부
하는 사회보험비용과 주택공적금, 근로자 평균임금, 경제발전
수준과 취업상황 등의 요소를 고려하여 2년에 최소한 1차례 또
는 상황변화 시 수시로 최소임금 수준을 조정해야 한다.
② 최저임금 적용제외
: 근로자 자신의 원인으로 근로계약에서 약정한 근로시간 내 또
는 법적 근로시간 내에 정상적인 근로를 제공하지 않았을 경우

에는 최저임금에 관한 규정을 적용하지 않는다.
③ 최저임금규정 위반
 : 기업에서 최저임금규정을 위반 시 노동보장부서는 최저임금에
   미달하는 부분을 근로자에게 보충지급하고 보충지급한 임금의
   1배에서 5배까지 해당 기업에 배상금을 부담시킨다

나. 최저임금 포함항목

기본급·상여금·통상적으로 지급되는 수당(예: 자격수당)은 최저임금
에 포함된다.

다. 최저임금 제외항목

초과근무수당(잔업수당, 야근수당 포함)·특수작업수당(고온, 저온, 갱
도, 유독유해한 근로환경하의 보조금)·각종 보조금·위로금 등은 최저임
금에 포함되지 않는다.

(4) 노동조합(工会)

1) 노조조직 (工会組织)

① 조합원이 25명 이상일 경우 노동조합을 설립해야 하고, 조합원
   이 25명 미만일 경우에는 단독으로 설립하거나 2개 이상의 기
   업조합원이 연합으로 설립할 수 있다.
② 근로자가 200명 이상인 기업은 상근 노조위원장을 둘 수 있으
   며, 상근직원의 수는 노조와 기업이 협상하여 확정한다.
③ 민주선거에 의해 선출된 노조간부(위원장, 부위원장, 임원)의
   임기는 현(县)급 이상 지방은 5년, 기타지역은 3년 또는 5년이
   다. 또한 이들의 임기 동안에는 임의로 전근시키지 못하며 부득
   이 전근 시킬 경우에는 상급노조의 동의를 받아야 한다.

④ 상근(专任)노조간부의 근로계약기간은 노동조합에서 맡은 직
   무의 임기만큼 더 연장된다. 비상근(非专任 비상근)노조간부
   의 근로계약기간은 노동조합 직무의 임기만료일까지 자동 연장
   되나, 임기기간 중 중대한 과실을 범했거나 또는 법정 정년퇴직
   연령에 도달한 경우에는 제외된다.
⑤ 노조회의 소집이나 노조활동은 근무시간 이외의 시간에 가능하
   며 근무시간에 노조활동을 하고자 할 경우에는 사전에 기업의
   동의를 얻어야 한다.
⑥ 비상근노조간부의 근무시간 중 노조활동 참가는 매월 3영업일
   을 초과 할 수 없으며 이 기간 내의 급여는 정상지급 한다.
⑦ 기업은 근로자 임금총액의 2%를 노조경비로 납부해야 하며 노
   조에 지급하는 노조경비는 공회경비발급전용영수증(工会经费
   发缴款专用收据)을 받아서 기업소득세 계산시의 비용으로 공
   제할 수 있다.

2) 노조의 권리와 의무

① 노조는 종업원을 대표하여 사용자와 평등한 협상을 진행하고
   집단계약을 체결할 수 있다. 사용자측의 집단계약위반으로 쟁
   의가 발생하여 협상이 해결되지 않을 경우 노조는 노동쟁의중
   재기구에 중재를 신청할 수 있으며, 중재결정에 불복할 경우에
   는 인민법원에 소를 제기할 수 있다.
② 사용자가 노동법률·법규의 규정을 위반하고 근로자의 근로권
   익을 침해한 다음 상황이 있을 경우 노조는 종업원을 대표하여
   사용자와 교섭하고 사용자에게 시정조치를 취하도록 요구할 수
   있다.
   사용자는 이를 검토한 결과를 노조에 회답하여야하며 사용자가
   시정을 거부할 경우 노조는 당지 인민정부의 의법처리를 요구할

수 있다.

- 종업원의 임금을 무리하게 공제한 경우
- 근로안전 및 위생보건조건을 제공하지 아니한 경우
- 근로시간을 임의로 연장한 경우
- 여성근로자와 미성년근로자의 특수 권익을 침해한 경우
- 근로자의 근로권익을 중대하게 침해한 경우

③ 노조는 기업이 규정을 위반하면서 노조원을 지휘하거나 모험작업을 강요하는 경우 또는 생산과정에서 중대사고의 직업위험을 발견 시 그에 대한 해결책을 기업에 건의할 권한이 있고 기업은 즉시 검토하여 답변하여야 한다.

④ 정부의 위탁에 의하여 노조는 유관 노동기관과 공동으로 노동모범 작업자를 선정하거나 포상하거나 양성 및 관리업무를 수행해야 한다.

⑤ 국가기관이 근로자의 이익과 관련되는 법률·법규 및 규칙을 제정하거나 개정할 경우 노조의 의견을 청취하여야 한다.

⑥ 노조는 근로자의 사상사고와 근로자의 건강을 중대하게 해친 문제의 조사에 참여하여 관련 책임자의 책임추궁을 요구할 권한이 있다.

⑦ 노조는 기업의 노동쟁의 조정활동에 참여한다. 지방노동쟁의 중재조직에는 동급 노조대표가 참여해야한다.

⑧ 이상에서 보듯이 중국의 노조는 노동조합으로서의 기본적인 역할 이외에 기업경영에도 참여하고, 공산당의 방침과 정책을 관철하는 사회단체·정치단체의 성격을 갖고 있다.

3) 단체협상(集体合同)

단체협상은 법으로 보장된 제도이며 그 내용은 다음과 같다.

① 최종안은 노조원회의에 상정하여 의결한다.
② 단체협약 당사자가 합의한 경우에는 단체협약기간 중이라도 변경이나 해지가 가능하다.
③ 최종적으로 체결된 단체협약은 관할 노동행정부서에 등록하고 15일 이내에 노동행정부서의 이의제기가 없으면 유효하다.
④ 만약 법규 위반사항이 있으면 노동행정부서는 해당사항의 수정·삭제 또는 수정후 재등록을 명할 수 있다.
⑤ 단체협약은 효력발생 이후 1개월 이내에 전체 근로자에게 공표해야 한다.

4) 노동쟁의(劳动争议)

① 사용자와 근로자 사이에 노동쟁의가 발생할 경우 당사자 사이의 협상으로 해결하거나, 법에 따라 조정·중재·소송을 신청할 수 있다.
② 노동쟁의가 발생하고 당사자 간에 협상으로 해결하지 못할 경우, 해당 지역 인민정부 노동행정부문에서 조정 처리할 수 있다.
③ 조정은 기업 내에 설치된 「노동쟁의조정위원회」에서 실시하고, 중재는 현지 노동행정부서의 대표가 참여하는 「노동쟁의중재위원회」에 쟁의 발생일로부터 60일 이내에 신청하고 접수일로부터 60일 이내에 결정을 내린다.
④ 노동쟁의 당사자가 중재결정에 불복할 경우, 중재결정시 접수일로부터 15일 이내에 인민법원에 소송을 제기할 수 있다.
노동쟁의는 '중재우선'을 원칙으로 한다. 그러므로 노동소송을 제기하기 전에 반드시 노동중재 절차를 거쳐야 한다.

2. 노동계약(劳动合同)

(1) 노동계약의 체결(订立)

1) 노동계약 일반

① 사용자와 노동자는 노동자의 고용일로부터 노동관계가 성립한
다. 사용자는 검사에 대비하여 직공명부(职工名册)를 작성하
여야 한다.

② 노동관계의 성립 시 서면노동계약(书面劳动合同)을 체결해야
한다. 노동관계가 이미 성립되었으나 서면노동계약이 미체결된
경우에는 고용일로부터 1개월 이내에 서면노동계약을 체결하
여야 한다.

③ 사용자가 노동자를 채용 시 노동자의 신분증 또는 기타 증명서
를 압류해서는 안 되며, 노동자에게 담보제공을 요구하거나 기
타명목으로 노동자로부터 재물을 수취할 수 없다.

④ 사용자가 서면노동계약을 체결하지 않고 노동자와 약정한 노동
보수가 불명확한 경우 새로 채용한 노동자의 보수는 집단계약
(集体合同) 규정의 표준에 따라 집행한다. 집단계약 규정이 없
는 경우에는 '동일노동 동일보수(同工同酬)'를 실시한다.

2) 노동계약기한(劳动合同期限)

노동계약기한은 고정기한, 무기한 및 일정업무 완성기한 노동계약의 3종
류로 분류한다.

가. 고정기한(固定期限)노동계약

사용자와 노동자가 노동계약 종료기한을 약정한 것으로 사용자와 노동자
가 협상을 통하여 고정기한 노동계약을 체결할 수 있다.

나. 무기한(无固定期限 평생고용)노동계약

사용자와 노동자가 노동계약 종료기한을 약정하지 않은 것으로 사용자와 노동자가 협상을 통하여 무기한 노동계약을 체결할 수 있다.

다음과 같은 상황의 하나에 해당하거나, 노동자가 노동계약의 계속체결을 제의하거나 동의한 경우 무기한 노동계약을 체결해야 한다.
① 노동자가 해당 고용단위에서 연속하여 만 10년 이상 근무한 경우
② 사용자가 처음 노동계약제도를 실시하거나 국유기업 개조로 새로이 노동계약을 체결 시, 노동자가 해당 고용단위에서 연속하여 만 10년 이상 근무한 경우 또는 법정퇴직연령이 10년 이내인 경우
③ 고정기한 노동계약을 연속하여 2회 체결하고, 노동자가 사용자에 의한 노동계약 해제사유에 해당하거나 질병 등으로 계속근무를 할 수 없는 상황을 제외하고 3회에 노동계약을 갱신할 경우
④ 사용자가 고용일로부터 만 1년 이내에 노동자와 서면노동계약을 체결하지 않은 경우

다. 일정업무 완성기한(完成一定工作期限) 노동계약

사용자와 노동자가 특정업무의 완성을 계약기한으로 약정하는 노동계약을 말한다. 사용자는 노동자와 협의일치를 통하여 일정업무 완성을 기한으로 하는 노동계약을 체결할 수 있다.

3) 노동계약의 구비사항(具備条款)

노동계약서는 다음 사항을 구비해야 한다.
① 사용자의 명칭, 주소 및 법정대표자 또는 주요책임자
② 노동자의 성명, 주소 및 신분증 또는 유효한 신분증명서 번호
③ 노동계약 기한
④ 업무내용과 근무장소

⑤ 근무시간과 휴식휴가
⑥ 노동보수
⑦ 사회보험(社会保险)
⑧ 노동보호(劳动保护), 노동조건(劳动条件)과 직업재해방지
(职业危害防护)
⑨ 법률과 법규규정에 따라 노동계약에 포함되어야 하는 기타사항

상기의 필수 구비요건 이외에도 사용자와 노동자는 수습기간, 직업훈련, 상업비밀 유지, 보충보험과 복리대우 등 기타사항을 약정할 수 있다.

4) 수습기간(试用期)

① 수습기간은 1회에 한하여 약정할 수 있으며 다음과 같이 노동계약기한에 따라 제한이 있다.
  • 노동계약기한이 3개월 이상 ~ 1년 미만인 경우 : 1개월 이하
  • 노동계약기한이 1년 이상 ~ 3년 미만인 경우 : 2개월 이하
  • 노동계약기한이 3년 이상 고정기한 및 무기한 노동계약의 경우 : 2개월 이하
② 일정업무 완성기한(完成一定工作期限) 노동계약 또는 3개월 미만의 노동계약은 수습기간을 약정할 수 없다.
③ 노동자의 수습기간 중 임금은 회사의 동일업무 최저임금 및 노동계약 약정임금의 80% 이상이어야 한다. 또한 회사 소재지의 최저임금기준 이상이어야 한다.
④ 수습기간 중 노동자가 노동계약 해제사유에 해당하거나 질병 등으로 계속근무를 할 수 없는 상황을 제외하고 사용자는 노동계약을 해제할 수 없다.

5) 직업훈련(培训)

① 사용자가 노동자에게 직업훈련비용을 제공하여 전문 기술훈련을 실시하는 경우 노동자와 협의서를 작성하여 근무기간(服务期)을 약정할 수 있다.

② 노동자가 근무기간 약정을 위반한 경우 협의서의 약정에 따라 사용자에게 위약금을 지불해야 한다.

동 위약금은 사용자가 부담한 연수훈련비용을 초과할 수 없으며 의무근무기간 미 이행부분에 상응하는 연수훈련비용에도 초과할 수 없다.

6) 상업비밀(商业秘密) 유지 및 경업제한(竞业限制)

① 사용자와 노동자는 노동계약 체결 시 상업비밀(商业秘密)과 지적재산권(知识产权) 관련사항에 대한 비밀준수(保密) 약정을 체결할 수 있다.

② 상업비밀 유지의무가 있는 노동자에 대하여 사용자는 노동계약이나 비밀유지 협의 시 노동자의 경업제한 약정을 할 수 있으며, 노동계약의 해제나 종료 후 경업제한기간 중 노동자에게 매월 경제보상금(经济补偿)의 지불을 약정할 수 있다.

노동자가 경업제한 약정을 위반하는 경우 약정에 따라 사용자에게 위약금을 지불해야 한다.

③ 경업제한자(竞业限制人员)는 고급관리자, 고급기술자와 기타 비밀 준수의무가 있는 자로 제한하며 사용자와 노동자는 경업제한의 범위, 지역, 기한을 약정할 수 있다.

④ 경업제한자는 노동계약의 해제 또는 종료 후 사용자가 생산 경영하는 동일생산품과 경쟁관계에 있는 기타 사용자의 동일업무에 취업하거나 스스로의 개업은 경업제한기간의 제한을 받으며, 동 기간은 2년을 초과할 수 없다.

7) 노동계약의 무효(劳动合同无效)

다음의 각 사항은 노동계약의 무효 또는 부분무효가 되며 이는 노동쟁의 중재기구 또는 인민법원이 확인한다.

> ① 사기, 협박 또는 위급함을 이용하여 상대방의 진실한 의사에 반하여 체결하거나 변경한 노동계약
> ② 사용자가 자기의 법정책임을 면제하고 노동자의 권리를 배제한 경우
> ③ 법률 행정법규의 강제성 규정을 위반한 경우

노동계약이 무효로 확인되었을지라도 노동자가 이미 노동을 제공한 경우에는 사용자는 노동자에게 노동보수를 지급하여야 한다.

(2) 노동계약의 이행(履行)과 변경(变更)

> ① 사용자는 국가규정과 노동계약의 약정에 따라 적시에 노동보수(劳动报酬)를 지급하여야 하며, 사용자가 노동보수를 지급하지 않거나 연체하는 경우 노동자는 해당지역 인민법원에 지불명령(支付令)을 신청할 수 있고 인민법원은 법에 의거하여 지불명령을 내려야 한다.
> ② 사용자는 노동자에게 초과근무(加班)를 강요해서는 안 되며 초과근무를 시킬 경우 유관규정에 따라 초과근무수당(加班费)을 지급해야 한다.
> ③ 노동자는 사용자의 관리자가 규칙을 위반하여 지시하거나 위험한 작업을 강제로 시키는 경우 거부(拒绝)할 수 있으며 이는 노동계약을 위반한 것이 아니다.
> 또한 노동자는 생명안전과 신체건강에 해로운 노동조건에 대하여 사용자에게 개선을 요구하거나 검거(检举) 및 고발권(控告)을 가진다.

④ 사용자의 명칭, 법정대표자, 주요책임자 또는 투자자(投资者) 등
의 사항이 변경(变更)되어도 노동계약의 이행에는 영향을 미치지
않는다(无影响).

⑤ 사용자가 합병(合并) 또는 분할(分立) 등의 상황이 발생하는 경
우 원 노동계약은 계속 유효(继续有效)하며 노동계약은 그 권리
의무를 승계한 사용자가 계속 이행(继续履行)한다.

⑥ 사용자와 노동자가 상호협상에 의하여 노동계약 약정의 내용을 변
경한 경우 변경한 노동계약은 채용서면(采用书面)형식을 취한다.

(3) 노동계약의 해제(解除)와 종료(终止)

사용자와 노동자는 협의일치를 통하여 노동계약을 해제할 수 있으며, 노
동자는 30일 이전에 서면(书面)으로 사용자에게 통지(수습기간에는 3일전
에 통지)한 후 노동계약을 해제할 수 있다.

1) 노동자(劳动者)에 의한 노동계약 해제

사용자가 다음 각 호에 해당하는 경우 노동자는 노농계약을 해제힐 수 있다.

① 사용자가 노동계약 약정에 따라 노동보호와 노동조건을 제공하
지 않는 경우

② 사용자가 근로보수를 적시에 지급하지 않는 경우

③ 사용자가 법에 의거된 노동자를 위한 사회보험료를 지급하지
않는 경우

④ 사용자의 사내 규정이 법률 법규의 규정을 위반하여 노동자의
권익에 손해를 끼친 경우

⑤ 노동계약의 무효 또는 부분무효의 사유가 발생한 경우

⑥ 법률 행정법규에 규정된 기타상황

　　사용자가 폭력·위협 또는 불법으로 인신의 자유를 제한하는 등의 방법으로 근로를 강요하는 경우 또는 사용자가 규칙을 위반하여 지시하거나 위험한 작업을 강제로 시키는 경우 노동자는 즉시 노동계약을 해제할 수 있으며 사용자에게 사전에 통지할 필요가 없다.

2) 사용자(用人单位)에 의한 노동계약 해제

　　노동자가 다음 각 호에 해당하는 경우 사용자는 노동계약을 해제할 수 있다. 다만 사용자가 일방적으로 노동계약을 해제할 경우(아래의 '30일 이전 통지 후 또는 1개월 급여 지급 후 노동계약 해제'사항 포함) 사전에 노동조합에 통지해야 하며, 사용자가 법률 행정법규의 규정 또는 노동계약의 약정을 위반한 경우 노조는 사용자에게 그 시정을 요구할 수 있다. 이에 사용자는 노조의 의견을 검토하고 그 처리결과를 서면으로 노조에 통지해야 한다.

① 노동자가 수습기간 중 고용조건에 적합하지 않음이 증명된 경우
② 노동자가 사용자의 규정제도를 심각하게 위반한 경우
③ 노동자가 직무상의 과실·부정행위로 기업의 이익에 중대한 손실을 초래한 경우
④ 노동자가 동시에 다른 사용자와 노동관계를 체결하여 본 사용자의 업무 수행에 심각한 영향을 미치거나 사용자의 시정요구를 거부하는 경우
⑤ 사기, 협박 또는 위급함을 이용하여 사용자의 진실한 의사에 반하여 체결하거나 변경한 노동계약으로 인하여 노동계약이 무효가 된 경우
⑥ 노동자가 법에 의하여 형사책임을 추궁받은 경우

3) 30일 이전 통지 후 또는 1개월 급여 지급 후 노동계약 해제

　　다음 각 호에 해당하는 사유중 하나에 해당하는 경우 사용자는 30일전까

지 서면(书面)으로 노동자 본인에게 통보하거나, 노동자에게 1개월분의 급
여를 추가 지급한 후 노동계약을 해제할 수 있다.

> ① 노동자가 질병 또는 업무외적 부상으로 인한 치료기간 만료 후
> 에도 원래 직종에 종사할 수 없거나, 기업이 별도로 배치하는
> 직종에도 종사할 수 없는 경우
> ② 교육을 시켜 직종을 변경한 후에도 여전히 업무수행능력이 없
> 는 경우
> ③ 노동계약 체결 시에 근거로 했던 객관적 상황이 변화되어 당초
> 계약을 이행할 수 없게 되었고, 노동계약 변경을 위한 쌍방의
> 협상이 결렬된 경우

4) 근로자의 감원(裁减人员)

다음과 같은 사유로 근로자 20인 이상을 감원하거나 20인 미만일지라도
근로자 총수의 10% 이상 감원이 요구될 경우 사용자는 30일 이전에 노동조
합 또는 근로자 전원에게 그 상황을 설명하여야 한다. 노조나 근로자의 의견
을 청취한 후 인력감원방안을 노동행정부문에 보고하고 근로자의 감원을 실
시할 수 있다.

> ① 기업파산법에 의거하여 구조조정을 진행하는 경우
> ② 생산경영에 심각한 곤란이 발생한 경우
> ③ 기업의 생산전환, 중대한 기술혁신 또는 경영방식의 조정에 따
> 라 노동계약의 변경을 거친 후에도 인력감원이 요구되는 경우
> ④ 기타 노동계약 체결 시 근거한 객관적인 경제상황에 중대한 변
> 화가 발생하여 노동계약을 이행할 수 없는 경우

근로자 감원 시 다음의 근로자는 우선 잔류시켜야 한다.

① 사용자와 비교적 장기간의 고정기한 노동계약을 체결한 자
② 무기한 노동계약체결자
③ 가정 내에 기타 취업자가 없는 경우 또는 부양할 노인이나 미성
　년자가 있는 자

사용자가 감원을 실시한 후 6개월 이내에 다시 근로자를 채용할 경우 감
원된 인원을 우선적으로 채용하여야한다.

5) 노동계약 해제불가(不得解除)

노동자가 다음의 사유가 있을 경우 상기 2)의 '기업에 의한 노동계약 해
제'의 사유를 제외하고 노동계약을 해지할 수 없다.

① 직업병 위해작업에 종사하는 노동자가 이직 이전에 건강진단을
　받지 않았거나, 직업병 유사환자로 진단받았거나 병원에서 관
　찰진료중인 자
② 노동자가 직업병 또는 산업재해로 인해 노동능력을 완전히 상
　실했거나 부분적으로 상실했다는 것이 확인된 경우
③ 환자 또는 부상자가 질병이나 부상으로 인해 규정된 치료기간
　에 있는 경우
④ 여성근로자가 임신·출산·수유기에 있는 경우
⑤ 고용업체에서 연속하여 근무기간이 만 15년 이상이고 법정 퇴
　직연령까지 5년 미만인 경우
⑥ 법률과 법규에서 규정된 기타 상황

한편 노동계약이 만료되었을지라도 상기 상황의 하나에 해당하는 경우 노
동계약은 해당 상황이 소멸될 때까지 종료　시기를 계속 연기해야 한다. 다
만 상기 ②항에 규정된 일부 노동능력 상실자의 노동계약 종료는 공상보험

(工伤保险)의 관련규정에 따라 집행한다.

6) 노동계약의 종료(劳动合同终止)

다음 각 호에 해당하는 경우 노동계약은 종료된다.
① 노동계약 기한이 만료된 경우
② 노동자가 법에 따라 기본양로보험 대우를 받기 시작한 경우
③ 노동자가 사망하거나 인민법원에 의해 사망 또는 실종선고를 받은 경우
④ 사용자가 법에 의거하여 파산선고를 받은 경우
⑤ 사용자의 영업허가증 취소, 폐쇄명령 또는 해산된 경우
⑥ 법률 행정법규에 규정된 기타상황

7) 사후관리

① 사용자는 노동계약의 해제 또는 종료와 동시에 해당 증명서를 발급해야 하며, 해제나 종료일로부터 30일 이내에 노동자를 위해 인사파일(档案)과 사회보험(社会保险)의 이전수속을 진행하여야 한다.
② 노동자는 쌍방의 약정에 따라 업무인계를 하여야 하고, 사용자가 노동자에게 경제보상금을 지급해야 하는 경우 업무인계 시에 지급하여야 한다.
③ 사용자는 이미 해제되었거나 종료된 노동계약서 원본을 2년 이상 보존하여 검사에 대비하여야 한다.

(4) 경제보상금(经济补偿)

1) 경제보상금 지급대상

다음 각 호의 하나에 해당하는 경우 사용자는 노동자에게 경제보상금을

지급해야 한다.

① 노동자가 상기 (3)의 1) '노동자에 의한 노동계약 해제'의 규정
에 따라 노동계약을 해제하는 경우(노동계약 이행의 하자에 따
른 자발적 퇴직)
② 사용자와 노동자가 협의일치를 통해 노동계약을 해제하는 경우
(합의퇴직)
③ 사용자가 상기 3)의 '30일 이전 통지 후 또는 1개월 급여 지급
후 노동계약 해제'의 규정에 따라 노동계약을 해제하는 경우
④ 기업파산법에 의한 구조조정에 의하여 노동계약을 해제하는 경우
⑤ 노동계약 기간이 만료된 경우(사용자가 기존 노동계약의 약정
조건을 유지하거나 향상하였음에도 노동자가 노동계약의 지속
을 동의하지 않는 경우는 제외)
⑥ 사용자의 파산선고, 영업허가증 취소, 폐쇄명령 또는 해산으로
노동계약을 종료하는 경우
⑦ 법률 행정법규에 규정된 기타상황

2) 경제보상 방법

① 경제보상금은 노동자의 근무연한(工作年限)에 근거하여 만 1
년마다 1개월분의 임금(12개월 평균임금)을 기준으로 노동자
에게 지급한다.
근무기간이 6개월 이상 1년 미만의 경우 1년으로 계산하고, 6개
월 미만의 경우 0.5개월분의 임금을 지급한다.
② 노동자의 임금이 사용자 소재 직할시, 구(区)가 설치되어 있는
시(市)의 전년도 직공평균임금의 3배보다 높은 경우 지급되는
경제보상금의 기준은 시(市)의 전년도 직공평균임금의 3배로
한다.

단 경제보상금 지급대상연한은 최고 12년을 한도로 한다.

(5) 특별규정

1) 집단계약(集体合同)

① 근로자는 사용자와 평등한 협상을 통하여 노동보수, 근로시긴, 휴식과 휴가, 노동안전위생, 여성근로자 권익보호 및 보험복리 등의 사항에 대한 집단계약을 체결할 수 있으며 집단계약 초안은 근로자대표대회 또는 전체 근로자의 토론을 거쳐서 통과되어야 한다.

② 집단계약은 노동조합이 근로자를 대표하여 사용자와 체결하며 노동조합이 미 설립된 기업은 노동조합의 지도하에 노동자가 추천하는 대표가 사용자와 체결한다.

③ 현(县)급 이하 지역의 건축업, 채광업, 음식서비스업 등의 업종에 있어서 노동조합과 기업대표는 업종단위(行业性) 또는 지역단위(区域性) 집단계약을 체결할 수 있다. 이는 해당업종과 지역의 사용자와 노동자에게 구속력을 가진다.

④ 집단계약 체결 후 동 사실을 노동행정부문에 보고하여야 하며, 노동행정부문이 집단계약 본문을 수령한 후 15일 이내에 이의를 제기하지 않으면 집단계약은 즉시 효력이 발생한다.

⑤ 사용자가 집단계약을 위반하여 근로자의 권익을 침범한 경우 노동조합은 사용자에게 책임을 지도록 요구할 수 있다.
집단계약의 이행 시 쟁의가 발생하여 협상으로 해결되지 않는 경우 노동조합은 중재신청이나 소송을 제기할 수 있다.

2) 노무파견(劳务派遣)

① 노무파견회사는 회사법의 규정에 의하여 설립하며 등록자본금

은 50만元 이상이어야 한다.

② 노무파견회사(劳务派遣单位)는 '사용자(用人单位)'로 칭하며 파견노동자(派遣劳动者)와 노동계약을 체결(订立劳动合同)하고 노동계약서에 노동자의 사용회사, 파견기한, 업무 등을 추가로 기재해야 한다. 노무파견회사는 파견노동자와 2년 이상의 고정기한 노동계약을 체결하고 매월 노동보수를 지급해야 하며 파견업무가 없는 기간의 노동보수는 해당 지역의 최저임금보다 낮아서는 안 된다.

③ 노무파견회사는 노동자를 사용하는 회사(用工单位 파견공사용자)와 파견 노동자의 업무, 인원수, 노동보수와 사회보험비의 금액과 지불방식, 협의서 위반 시의 책임 등에 관한 '노무파견협의서(劳务派遣协议)'를 체결해야 한다.

④ 노무파견회사는 노무파견협의서의 내용을 파견노동자에게 고지해야 하고, 파견노동자의 급여의 일부를 가로채거나 별도의 비용을 수취해서는 안 된다.

⑤ 파견공사용자는 다음의 의무를 이행하여야 한다.
  - 국가의 노동기준을 집행하고 상응하는 노동조건과 노동보수를 제공한다.
  - 파견노동자에게 업무의 요구사항과 노동보수를 고지한다.
  - 초과근무수당, 성과급을 지급하고 업무와 관련한 복리대우를 제공한다.
  - 파견노동자에게 연수훈련을 실시한다.
  - 계속하여 파견인력을 사용하는 경우 정상적인 임금조정체계를 적용한다.

⑥ 파견노동자는 '동일노동 동일보수(同工同酬)'의 권리를 향유하고, 노동조합에 참가하거나 조직할 수 있다.

⑦ 노무파견은 일반적으로 임시적(临时性), 보조적(辅助性), 대체적(替代性) 업무에 실시한다.

3) 파트타임 고용(非全日制用工)

① 파트타임고용은 시간급 보수계산(小时计酬)을 위주로 하며, 사용자 회사에서 일반적으로 1일 평균 4시간 매주 누계 24시간을 초과하지 않는 근무형식을 말한다.

② 파트타임고용은 쌍방이 구두협의(口头协议)로 체결할 수 있으며, 노동자는 하나 이상(一个以上)의 사용자와 노동계약을 체결할 수 있다.

③ 파트타임고용은 수습기간을 약정할 수 없으며, 고용의 당사자는 수시로 상대방에게 고용종료를 통지할 수 있고 경제보상금은 없다.

④ 파트타임 노동자의 시간당 급여는 해당 지역 최저 시간당 급여보다 낮아서는 안 되며, 노동보수의 지급은 15일을 초과할 수 없다.

(6) 감독검사(監督檢查)

국무원 노동행정부문은 전국의 노동계약제도 실시의 감독관리 책임을 지고, 현(縣)급 이상 인민정부 노동행정부문은 해당 행정구역내 노동계약제도 실시의 감독관리 책임을 진다.

1) 현급 이상 인민정부 노동행정부문의 감독검사

현급 이상 인민정부 노동행정부문은 다음과 같은 노동계약제도 실시의 감독검사를 실시하며, 실제상황에 대한 실지검사의 권한을 가진다.

① 사용자의 노동자에게 이익이 되는 사내규칙 제정과 집행상황
② 사용자와 노동자간 노동계약의 체결과 해제 상황
③ 노무파견회사와 파견공사용자의 노무파견관련 규정의 준수상황

④ 사용자의 노동자에 대한 근무시간, 휴식휴가 규정의 준수여부
⑤ 사용자가 노동계약에 약정된 노동보수의 지급과 최저임금의 준수상황
⑥ 사용자의 각종 사회보험 가입과 사회보험료 납부상황
⑦ 법률법규에 규정된 기타 노동감찰상황

2) 노동자의 권리와 노동조합의 감독

① 노동자(劳动者)가 합법적 권익이 침해당했을 경우 유관부문에 의법처리(依法处理)를 요구하거나, 중재신청(申请仲裁) 또는 소송을 제기(提起诉讼)할 수 있다.
② 노동조합(工会)은 노동자의 합법적 권익을 보호하고 사용자의 노동계약과 집단계약의 이행상황에 대하여 감독을 진행한다. 사용자가 노동법률법규 및 노동계약과 집단계약을 위반하는 경우 노조는 의견을 제출하고 시정을 요구할 수 있다. 노동자가 중재를 신청하거나 소송을 제기할 경우 지지와 지원을 실시해야 한다.
③ 어떠한 조직이나 개인도 노동계약법의 위반(违反)행위에 대하여 진정서를 제출(举报)할 수 있으며, 노동행정부문은 적시에 이를 확인처리하고 진정 유공자에게 장려금(奖励)을 지급한다.

3. 법률책임(法律责任)

(1) 「노동법」상 법률책임

① 사용자가 법률과 법규의 규정을 위반한 경우
  : 노동행정부서는 경고와 시정명령을 내리고, 노동자에게 손해를 입힌 경우 손해배상책임을 부과한다.
② 사용자가 연장근로시간 규정을 위반하는 경우
  : 노동행정부서는 경고와 시정명령을 내리고 실질임금의 5배의 벌금

을 부과한다.

③ 사용자가 근로자의 합법적 권익을 침해하는 다음 각 호의 상황이
  발생시, 노동행정부서는 근로자의 임금보수와 경제보상금을 지불
  하도록 명하고 아울러 배상금을 부과한다.
  • 근로자의 임금을 공제하거나 이유없이 연체지불하는 경우
  • 근로자의 연장근무수당 지급을 거절하는 경우
  • 근로자의 임금을 현지 최저임금기준 이하로 지급하는 경우
  • 근로계약 해제후 노동법의 규정에 따라 근로자에게 경제적 보상
    을 하지 않는 경우
④ 기업의 노동안전시설과 노동위생조건이 국가규정에 부합하지 않거
  나, 노동자에게 필요한 안전용품과 보호시설을 제공하지 않은 경우
 : 기한부 시정 또는 생산중지를 명하고 벌금을 부과하며, 상황이 중
  대한 경우 현급이상 인민정부는 생산중지 명령을 내린다. 중대사고
  가 발생하여 노동자의 생명과 재산에 손실이 발생한 경우에는 책
  임자를 형사처벌한다.
⑤ 사용자가 노동자에게 법규를 위반한 위험작업을 강제로 시켜서 중
  대한 사상사고가 발생하여 심각한 결과를 초래한 경우
 : 책임자에게 형사책임을 추궁한다.
⑥ 사용자가 불법적으로 16세 미만의 미성년자를 채용한 경우
 : 시정명령을 내리고 벌금을 부과하며, 사건이 중대한 경우 공상행정
  관리부문은 영업허가증을 취소한다.
⑦ 사용자가 여성근로자와 미성년자의 보호규정을 위반하여 합법적
  권익을 침해한 경우
 : 시정명령을 내리고 벌금을 부과하며, 여성근로자와 미성년자에게
  손해를 끼친 경우 손해배상책임을 부담한다.
⑧ 사용자가 다음 각 호에 해당하는 사실이 있는 경우 공안기관은 그
  책임자를 15일 이하의 구류조치하고 벌금을 부과하며 범죄가 성립
  하는 경우 법에 따라 책임자에게 형사처벌을 추궁한다.

- 폭력·위협 또는 불법적 수단으로 인신의 자유를 제한하여 근로를 강요하는 경우
- 근로자에 대한 모욕·체벌·구타·불법수색·구금 등

⑨ 사용자가 법 규정을 위반하고 노동계약을 해제하거나 노동계약 체결을 고의로 지연하는 경우
 : 시정을 명하고 노동자에게 손실을 입힌 경우 손해배상책임을 부담한다.
⑩ 노동행정부서와 유관기관의 노동 감독검사를 방해하거나 거절한 경우 또는 제보자를 보복조치하는 경우
 : 벌금을 부과하며, 범죄를 구성한 경우에는 책임자를 형사처벌한다.
⑪ 기업이 규정을 위반하고 근로자를 모집했을 경우
 : 모집한 종업원을 내보낼 것을 명하고 월평균임금의 5~10배에 해당하는 벌금을 부과한다.
⑫ 근로자 임금이 최저임금(最低工资)기준보다 낮은 경우
 : 최저임금과의 차액을 임금으로 추가 지급하고, 아울러 차액의 100%~500%를 근로자에게 배상금으로 지급해야 한다.

(2) 「노동계약법」상 법률책임

① 사용자가 제정한 사내규칙이 법률과 법규를 위반한 경우
 : 노동행정부문은 개정을 명하고 경고를 주며, 노동자에게 손해를 끼친 경우 사용자는 배상책임을 진다.
② 사용자가 제공한 노동계약서 본문에 노동계약법상의 필수기재사항이 누락된 경우
 : 노동행정부문은 개정을 명하고, 노동자에게 손해를 끼친 경우 사용자는 배상책임을 진다.
③ 사용자가 고용일로부터 1개월 이상 1년 이내에 노동자와 서면 노동계약서를 체결하지 않은 경우 및 무기한 노동계약을 체결하

　지 않은 경우

　: 노동자에게 매월 2배의 임금을 지불해야 한다.

④ 사용자가 노동계약법을 위반하고 체결한 수습기간

　: 무효로 간주되며 시정조치를 명하고, 이미 이행한 수습기간은 배
　　상금을 노동자에게 지급해야 한다.

⑤ 노동자 채용 시

　• 사용자가 노동자의 신분증 등을 압류한 경우
　　: 공안기관은 반환을 명하고 관련규정에 의거하여 사용자를 처벌
　　　한다.

　• 사용자가 노동자에게 담보제공을 요구하거나 재물을 수취한 경우,
　　인사파일(档案) 또는 기타 물품을 압류한 경우
　　: 노동행정부문은 반환을 명하고 노동자 1인당 500元 ~ 2,000元
　　　기준으로 사용자에게 벌금을 부과하며, 사용자는 노동자의 손해
　　　부분에 대하여 배상해야 한다.

⑥ 사용자가 다음 각 호에 해당하는 경우 노동행정부문은 사용자에게
　　노동보수·초과근무수당·경제보상금의 기한부 지급을 명하고,
　　기간초과에도 미지급된 경우 지급의무금액의 50% ~ 100% 배상
　　금의 추가지급을 명한다.

　• 노동계약의 약정을 따르지 않거나 노동자에게 노동보수를 지급하지
　　않는 경우
　• 당지 최저임금기준보다 낮게 급여를 지급한 경우
　• 초과근무를 시키고 초과근무수당을 지불하지 않는 경우
　• 노동계약의 해제·종료 시 경제보상금을 지급하지 않는 경우

⑦ 체결한 노동계약이 무효로 확인되고 노동자에게 손해를 입힌 경우

　: 과실을 행한 측은 배상책임을 부담한다.

⑧ 사용자가 노동계약법을 위반하여 노동계약을 해제·종료한 경우

　: 경제보상금 기준의 2배를 노동자에게 배상금으로 지급해야 한다.

⑨ 사용자가 다음과 같은 행위로 한 경우 행정처벌하고 범죄를 구성한

경우 형사책임을 추궁하며 노동자가 손해를 입은 경우 배상책임을
부과한다.

- 폭력, 협박 또는 인신자유를 제한하는 불법수단으로 노동을 강요
  한 경우
- 규칙을 위반하여 지시하거나 노동자 인신의 안전을 위해하는 위
  험한 작업을 강제로 명하는 경우
- 노동자에게 모욕, 체벌, 구타, 불법적인 수색 및 구금을 하는 경우
- 열악한 노동조건, 심각한 환경오염으로 노동자의 건강에 중대한
  손해를 입힌 경우

⑩ 사용자가 노동자에게 노동계약의 해제 · 종료와 관련한 증명서류
를 제공하지 않는 경우

: 노동행정부문은 시정을 명하고 손실을 입은 노동자에게 배상책임
을 진다.

⑪ 노동자가 노동계약법을 위반하여 노동계약을 해제하거나 비밀유
지 및 경업제한 규정을 위반하여 사용자에게 손실을 입힌 경우

: 노동자는 배상책임을 부담한다.

⑫ 사용자가 다른 사용자와의 노동계약이 미 해제 · 미 종료된 노동자
를 모집 고용하여 다른 사용자에게 손실을 입힌 경우

: 사용자는 배상책임을 부담한다.

⑬ 노무파견회사가 노동계약법의 규정을 위반한 경우

: 시정을 명하고 사안이 심각한 경우 1인당 1천元 ~ 5천元의 벌금
을 부과하며 영업허가를 취소한다.

⑭ 영업허가증 없는 회사의 위법범죄행위

: 법에 따라 법률책임을 추궁하고 노동력을 제공한 노동자에게는 노
동보수를 지급해야 한다.

⑮ 개인도급경영자가 노동계약법을 위반하여 노동자를 모집 고용하고
노동자에게 손해를 입힌 경우

: 도급을 발주한 측은 개인도급경영자와 함께 연대배상책임을 부담

한다.

⑯ 노동행정부문과 기타 유관부문 및 근무자의 직무소홀, 위법적인 직
  권행사로 인하여 노동자나 사용자에게 손해를 입힌 경우
 : 배상책임을 지고 직접책임자는 행정처분을 주며 범죄구성 시 형사
  책임을 추궁한다.

4. 외상투자기업의 노무관리

(1) 노동고용 등록제도

노동자의 합법적인 권익을 보호하기 위해 중국 노동사회보장부는 2007
년부터 각 지역에서 고용등록제도를 시행토록 하는 <노동고용 등록제도 마
련에 관한 통지>를 발표하였다.

1) 등록방법

① 고용주와 노동자가 노동계약을 체결한 날로부터 30일 이내에
  고용주는 노동부서에 고용등록을 해야 하며, 노동계약이 만료
  된 경우에는 만료 후 7일 내에 고용해지 등록을 해야 한다.
② 고용업체의 명칭, 법정대표, 경제유형, 조직기관 코드 등을 변경
  한 경우에는 변경 후 30일 이내에 노동고용 등록변경수속을 밟
  아야 한다.

2) 감독과 검사

① 각 지역의 노동보장부서는 고용업체와 고용상황에 대한 심층조
  사를 실시하여 고용업체별로 노동고용장부 및 데이터베이스를
  구축한다.
② 노동보장부서는 등록의무 불이행, 허위사실등록, 불법 노동계

약을 체결한 고용업체에 대해서는 시정명령을 내리고 이를 불
이행하는 경우 법에 따라 처벌한다.
③ 고용정보 데이터베이스가 구축되어 네트워크에 연결되면 근로
자는 고용업체의 노동고용 등록여부 및 등록내용의 사실여부를
조회해 볼 수 있다.

(2) 임금관리

① 외상투자기업은 〈임금총액 사용수첩〉을 수령하여 사용해야 하며
기업의 임금지급 상황을 사실대로 기입하여야 한다.
② 외상투자기업 중국측 고급관리인원의 명의임금(名义工资)은 이
사회에서 동일노동 동일보수 지급원칙에 따라 외국투자자측 고급
관리인원의 임금수준을 참조하여 확정한다.
③ 중국측 고급관리인원의 실행임금(实行工资)은 중국측 투자단위에
서 중국측 기업주관부서와 협의하여 확정한다.
④ 중국측 고급관리인원의 명의임금과 실행임금의 차액부분은 합자/
합작기업 중국측 종업원의 사회보험의 보충·복지후생과 주택기
금에 사용하며 기업의 노조에서 그 사용을 감독한다.
⑤ 기업에서 상근하지 아니하는 중국측 정·부이사장 및 이사에 대해
서는 당해 기업에서 임금성 급여를 지급할 수 없다.
⑥ 외상투자기업 근로자의 임금총액·평균임금·고급관리인원 및 이
사의 임금액은 중국측 투자단위에 비치하여야한다.

(3) 노동자고용 연도검사

중국 노동부는 1996년부터 노동자고용 연도검사 작업제도를 매년 1차례
씩 시행하고 있으며 연도검사 기일은 관할 노동행정부문에서 결정한다.

연도검사의 주요 내용은 다음과 같다.
  ① 회사의 노동관리 규정과 제도
  ② 근로계약서의 체결과 이행상황
  ③ 최저임금규정 준수상황
  ④ 작업시간제도의 집행상황 및 휴식시간·휴가 규정의 집행상황
  ⑤ 사회보험규정 집행상황
  ⑥ 현지정부가 규정한 기타 연도검사 내용

(4) 노동생산안전조치

중국당국은 「중국안전생산법(中国安全生产法)」과 <생산안전사고보고와 조사처리조례>에 의거하여 기업에게 매년 노동안전보건 검사를 실시하고 한편 생산안전사고가 발생한 기업에게는 엄중한 책임을 묻고 있다.

1) 노동안전보건 검사

  ① 회사의 노동안전보건법률 법규에 대한 이해정도와 집행상황
  ② 회사의 노동보건제도 상황
  ③ 특수작업인원에 대한 교육과 작업인증서 구비여부
  ④ 회사의 위험물질, 특수설비, 인화성 폭발물질 보관장소에 대한 관리상황
  ⑤ 먼지 등 인체에 위해가 심각한 직종에 대한 예방과 정리상황
  ⑥ 노동보호용품의 사용현황
  ⑦ 여성 종업원과 미성년자종업원 보호상황

2) 생산안전사고 보고와 조사처리

중국은 나날이 증가하는 안전사고를 줄이고 예방하기 위하여 <생산안전사고보고와 조사처리조례>를 제정하여 2007년 6월 1일부터 실시하고 있으

며 안전사고가 발생한 기업에게 최고 500만元의 벌금을 부과하고 있다.

① 사고현장의 유관인원, 사고기업의 주요책임자, 안전감독부서 및 유관지방정부는 안전사고 발생 시 사고보고의 책임이 있다.

② 사고현장의 유관인원은 사고발생 시 즉시 기업의 주요책임자에게 보고하고 사고기업의 주요책임자는 1시간 이내에 사고발생지 현급이상 정부의 안전관리부서에 보고해야 한다.

③ 사고보고의 내용은 사고발생기업, 사고발생시간과 지점, 현장상황, 사상자수, 일차적으로 집계한 직접경제손실 및 사고처리상황을 포함하여야 한다.

④ 안전관리부서는 당직제도를 실시하여 사고처리보고와 진정서를 접수한다.

⑤ 사고발생기업에는 최고 200만元 이상 500만元 이하의 벌금을 부과하는 행정처벌과 형사책임을 묻고, 주요책임자와 사고에 직접책임이 있는 책임자에는 사고발생이전 1년 수입의 60% ~ 100%의 벌금을 부과한다.

◁ 사고등급에 따른 벌금액 ▷

사고등급	벌금액
일반사고	10만元 이상 20만元 이하
비교적 중대한 사고	20만元 이상 50만元 이하
중대사고	50만元 이상 200만元 이하
특별중대사고	200만元 이상 500만元 이하

주) ① 일반사고
: 3인 이하 사망하거나 10인 이하 중상 또는 1000元 이하의 직접경제손실
② 비교적 중대한 사고
: 3인 이상 10인 이하 사망하거나 10인 이상 50인 이하 중상 또는 1000 만元이상 5000만元 이하의 직접경제손실
③ 중대사고
: 10인 이상 30인 이하 사망하거나 50인 이상 100인 이하 중상 또는 5000 만元이상 1억元 이하의 직접경제손실
④ 특별중대사고
: 30인 이상 사망하거나 100인 이상 중상 또는 1억元이상의 직접경제손실

[미성년자의 채용]

Q : 강소성에 소재한 K외상투자기업에서 인력난으로 만 15세의 미성년자를 채용하였다. 법적인 문제는 없는지?

A : 노동법은 특수공예, 문예, 스포츠부문 등의 특수부문을 제외하고 만 16세 미만 미성년자의 채용을 금지하고 있다. 특수부문의 미성년자 채용도 관할 노동국의 심사와 승인을 받아야하며 의무교육을 받을 권리를 보장해야 한다.

[외지인(外地人) 채용]

Q : 상해시의 S회사는 임시공으로 외지인(外地人)을 채용하였으나 취업증 미발급의 사유로 해당 지방노동국으로부터 약 5만元(1인당 200元~1000元) 의 벌금을 부과 받았다. 이의 대책은?

A : 중국은 호구제도에 의하여 기업이 소재한 지역(本地:성,직할시,자치구) 근로자를 먼저 채용하고, 필요인력이 부족하거나 현지에서의 인력 모집이 불가능한 경우 먼저 현지 노동취업기구로부터 확인을 받은 후 외지(外地) 노동취업기구로부터 모집허가를 취득하여 취업증을 발급받아서 외지근로자 를 채용할 수 있으므로 이점을 유념하여야 한다.

[외국인 채용시 취업절차]

Q : 외상투자기업이 외국인(한국인 포함)을 채용시 취업절차는?

A : ① 외상투자기업이 외국인을 고용하는 경우, 계약서 · 정관 · 비준증서 · 영업허가서와 관련 서류를 지참하여 노동행정부서에 가서 해당 외국인의 중 국 취업허가를 신청한다.

② 외국인 취업허가를 받은 후 수권단위를 통하여 채용하려는 외국인에게 비자통지서와 취업허가증서를 발급한다.

③ 중국에 취업인가를 받은 외국인은 취업허가증서와 수권단위의 비자통지서 및 여권을 지참하고 외국주재 중국영사관에 취업비자를 신청한다.

④ 사용단위는 초빙된 외국인이 입국한 후 15일 내에 취업허가증서와 노동계약서 및 여권을 지참하고 원 증명발급기관에서 외국인 취업수속을 하여 '외국인 취업등기표'를 작성하게 된다.

⑤ 취업수속을 마친 외국인은 입국 30일 이내에 취업증을 지참하고 거류증 수속을 신청한다.

[외국기업 상주대표기구의 중국인 직원 채용방법]

Q : 한국 K기업의 북경주재 상주대표기구는 현지중국인 직원을 채용하려한다. 그 채용방법은?

A : ① 외국기업 상주대표기구는 법인의 자격이 없으므로 중국인 직원을 직접 채용하지 못하며 직원을 채용할 경우에는 중국정부가 인가한 인력채용대리기구에 위탁하여 채용하여야 한다.

② 외국기업 상주대표기구가 자의로 직원을 채용하였을 경우에는 관할 공상행정관리국은 시정명령과 함께 1만元이상 5만元 이하의 벌금을 부과할 수 있다.

[법정근로시간의 초과]

Q : 상해시 노동사회보장국은 S외상투자기업에게 근로자를 초과근무 시켰다는 이유로 상당액의 벌금을 부과하였다. 법정 초과근무시간과 이를 위반시의 벌금부과기준은?

A : 법정 근로시간은 1일 8시간 주당 44시간을 초과할 수 없으며, 연장근무시 1일 1시간(특수한 경우 3시간) 매월 36시간을 초과하지 못한다. 또한 주당 1일 이상의 휴일을 보장하여야 한다.

　이를 어기고 초과근무를 시킨 경우 노동사회보장국은 시정명령을 내리고 시정 불응시 실질임금의 5배의 벌금을 부과한다.

[탐친(探亲)휴가의 강제준수 여부]

Q : 현지 노동보장국에서 당사 근로자의 탐친(探亲)휴가 준수여부를 거론하고 있다. 이의 대책은?

A : 근로자는 법정 공휴일 또는 휴무 때 배우자나 부모를 충분히 만날 수 있으므로 탐친휴가 자체는 의무규정이 아니다.

　노동보장국에서 탐친휴가를 거론한다면 당국과 관계를 악화시키지 않는 범위 내에서 항변하고, 만일 탐친휴가를 부여하는 경우 부여일수 등에 대하여는 기업이 적절히 결정하고 연차휴가로 대체하는 것이 바람직하다.

[영업사원의 최저임금지급]

Q : 심양의 C화장품회사는 판매사원과 근로계약을 체결하면서 매월 기준 매출수량을 채우지 못할 경우 급여 지급을 않는 약정을 하였다. 이 조항은 노동법상 문제가 없는지?

A : 근로자 채용 시 성과급에 의한 급여를 지불할지라도 매월 최저임금 이상은 지불해야 한다. 그러므로 상기 근로계약 조항은 최저임금기준을 위반한 것이다.

[병가(病假)신청]

Q : 근무 직원이 병가(病假)신청 시 병가기간의 기준은?

A : 직원이 병에 걸리거나 근무 중에 부상을 당하여 업무를 중단하고 치료를 받아야할 경우 본인의 실제 근무기간에 따라서 3개월부터 24개월까지의 치료기간을 주어야한다. 기업에서 20년 이상 근무를 한 경우에는 24개월의 치료기간을 주어야한다.

[노동조합의 설립]

Q : 한국 안산의 A기업은 청도지역 외곽지에 한국의 공장을 이전하려고 계획중인데 반드시 노동조합을 설립해야 하는지?

A : 2006년 4월 청도시 관계기관이 발표한 <청도지역 외상투자기업의 공회(工会)설립에 관한 의견>에 의하면 외상투자기업은 설립 시 반드시 공회조직도 함께 설립해야 하며 잠시 공회설립 여건이 부족하면 설립 후 6개월 이내에 반드시 공회를 설립해야한다고 규정하고 있다.

한편 동 의견에 의하면 공회가 설립되지 않은 기업은 '우수외상투자기업'의 영예를 가질 수 없다고 규정하고 있다.

[노동계약 체결시점]

Q : 회사의 노동자 채용 시 노동계약 체결의 시점은?

A : 노동계약은 노동관계의 성립 시, 즉 노동자 고용일에 체결해야 한다. 노동관계가 이미 성립되었으나 서면 노동계약이 미체결된 경우에는 고용일로부터 1개월 이내에 서면 노동계약을 체결해야 한다. 회사에서 노동자를 채용 시에는 임시직 또는 고정직을 불문하고 반드시 노동계약을 체결하고 사회보험에도 가입하여야 한다.

[국유기업 정리해고자와의 노동계약체결]

Q : 국유기업의 정리해고자를 채용 시 노동계약서의 체결이 가능한지?

A : ① 국유기업의 정리해고자(下岗)는 비록 직업이 없지만 원(原)단위와 노동관계를 보유하고 있으므로 채용 시 노동계약서를 체결할 수 없다.

② 다만 노동계약서와 유사한 '서면협의서'를 체결하여 채용기간의 임금사항 등을 약정하여야 한다. 만일 정리해고자가 원(原)단위와 정식으로 노동

관계를 해지하고 노동관계해지증명서를 제출할 수 있을 경우에는 노동계약
서의 체결이 가능하다.

[노동계약 내용의 고[의무]]

Q : 노동계약법은 사용자에게 현행 노동법 조항에 없는 고지의무를 부과하
고 있다는데 그 내용과 대책은?

A : ① 노동계약법 제8조에 의하면 '사용자가 노동자를 채용 시 작업내용,
근무조건, 근무장소, 직업상 위험, 안전생산 상황, 노동보수 및 노동자가 요
구하는 기타상황을 사실대로 고지해야 한다.' 라고 규정하고 있다.

② 만일 사용자가 고지의무를 이행하지 않았다면 노동분쟁 발생 시 사용자
에게 불리한 판정이 내릴 수 있으므로, 사용자는 노동자 채용 시 노동계약서
의 조항에 고지내용을 포함시키거나 별도의 서면문건(구두고지 시에도) 을
작성하여 노동자의 서명을 받아서 고지의무를 이행할 수 있다.

[사내규칙(規章)제정 시 유의사항]

Q : 노동계약법에 '사내규칙을 제정하거나 수정 시에는 직원대표대회나 전
체 직원의 토론을 거쳐야 한다' 라고 규정하고 있는바 사내규칙 제정 시 유
의사항은?

A : ① 먼저 사내규칙(規章)제정의 합법성에 유의하여야 한다. 이는
- 내용상에 위법성이 없어야하고
- 절차상 직원대표대회(노조)나 전체직원과 협의를 거쳐서 제정하고, 노
  동자의 이익과 직접 관련되거나 중대한 사항은 공시 또는 노동자에게
  고지하여야 한다.

② 사내규칙 제정 시 민감한 내용은 피하는 것이 바람직하다.

- 노조와의 협의에 장애가 될 수 있는 민감한 사안은 배제하고 일반적인 내용으로 초안을 작성하는 것이 유리하고
- 민감한 내용은 노동자와 개별적으로 체결하는 노동계약서에 포함시킨다.

[무기한 노동계약의 대처방안]

Q : 노동계약법상의 '무기한 노동계약' 의 의미와 대처방안은?

A : ① 노동계약법상의 '무기한 노동계약' 은 한국의 평생고용제와 유사한 고용형태로서 노동자가 명백한 과실이 없는 한 정년퇴직 때까지 안정적인 신분이 보장된다.

② 평생고용 계약 시에는 회사에 대한 충성도나 만족도는 상승할 수 있으나 임금상승, 인력고령화, 경쟁의욕 저하 및 탄력적인 인력관리가 어려울 수 있으므로 회사 형편에 따른 신중한 검토가 요구된다.

③ '무기한 노동계약' 은 "쌍방의 노동계약 연장동의" 가 전제되므로 회사에서 노동계약 갱신을 원하지 않을 경우에는 고용관계가 종료된다.

또한 '고정기한 노동계약' 은 2회만 허용되므로 2차 계약 만료 시 일정기간 고용중단 후에 재고용하는 방식도 고려할 수 있다.

[수습기간 중 사직서 제출 시 근로자의 책임]

Q : 상하이의 S기업에 취직한 Y씨는 수습기간내에 회사에 사직서를 제출하였다. 이에 회사는 Y씨와의 근로계약에 따라 수습기간내에 사직시의 위약금과 교육훈련 관련비용(근로계약서에는 교육훈련에 관한 협의를 체결하지 않은 상황)의 배상을 Y씨에게 요구하였다. 이 경우 회사는 배상을 받을 수 있는지?

A : ① 「노동법」 제 32조에 의하면 '근로자는 수습기간 내에 수시로 근로계약을 해지할 수 있다' 라고 규정하여 근로자가 수습기간 내에 사직서를

제출한 것은 법률규정에 부합하므로 회사는 위약금을 받을 수 없다.

② 근로자에 대한 각종 기술교육을 진행한 상황에서 수습기간에 있는 근로자가 근로계약 해제요구 시 별도 약정이 있는 경우를 제외하고는 고용단위는 근로자에게 동 교육훈련비용에 대한 배상요구를 할 수 없다.

[근로자의 부당한 스카웃대책]

Q : 청도의 T전자업체는 자사의 경력직원을 인근의 경쟁업체에서 더 높은 보수를 미끼로 계속하여 빼내가고 있다. 이의 대책은?

A : 근로자를 부당하게 스카웃한 단위는 이전 고용단위의 경제적 손실에 대해 해당 근로자와 연대하여 배상책임을 져야한다.(노동법 제 99조)

또한 경력직원을 채용할 경우에는 이전회사와 근로계약을 해지하였다는 증명을 요구하여야 한다.

[근로자의 과실로 인한 손해배상청구]

Q : 근로자가 직무상의 과실로 기업이 막대한 손실을 입은 경우 손실배상 금액의 한도는?

A : 근로자가 근무하는 회사에 경제적 손실을 입힌 경우 회사는 근로계약의 약정에 따라 해당 직원에 대해 손해배상을 청구할 수 있다. 경제적 손실의 배상은 근로자의 급여에서 공제할 수 있으나 근로자 월급여의 20%를 초과할 수 없으며, 공제후의 금액이 해당지역 최저임금표준에 미치지 못할 경우 동 최저임금을 지급해야 한다.

[기업에 의한 근로계약 해제]

Q : 청도의 모 외자기업은 기술직근로자 A씨와 수습기간 30일의 1년 기한의 근로계약을 체결하였다. A씨를 채용한 후 1주일이 되지 않아 A씨의 기술능력이 기준미달임이 파악되어 30일간의 교육을 시켜 직종을 변경한 후에도 여전히 업무수행능력이 어려워 A씨와의 근로계약을 해제하였다. 이에 A씨는 근로계약 30일 이전에 본인에게 통지가 없었다며 노동중재기관에 중재를 신청하였다. 이 경우 노동법의 관련 내용은?

A : ① 근로자가 채용기준에 부합하지 않음이 수습기간 내에 확인될 경우 기업은 언제라도 근로계약을 해제할 수 있으며 경제적 보상금의 지급의무가 없다.

② 수습기간이 완료된 후 근로자가 업무를 수행하지 못하여 기업이 교육을 시켜 업무를 조정하였음에도 여전히 업무수행이 어려운 경우 기업은 근로계약을 해제할 수 있다. 이 경우 30일 이전에 서면으로 근로계약 해제사실을 근로자에게 통지하여야 하며 1개월분의 급여를 별도로 지급해야 한다.

[근로자 해고시의 보완자료 완비]

Q : 상해의 S외상투자기업 냉동차량의 기사는 수시로 차량의 고장을 빌미로 회사에서 차량수리비를 받아서 편취하다가 회사에 발각되어 스스로 사직한 후 회사에 대해 고액의 경제보상금을 요구하다가 조정이 되지 않자 관할 노동국에 부당해고 당했다며 회사를 고발하였다. 이러한 경우의 사전대책은?

A : ① '근로자가 노동규율 또는 회사의 사내규칙을 심각하게 위반한 경우'나 '근로자가 직무상 과실·사리(私利)추구와 부정행위로 회사의 이익에 중대한 손실을 초래한 경우'에는 기업은 사전에 통지없이 해고할 수 있다.

② 그러나 적지 않은 중국투자기업이 상기①에 해당하는 근로자와 근로계약을 해지하여 발생하는 법률분쟁 중 패소하게 되는 주요한 원인은 관련 증빙자료의 구비에 부주의하기 때문이다.

그러므로 기업측은 다음과 같은 증빙자료를 확보해둘 필요가 있다.
- •관련 사항을 기재한 해당 근로자의 각서
- •관련 사항의 기록에 대한 당사자의 서명문건
- •관련 사항의 물증(예를 들어 훼손된 물품, 녹음 녹화자료)
- •관련 사항에 대한 제3자의 확인
- •위법행위에 대한 정부 관련부서의 처리기록 및 증명

[사용자의 부당해고시의 배상금 부과]

Q : 강소성 소주시의 S기업은 업무의 특성상 여성근로자가 대부분이며 임신 출산기에 있는 여성근로자의 출산휴가로 인하여 제품생산 업무에 차질이 발생하고 있다. 이에 회사는 노동계약이 만료된 임신 출산기의 여성근로자를 해고 하려하는데 법적인 문제는 없는지?

A : ① 노동계약법 제42조에 의하면 '여성근로자가 임신기(孕期), 출산기 (产期), 수유기(哺乳期)에 있는 경우 노동계약기간이 만료되었을지라도 사용자가 임의로 해고할 수 없다' 라고 규정하고 있다.

② 만일 사용자가 위법해고 시는 경제보상금의 2배에 달하는 배상금을 지급해야하므로, 이 경우 정상적인 경제보상금에 2배의 배상금을 더하여 사실상 근속 1년에 3개월분 평균급여의 금액을 지불해야 한다.

[근로자가 근로계약 해제요구시의 연수비용 회수여부]

Q : 대련의 A회사는 근로자에게 의무근무기간을 정하고 비용을 들여서 연수를 시켰는데 연수후 근로자가 근로계약의 해제를 요구하였다. 이 경우 연수비용을 회수할 수 있는지?

A : ① 회사가 근로자의 연수를 위해 비용을 지출하였다하더라도 수습기간에 있는 근로자가 근로계약 해제요구 시에는 별도 약정이 있는 경우를 제외하고는 근로자에게 연수비의 반환을 요구할 수 없다.

② 회사의 비용지출을 수반하는 연수의 경우 쌍방은 사전에 연수계약을 체결하여 근무기간을 약정할 수 있다.

근로자가 근무기간 약정을 위반하는 경우 약정에 따라 사용자에게 위약금을 지불해야 한다. 다만 위약금은 사용자가 부담한 연수훈련비용을 초과할 수 없으며, 미이행 근무기간 해당분으로 제한한다.

③ 연수계약 시의 기재내용은 다음과 같다.
- 연수의 명칭, 연수기간 및 의무근무기간
- 연수비용과 부담자, 연수기간중의 대우
- 연수중도포기의 위약책임

[회사내부평가에 의한 근로계약의 해지]

Q : 대련의 D외자기업은 1년에 두 번씩 직원평가제를 실시하여 상위평점을 받은 직원은 승진 포상 등을 제공하고 최하위평점을 받은 직원은 회사측이 일방적으로 근로계약을 해지하고 경제보상금도 지불하지 않고 있다. 회사의 이러한 직원평가제는 합법적인지?

A : ① 회사측의 최하위평점자에 대한 조치는 불법이며 이는 근로자의 합법적인 권익을 엄중히 침범하고 있다.

② 노동법 제25조와 노동계약법 제39조에 '기업에 의한 근로계약해제 사유'를 엄격히 규정하고 있으며 노동법 제26조와 노동계약법 제22조에서는 종업원이 관련 직책을 감당할 수 없더라도 교육훈련이나 업무직책 조정을 통해서 종업원에게 근로의 기회를 제공하여야하고 그럼에도 불구하고 여전히 관련 업무를 감당할 수 없을 경우 반드시 30일 전에 서면통보 후 근로계약을 해지할 수 있다.

③ 근로자의 업무능력 부족에 따른 해고 시에도 합의퇴직과 동일하게 근로자가 당 회사에서 근무한 근무연한에 따라 매 1년 만료 시 1개월분에 해당되는 급여를 12개월분을 한도로 경제보상금으로 지급해야한다.

[근로자 해고시의 경제보상금 지급]

Q : 채용 시 근로계약을 체결한 근로자가 업무능력이 현저히 떨어져 부득이 해고할 경우 회사는 경제보상금을 지급해야 하는지?

A : ① 법에 따라 체결한 근로계약은 법적 구속력을 갖고 있기 때문에 당사자들은 반드시 근로계약에서 약정한 의무를 이행하여야 한다.

② 회사가 근로자와 협상을 거치지 않거나 협상미결을 이유로 일방적으로 근로계약을 해제한다면 불가피하게 노동쟁의가 초래되고 노동중재나 소송 절차를 밟게 되면 회사측이 패소할 것이다. 따라서 근로자에게 경제보상금을 지급하는 이외에 노동법의 규정에 따라 배상금을 지불해야 한다.

[임금연체로 자발적 퇴직 시의 경제보상금 지급여부]

Q : 산동성 위해소재 W기업은 경영난으로 임금지급이 약 15일 연체되었다. 이에 일부 노동자들이 자발적으로 사직하면서 경제보상금의 지급을 요구하고 있다. 이 경우 경제보상금을 지급해야 하는지?

A : 노동계약법 제46조 1항에는 '사용자가 약정한 노동조건을 제공하지 않거나, 임금연체, 사회보험료 미납부, 노동자에게 불법적 노동 강요 등으로 노동자가 자발적으로 퇴직 시 경제보상금을 지급하여야 한다'라고 규정하고 있으므로 귀사의 경우 해당 노동자에게 경제보상금을 지급하여야 한다.

[고소득노동자의 경제보상금]

Q : 2008년에 퇴직하려 한다. 2007년에 수령한 12개월 평균급여는 18,000元이다. 이 경우 본인이 수령할 수 있는 경제보상금은?

A : ① 소재 지역 전년도 12개월 평균급여의 3배 이상을 받은 고소득노동자의 경제보상금의 기준은 소재지역의 전년도 직공평균임금의 3배를 상한으로 하고 경제보상금 지급대상연한은 최고 12년을 한도로 한다.

② 청도지역 2007년 평균급여를 1,500元으로 할 경우 귀하의 경제보상금은
 : 1,500元 × 3배 × 12년 = 54,000元 이다.

[근로자의 무단결근으로 인한 해고]

Q : 산동성 일조시 L기업의 근로자 王氏는 수시로 무단결근하여 회사는 골머리를 앓고 있다. 근로자의 무단결근을 사유로 해고할 수 있는지?

A : ① <기업직원상벌조례>의 규정에 의하면 근로자가 정당한 사유 없이 연속하여 15일 이상 또는 1년에 30일을 초과하여 무단결근하는 경우 해고할 수 있다. 이 경우 근로계약은 자동해지되며 기업은 경제보상금을 지급할 필요가 없다.

② 기업이 해당 근로자에 대한 해고결정을 할 때 충분한 증거가 있어야 하며, 해고결정을 한 후 회사 내에 공고하고 서면으로 당사자에게 통지하여야 하며 그렇지 않을 경우 기업의 해고결정은 무효이다.

[근로자 사직 시 개인인사자료의 처리]

Q : 근로자가 사직시의 해당 근로자 개인인사자료는 어떻게 처리해야 하는지?

A : 근로자가 회사를 그만둘 경우 회사는 30일 이내에 근로자의 개인 인사자료(档案)를 새로운 고용단위 또는 인재센터 등에 이송해야 한다. 즉 기업은 인사자료의 보유가 금지되어 있으므로 기업 자체적으로 별도의 '근로자명부'를 작성하여 가급적 비밀로 관리하는 것이 바람직하다.

[근로자 퇴직수속의 내용]

Q : 근로자가 퇴직시 기업이 이행하여야하는 근로자의 퇴직수속의 내용은?

A : ① 기업과 근로자가 근로계약관계를 종료하거나 해제한 경우에는 반드시 7일 이내에 관할 노동행정보장부문에 퇴직등기수속(정년퇴직 근로자는 정년퇴직수속)을 해야 한다. 이에는 '퇴직증명원' 발급, 사회보험 이관 및 '개인인사파일(档案)'의 이전이 포함된다.

② 기업이 기한내에 퇴직등기수속을 이행하지 않은 경우, 근로자는 다른 기업과 정상적인 근로계약을 체결할 수 없으며 사회보험의 혜택도 받을 수 없다. 이 경우 기업은 손해배상책임은 물론 이행명령에 응하지 않은 경우 1천元 이하의 벌금까지 부과 받을 수 있다.

[인격적 노사문제 발생 시의 대처방안]

Q : 수년전 모 합작회사의 한국인 총경리가 화장실 위생불량을 이유로 중국 근로자들을 화장실 앞에 집합시킨 후 "중국 사람은 더럽다"는 등 모욕적인 말을 하였다하여 동 회사의 근로자가 회사를 상대로 명예권 침범을 이유로 소송을 제기하였다. 이러한 경우 대처방안은?

A : ① 중국에 진출한 외상투자기업은 근로자의 기본적 인권을 침해하는 행위가 초래할 수 있는 부정적 영향을 인식하여 우선 이같은 행위가 발생하지 않도록 각별히 주의할 필요가 있다.

② 외상투자기업에서 근로자를 폭행하거나 여성근로자를 몸수색하는 등 기본적 인권을 침해하는 행위가 발생한 경우 언론기관에서 이를 보도하면서 일방적이고 왜곡된 내용을 전달하는 경향이 있어서 다른 한국외상투자기업과 국가의 이미지에 큰 손실을 초래할 수 있다.

③ 노사문제가 발생한 경우 언론기관이 이를 인지하고 취재요청 시 기피하거나 소극적으로 대처하면 근로자의 일방적인 주장 위주로 과장하여 왜곡보도 할 가능성이 있으므로 언론기관이 접근할 경우에는 회사의 입장을 충분히 설명하고 이해를 구하는 등 적극적으로 대처하는 것이 필요하다.

[외자기업에 대한 노동감찰]]

Q : 중국당국에서 외자기업에 대한 노동감찰을 지속적으로 벌이고 있다는데 그 내용은?

A : 중국총공회(노동조합연맹)는 국무원 노동사회보장부와 함께 2007년 5월부터 기업을 대상으로 노동법 이행여부에 대한 전면 감찰을 실시하였다.

노동감찰의 내용은 주로 최저임금제 준수와 노동계약서 작성 여부를 확인하고 근로자 임금체불 여부를 조사하였으나, 노동법 준수에 대한 감찰의 타깃은 외자기업에 맞춰져서 외자기업들의 공회설립을 강하게 유도하였다.

참고로 중국정부가 발표한 2007년 외자기업의 공회설립은 전체 외자기업의 80%를 목표로 하고 있다.

중국 지도부 '486세대' 급부상

　중국이 젊어진다. 2007년 가을의 중국공산당 제 17차 전국대표대회를 앞두고 중앙과 지방의 지도부를 대폭 물갈이하면서 젊은 관료들이 권력의 핵심으로 떠오르고 있다.

　1960년대에 태어나 1980년대에 대학을 다니고 40대 나이에 권좌에 오른 486세대의 급부상에 대하여 중국권부와 언론에서는 이를 '녠칭화(年轻化)'라고 하는데 한국말로는 '젊은 세대교체'쯤 되는 말이다.

　공산당 중앙 지도부가 각 지방 당위원회에 보낸 통지문에 의하면 지도부 개편시 50세 이하의 간부를 최소 3명 이상 등용토록 하고 45세 내외의 간부를 반드시 상무위원급 이상의 직에 포진시키라고 지시하고 있다.

　중국에서 대표적인 젊은 피 수혈 케이스로는 후난(湖南)성 대리성장 저우창(周强)과 공산주의 청년단(공청단) 중앙서기 후춘화(胡春华), 농업부장 쑨정차이(孙政才) 등이 꼽힌다.　모두 장관급으로 周성장은 1960년생, 나머지 두 사람은 1963년생으로 이들은 각각 법학박사, 경제학석사, 농학석사의 학위를 갖는 등 지식과 실무를 겸비하고 있다.

푸얼차(普洱茶) 인기몰이 위해 푸얼시(市)로 개명

　한국인에게 '보이차'로 잘 알려진 '푸얼차'의 인기몰이에 힘입어 중국은 2007년 4월 8일부터 푸얼차 생산지인 윈난(云南)성 스마오시(思茅市)의 명칭을 푸얼시(普洱市)로 바꾸었다. 아울러 스마오시 관할의 푸얼현(县)은 '푸얼'이라는 명칭을 상급시에 내주고 닝얼현(宁洱县)으로 변경하였다.

　현재 스마오시 인구의 절반 이상이 푸얼차 산업에 종사하고 있으며 푸얼차가 한국, 일본 등에서 각광을 받으면서 이 지역 주민의 소득과 생활수준도 크게 향상되었다. '푸얼시'는 앞으로 푸얼차의 지명도를 높이고 푸얼차 산업의 확대를 위하여 10억위안을 투자하여 푸얼차 박물관 등이 들어서는 '천하 푸얼차국(国)' 단지를 건설키로 하였다.

'21C 문화대국' 중국의 꿈

중국의'오페라하우스'로 유명한 '국가대극원(国家大剧院)'이 베이징 톈안먼(天安门)광장 서쪽에 정식 개관하였다.

알모양의 반구형 구조물인 대극원의 외관은 유리와 티타늄으로 된 6,250가지의 서로 다른 2만2,000장의 패널을 일일이 손으로 붙인 것이 특징이다. 돔형 외형에 오페라극장 등 3개의 공연장이 들어서 있는 대극원은 돔의 높이가 46.68m, 경내 직경이 600m에 이를 정도로 엄청난 규모를 자랑한다.

설계자는 '파리 드골공항'을 설계한 프랑스의 유명 건축가 폴앙드뢰.

독일에서 수입된 3,800만 위안(약 47억5,000만원)짜리 초대형 파이프오르간과 2,398석 규모의 콘서트홀, 1,035석 규모의 드라마극장이 자리잡고 있다.

대극원에는 경제대국을 넘어 문화대국으로 도약하려는 중국의 꿈이 담겨 있다. 인공호수에 반사된 우아한 모습은 외계에 온 듯한 환상적인 느낌을 준다. 중국 언론은 대극원을 "21C 중국 소프트파워와 국력 비상의 상징"으로 극찬하고 있다.

그러나 대극원은 지난 6년간 건물 건축비 27억위안과 외곽공사비 8억위안 등 총 37억위안(약 4,625억원)이라는 막대한 금액이 투입된 데다 입장료도 워낙 비싸서 노동자·농민에게는 '그림의 떡'이라는 지적도 나오고 있다.

제3장 사회보험제도
(社会保険制度)

외상투자기업은

국가 관련 규정에 따라 양로·의료·실업·산업재해·출산 등의 사회보험에 가입하고 지방 인민정부가 규정한 기준에 따라 사회보험기구에 사회보험비를 정해진 날에 전액 납부하여야 한다.

1. 양로보험 (养老保険 국민연금)

양로보험은 노동자가 국가에서 규정하는 노동연령이 한계에 도달하였거나, 연로하여 노동능력을 상실한 노동자의 기본생활 등을 보장해주는 일종의 사회보험제도이다.

이는 3개 부문으로 구성되어 기본(基本)양로보험, 기업보충(企业补充)양로보험 및 저축성(储蓄性)양로보험으로 구분되며 일반적으로 양로보험이라함은 기본양로보험 제도를 말한다.

(1) 양로보험 실시의 기본원칙

중국노동사회보장부가 발표한 기본양로보험 실시의 기본원칙은 다음과 같다.
　① 기본생활보장

: 기본양로보험의 목적은 정년퇴직자(退休人员) 및 정년이직자(离休人员)의 기본생활(基本生活)을 보장하기 위해 설립 되었다.

② 공평과 효율의 원칙을 유지

: 양로보험은 최저생활의 보장을 실현하기에 충분하게 공평성(公平性)과 효율성(效率性)의 원칙을 견지한다.

③ 권리와 의무의 대응을 지원

: 양로보험 참여자는 규정된 의무를 이행하고 이후 양로보험대우를 누릴 수 있는 권리가 있다.

④ 관리서비스기구의 설립

: 정부는 사회보장기구와 사회보장기금을 분리해서 설립하여 양로보험사무와 기금의 관리를 위탁한다.

⑤ 사회경제 발전의 성과를 공유

: 퇴직자의 경제생활을 당지(当地)의 평균 생활수준으로 유지하고, 수입수준을 사회경제적 발전과 노동자의 급여수준에 따르게 하여 사회경제 발전의 성과를 공유하게 한다.

(2) 양로보험의 운용

1) 보험료 납부

① 기업의 양로보험료 납부비율은 임금총액의 20%를 초과하지 못하며(초과하는 경우 노동보장부와 재정부에 보고하여 심사를 받아야 한다) 구체적 비율은 성·자치구·직할시 인민정부가 확정한다.

② 개인은 1997년을 기점으로하여 임금의 4%를 시작으로 매 2년에 1%씩 증가하여 최종 8%의 양로보험료를 납부한다.

③ 자영업자 및 자유직업인의 납부비용은 전액 본인이 부담하며 납부비율은 24%를 초과하지 못한다.

④ 기업이나 개인이 어떤 원인으로 제때에 양로보험료를 완납하지

아니한 경우 체납(欠缴)으로 간주하여 별도로 관리를 받는다.
근로자가 근무하는 기업이 양로보험료를 체납하고 있더라도 근
로자 개인은 양로보험료를 계속 납부할 수 있으며 완납비용은
개인구좌에 계상함과 아울러 근로자의 실제 비용납부 연한으로
계산한다.

2) 운용

① 양로보험은 사회통합기금(社会统筹基金)과 개인계좌(个人帐
戶)로 나누어 운용하고 있다.

② 개인계좌(个人帐戶) 계상액은 임금의 11%로 정하고, 개인 납
부비용 8%　전액을 개인계좌에 예입하며 나머지 3% 부분은
기업의 납부비용에서 예입한다.

③ 근로자가 직장을 이동 시 개인계좌와 그 이자는 함께 이전되며,
근로자나 퇴직자가 사망시에는 개인계좌의 개인납부비용 부분
은 가족에게 승계할 수 있다.

④ 양로보험기금은 근로자 양로보험에 전부 사용해야 하며 점유·
유용·남용 또는 낭비하는 것을 금한다. 기금잔액은 2개월분의
지급비용을 남긴 외에 전액 국가채권을 구입하거나 전용계좌에
예금해야 하며 기타 금융과 경영성 사업에 투자하는 것을 엄금
한다.

3) 보험금의 수령

① 근로자는 개인비용 납부연한이 누계로 만 15년인 경우 정년 퇴
직후 매월 기초양로금과 개인계좌 양로금을 받는다.

② 기초양로금(基础养老金)
: 해당지역 근로자의 전년도 월평균 임금의 20%를 사회통합기
금에서 수령한다.

③ 개인계좌양로금(个人帐户养老金)
　: 근로자 본인계좌 예금액을 120으로 나눈 금액을 계좌기금에서
　　수령한다.
　　한편 개인비용 납부연한이 누계 15년 미만일 경우에는 기초양
　　로금은 받지 못하며 개인계좌 양로금을 일시에 수령한다.

2. 의료보험(医疗保险)

(1) 의료보험 일반

① 기본의료보험은 사회보장체계의 중요한 구성부분으로서 기업과
　근로자가 공동으로 참여하는 사회보험의 일종이며, 광범성(广泛
　性), 공제성(共济性), 강제성(强制性)의 특징을 갖는다.
② 도시(城镇)지역의 기업을 포함한 모든 사업단위는 모두 기본의료
　보험에 가입하여야 한다. 향진기업(乡镇企业) 및 그 근로자, 도시
　개인경제조직의 업주 및 그 근로자의 기본의료보험 가입여부는 각
　성·자치구·직할시 인민정부에서 결정한다.
③ 각지의 위생, 재정, 물가, 약품감독 등 유관부문은 각자의 직능에
　따라 노동사회보장부서와 협동하여 기본의료보험제도를 실시한다.

(2) 의료보험의 운용

① 기본의료보험기금은　사회통합기금(社会统筹基金)과　개인계좌
　(个人帐户)로 나누어 운용되고 있다. 사회통합기금과 개인구좌는
　각각의 지불범위를 확정하고 별도로 관리해야 하며 상호 유용하지
　못한다.
② 기본의료비는 고용단위와 근로자가 공동부담하며 기업의 납부비
　율은 근로자 임금총액의 9%내외로 하고, 근로자의 납부비율은 임

금수입의 2%이다.

③ 근로자가 납부하는 2%의 의료보험료는 개인계좌(个人帐户)에 전액 계상되며, 기업에서 납부하는 의료보험료는 납부액의 30%정도는 개인계좌에 사용되고 나머지는 사회통합기금에 사용된다.

④ 정리해고자가 재취업센터로 전출될 때 재취업센터에서 책임지고 의료보험비용을 납부하며 정리해고자는 그에 상응한 의료보험대우를 받는다.

(3) 의료보험기금의 사용

1) 개인계좌(个人帐户)의 사용

① 진료비, 응급치료비
② 약국 의약품구입비
③ 통합기금에서 지불하는 표준의료비 이하의 의료비용
④ 통합기금에서 지불하는 표준의료비를 초과하는 의료비용중 개인부담분과 비례계산한 부분

2) 사회통합기금(社会统筹基金)의 사용

① 입원치료비
② 입원 이전 7일간의 치료비
③ 악성종양 방사선 및 화학치료비, 이식수술 후 통원치료비

3. 실업보험(失业保险)

(1) 실업보험 일반

① 실업보험은 실업자의 실업기간동안의 기본생활을 보장하고 재취업을 촉진하기 위하여 제정되었다.

② 외상투자기업을 포함한 도시기업(城鎮企業) 및 사업단위와 그 근로자는 〈실업보험조례〉의 규정에 따라 실업보험비를 납부해야하고 실업보험 대우를 향유한다.

③ 현급 이상 지방정부 노동보장행정부문은 당지의 실업보험업무를 주관하며, 각 지역의 사회보험취급기구에서 구체적인 실업보험업무를 수행한다.

(2) 실업보험기금

① 실업보험기금은 도시기업 사업단위와 그 근로자가 납부한 실업보험비, 실업보험기금의 이자, 재정보조 및 법에 의해서 납입한 실업보험기금의 기타기금으로 구성된다.

② 도시기업 및 사업단위는 지급한 임금총액의 2%, 근로자는 본인임금의 1%를 실업보험비로 납부하며 다만 도시기업 사업단위가 채용한 농민계약제 노동자(農民合同制工人) 본인은 실업보험비를 부담하지 않는다.

③ 실업보험기금은 사회통합기금(社会統筹基金)에서 운용되며, 직할시와 구(区)가 설치된 시(市)는 전체 시의 통합기금에서 운용하고 기타지구의 통합기금은 성·자치구인민정부가 규정한다.

④ 실업보험기금은 다음 용도의 지출에 사용한다.
- 실업보험금
- 실업보험금을 수령하는 기간 동안의 의료보조금
- 실업보험금을 수령하는 기간 동안에 실직자가 사망 시의 장례보조금과 부양가족 생계보조금
- 실업보험금을 수령하는 기간 동안의 직업훈련비 및 직업소개비의 보조금
- 국무원이 규정하고 비준한 실업보험과 관련한 기타비용

(3) 실업보험대우

① 도시기업 사업단위는 소속 근로자가 실직 시 즉시 근로관계의 종
  료 또는 해제증명을 발급하고 실업보험금 대우를 받을 수 있는 권
  리가 있음을 고지하여야 한다. 또한 근로관계의 종료 또는 해제된
  날로부터 7일 이내에 사회보험처리기구에 실직 근로자 명단을 제
  출해야 한다.
② 다음의 조건을 구비한 실직자는 실업보험금을 수령할 수 있다.
  • 기업과 근로자가 만1년 이상 보험료 납부의무를 이행하고
  • 근로자 본인 이외의 사유로 취업이 중단되어
  • 실업등기를 하고 취업을 요구한 경우
③ 실업보험금을 수령하는 기간 동안에 실직자가 다음 사항 중 하나
  에 해당 시에는 실업보험금 수령이 정지된다.
  • 재취업하였을 경우
  • 병역에 복무해야 할 경우
  • 중국이외의 국가로 이민 갈 경우
  • 기본양로보험대우를 향유할 경우
  • 형 집행중이거나 노동교화중일 경우
  • 정당한 이유 없이 당지 인민정부가 지정한 부문에서 소개한 직업
    을 거부할 경우
  • 법률·행정법규에서 규정한 기타 상황
④ 실업보험금 수령기간은 다음과 같다.
  • 보험료 납부기간이 누계로 만 1년 이상 5년 미만: 최장 12개월
  • 보험료 납부기간이 누계로 만 5년 이상 10년 미만: 최장 18개월
  • 보험료 납부기간이 누계로 만 10년 이상의 경우: 최장 24개월
    한편 재취업 후 다시 실직한 경우 보험료 납부기간은 재계산되며,
    실업보험금을 수령기간은 이전 실업 시의 미수령한 실업보험금의
    기간과 합산하여 계산한다.

⑤ 실업보험금의 기준은 당지 최저임금기준보다 낮고 도시주민 최저
생활보장기준보다 높은 수준에서 확정한다.

4. 공상보험(工伤保险 산업재해보험)

(1) 공상보험 일반

① 근로자가 업무 중(출장기간 및 출퇴근 중 교통사고 포함)에 입은
산업재해와 직업병의 치료와 경제적인 보상 등을 위해서 제정되었
으며, 통합기금으로 운영된다.
② 기업이 근로자 임금총액의 일정한 비례(산업별 차별요율 적용)로
납부하고, 근로자 개인은 산재보험료를 납부하지 않는다.
③ 기업은 공상이 발생한 날(또는 직업병 진단을 받은 날)로부터 15
일 이내(특수상황 시 30일 연장 가능)에 해당지역 노동행정부서에
공상보고를 해야 한다.
④ 근로자의 공상치료기간 내에는 급료의 지급이 중지되며, 공상보조
금으로 대치된다.
⑤ 당년에 산재가 발생하지 않았거나 동업종 평균 이하인 기업에 대
하여 공상보험전담기구는 당해기업이 당년에 납부한 공상보험료
의 5~20%를 기업에 반환한다. 기업은 이 반환금을 산재예방을
위해 사용해야 한다.

(2) 공상인정방법(工伤认定办法)

1) 공상신청

① 고용단위는 근로자에게 사고나 부상이 발생한 날자 또는 직업병
으로 진단이나 감정된 날로부터 30일 이내에 관할 노동보장행정
부서에 공상인정을 신청해야 한다. 특수한 사정이 있는 경우 노

동보장행정부서의 동의를 얻어 신청기한을 연장할 수 있다.

② 고용단위가 규정기한 내에 공상인정 신청을 하지 않는 경우 피해근로자 또는 공회조직은 사고나 부상이 발생한 날자 또는 직업병으로 진단이나 감정된 날로부터 1년 이내에 직접 노동보장행정부서에 공상인정을 신청할 수 있다.

2) 공상신청서류

① 공상인정신청서(노동보장부가 제정한 양식)
② 의료기관에서 발급한 상해 후 진단증명서 또는 직업병 진단증명서(또는 직업병 감정증명서)

3) 공상결정

노동보장행정부서는 공상신청서류를 조사·확인하고 공상신청 수리일로부터 60일 이내에 다음과 같은 공상인정 결정을 내리며, 그 결정일로부터 20근무일 이내에 결정문을 당사자와 사회보험담당기구에 송달한다.

① 공상인정결정
② 공상과 동일하다고 보는 공상인정결정
③ 공상에 속하지 않는 결정
④ 공상으로 볼 수 없는 공상인정결정

5. 생육보험(生育保险 출산보험)

(1) 여성근로자의 보호

① 여성 근로자가 임신 4개월 미만일 때 유산을 하면 15~30일의 휴가를, 임신 4개월 이상일 때 유산을 하면 42일의 휴가를 주며 휴가

기간 동안의 임금을 지급해야 한다.

② 기업은 임신 7개월 이상 된 여성근로자에게 연장근로와 야근을 시킬 수 없다.

③ 출산기에 최소 90일의 출산휴가(토 · 일요일, 법적 공휴일 포함)를 제공해야 하며 그중 15일은 출산 전에 부여해야 한다. 난산일 경우나 쌍둥이의 경우에는 15일이 추가된다.

④ 1세 미만의 아기가 있는 여성 근로자는 채용단위에서 근무시간 내에 매 차 30분간 2회의 수유시간을 주어야 한다.

⑤ 임신기간·출산기간·수유기간의 여성 근로자가 규율을 위반 시 관련 규정과 근로계약에 근거하여 퇴직시킬 수는 있지만 임신·출산휴가·수유를 원인으로 퇴직시켜서는 안 된다.

(2) 생육보험의 운용

① 출산기의 여성 근로자를 보호하기 위해서 중국 경내의 모든 기업은 임금총액의 1% 범위 내에서 생육보험료를 사회통합기금에 납부해야한다.

② 생육보험기금은 노동사회보장부문에서 관리·운용하며, 보험기금의 1~2% 수준에서 관리기구의 필요경비로 사용 가능하다.

③ 생육보험기금은 다음과 같은 항목과 표준으로 지급된다.
  • 정상 출산기간의 생육보조금
  : 사회보험기구가 여성근로자가 근무하는 기업의 전년도 근로자 월평균 급여를 기준으로 기업에게 지급하고, 기업은 다시 여성 근로자의 출산휴가 전월의 급여를 기준으로 본인에게 지급한다. 이 경우 남는 금액은 기업이 가지며 부족 금액은 기업이 부담한다.
  • 분만 전의 진료비, 출산비, 수술비, 입원비, 치료비와 의료비
  : 사회보험기구가 여성근로자에게 지급하며 각 지역 노동보장부문이 결정한다.

③ 여성근로자가 다음 상황에 부합 시 생육보험기금을 받는다.
  • 연속하여 만 1년 이상 근무하고
  • 결혼과 출산이 「결혼법」의 유관 규정에 부합하는 경우

6. 사회보험비(社会保险费)의 관리

사회보험비란 기본양로보험비, 기본의료보험비, 실업보험비, 공상보험비 및 생육보험비를 말하며 그 관리방법은 다음과 같다.

(1) 사회보험등기

① 기업은 영업허가증 수령일로부터 30일 이내에 현지 사회보험 취급기구에서 사회보험 등기수속을 신청해야 한다.
  기업에 지점이 있는 경우 각 지점은 독립적인 사회보험비 납부단위로 보며, 각 소재지 사회보험 취급기구에서 사회보험등기를 하여야 한다.
② 사회보험등기 시의 제출자료는 다음과 같다.
  • 사회보험등기표
  • 영업집조, 비준증서, 기타 허가증명
  • 조직관리기구 코드증
  • 사회보험 취급기구에서 규정한 기타 유관 증명이나 자료
③ 기업은 사회보험 가입 후 단위명칭, 주소, 법정대표인 또는 책임자, 업종, 조직기구코드증, 은행계좌 등의 변경사항이 발생 시 그 변경일로부터 30일 이내에 원 사회보험가입기구에 변경등기를 하여야 한다.
④ 기업이 해산, 파산, 철수, 합병 등의 사유가 발생한 경우에도 해당 사유 발생일로부터 30일 이내에 원 사회보험가입기구에 취소등기를 하여야 한다.

① 기업은 매월 5일 이전에 사회보험기구에 '사회보험비신고표'를 제출해야 하며, 직접신고가 곤란한 경우에는 사회보험기구의 비준을 받아서 우편으로 신고할 수도 있다.

② 사회보험기구는 기업이 신고한 '사회보험비신고표'와 유관자료를 즉시 심사확정하며, 기업은 사회보험비 신고 후 3일 내에 사회보험비를 납부해야 한다.

③ 사회보험료를 미납 시 기한을 넘긴 날로부터 매일 의무납부금의 0.2%의 체납금을 부과한다.

④ 기업은 근로자 '사회보험수첩'제도를 수립하고 근로자의 양로·의료·실업·산업재해보험 등 사회보험의 납부와 지급상황을 기록해야 한다.

(3) 사회보험비 징수와 납부의 감독과 조사

1) 감독과 조사

① 외상투자기업, 국유기업, 성진집체기업, 성진사영기업과 기타성진기업 및 사업단위는 사회보험비의 징수와 납부에 관하여 현급 이상 노동보장행정부문의 감독과 조사를 받아야 한다.

② 사회보험비의 징수와 납부에 관한 감독과 조사의 내용은 다음 사항을 포함한다.
- 기업의 사회보험등기, 변경등기 또는 취소등기
- 기업이 신고한 사회보험비의 상황
- 기업이 납부한 사회보험비의 상황
- 기업이 원천징수한 개인 납부액의 상황
- 법률, 법규에서 규정한 기타내용

③ 노동보장행정부문은 일정조건에 부합하는 진정서사항에 대하

여는 7일 이내에, 일반 진정서사항에 대하여는 30일 이내에 조
사를 진행 종결한다.

2) 법률책임

① 기업이 다음사항의 하나에 해당 시 내용이 엄중한 경우에는 그
직접책임자에게 1,000元 이상 5,000元 이하의 벌금, 내용이 특
별히 엄중한 경우에는 그 직접책임자에게 5,000元 이상 10,000
元 이하의 벌금을 부과한다.
- 사회보험등기를 이행하지 않은 경우
- 사회보험 변경등기와 취소등기를 이행하지 않은 경우
- 사회보험비를 신고하지 않거나 납부하지 않은 경우
② 기업이 다음사항의 하나에 해당 시 미납부일로부터 매일 미납
보험비의 0.2%의 체납금과 직접책임자에게 5,000元 이상
20,000元 이하의 벌금을 부과한다.
- 유관장부를 위조, 변조하거나 고의로 훼손하여 사회보험비를
지연납부하는 경우
- 유관장부를 준비하지 않아서 사회보험비를 지연납부하는 경우
- 기타위법행위로 인하여 사회보험비를 지연납부하는 경우
③ 기업이 다음사항의 하나에 해당하는 경우 경고와 함께 5,000元
이하의 벌금을 부과한다.
- 위조, 변조하여 사회보험등기하는 경우
- 근로자의 급여에 대하여 사회보험비를 원천징수하지 않거나
대리납부하지 않는 경우
④ 기업이 다음사항의 하나에 해당하는 경우 경고와 함께 10,000
元 이하의 벌금을 부과한다.
- 노동보장감찰원의 법에 의여 수행하는 감찰직무를 방해하거
나 조사를 거절하는 경우

- 사실진상을 숨기거나 거짓보고 또는 증거를 은폐 훼손하는 경우
- 사회보험비와 관련한 채용상황, 임금대장, 재무제표 등의 자료를 제공하는 것을 거절하는 경우
- 노동보장행정부문의 감독 조사 질문에 대하여 답변을 거절하는 경우
- 노동보장행정부문의 조사질문서에 대하여 기한 내에 제출을 거절하는 경우
- 진정서 제출자에게 보복하거나 타격을 주는 경우
- 법률, 법규 및 규정의 기타상황

7. 주택공적금(住房公积金)제도

(1) 개요

주택공적금이란 외상투자기업을 포함한 성진(城镇)지역 단위 및 근로자가 납부한 장기 주택비축금(长期住房储金)을 가리킨다.

이는 근로자의 주거수준을 향상시키기 위해 제정된 것으로, 기업과 근로자가 공동으로 납부하여 근로자가 자체주거용 주택을 구입·건설·개축·보수 하는데 사용하여야 하며 그 어떤 기업이나 개인을 막론하고 다른 용도 유용해서는 않된다.

(2) 등록

기업은 설립일로부터 30일내에 해당지역 <주택공적금관리센터>에서 주택공적금 납부 등록수속을 해야 하며, 등록일로부터 20일내에 수탁은행에 가서 주택공적금 계좌개설 수속을 해야 한다.

기업이 근로자를 새로 채용할 경우 채용일로부터 30일 이내에 <주택공적금관리센터>에 가서 납부 등록을 해야 한다.

(3) 납부

기업과 근로자의 주택공적금 납부비율은 근로자 전년도 월평균 급여의 5% 이상이어야 한다.(현재 북경지역 10%, 상해지역 10%, 청도지역 8%) 기업은 매월 근로자 임금 지급일로부터 5일 이내에 기업이 부담하는 금액과 근로자를 대신하여 납부하는 주택공적금을 '주택공적금 전문계좌'에 송금해야하며 수탁은행이 근로자 주택공적금 계좌에 입금한다.

(4) 인출

근로자는 다음의 경우 근로자 주택공적금 계좌내의 예금잔액을 인출할 수 있다.
① 자체 주거용 주택을 구입·건설·개축·보수할 경우
② 이직·퇴직할 경우
③ 노동능력 상실로 인해서 기업과 근로관계를 종료 시
④ 주택구입 대출원금과 이자를 상환할 경우
⑤ 주택임대료가 가족임금수입의 규정비율을 초과할 경우
⑥ 호구를 소재지 시·현에서 이전했거나 외국으로 이주할 경우

[기업이 추가 부담해야 하는 사회보험비]

Q : 중국진출기업이 근로자 급여이외에 추가로 부담해야 하는 사회보험비의
총액은?

A : 기업이 임금 이외에 부담해야 하는 사회보험비 등은 산동성의 경우 양로
보험료 18%, 의료보험료 6%, 실업보험료 3%, 산업재해보험료 1% 내외,
출산보험료 1% 이하, 주택공적금 8%, 근로자 복지기금 14%, 노조비용
2% 등 임금대비 총 53% 내외가 된다.

　한편 근로자는 양로보험료 8%, 의료보험료 2%, 실업보험료 1% 합계
11%의 사회보험비를 부담하게 된다.

[사회보험비 납부 임금기준]

Q : 청도의 A외자회사는 중국인 직원을 채용하면서 사회보험비 납부 임금기
준을 청도시 종업원의 평균임금에 따라 납부하고 매년 정산하기로 하였다.
사회보험비 납부 임금기준과 개인소득세 납부 임금기준이 반드시 일치해야
하는지?

A : ① 사회보험비 납부 임금기준은 다음의 상황에 따른다.
  • 직원이 이전에 타 회사에서 사회보험비를 납부한 기록이 있을 경우에
    는 이미 납부한 임금기준에 준하며
  • 직원이 이전에 사회보험비를 납부한 기록이 없을 경우에는 입사 후
    첫 달의 실득임금(实得工资)에 준하거나, 당해연도 청도시 종업원의
    평균임금에 따라 납부할 수 있다.

② 이상에서 해당지역 종업원의 평균임금에 따라 사회보험비를 납부하는 상
황 이외에는 사회보험비 및 개인소득세 납부 임금기준이 동일해야 한다.

[근로자의 급여에 사회보험비의 포함여부]

Q : 중국 현지 관리직원의 채용 시 해당 근로자가 사회보험에 가입할 필요없이 본인분 사회보험비와 주택공적금을 본인의 급여에 가산하여 본인에게 직접 지불해줄 것을 요구하고 있다. 이 경우 중국 관련법상 가능한지?

A : 근로자의 급여와 사회보험비 및 주택공적금의 가입은 별개이며, 질문과 같이 사회보험 및 주택공적금에 가입하지 않고 본인분 사회보험비와 주택공적금을 해당 근로자의 급여에 가산하여 지급시 전체 금액이 급여에 해당되어 전체 금액을 기준으로 사회보험과 주택공적금에 별도로 가입해야 된다.

[사회보험비 납부기관]

Q : 양로보험을 비롯한 사회보험비의 납부기관은?

A : ① <사회보험비 징수 및 납부잠정조례>에 의하면 사회보험비의 징수는 노동보장행정부문이 설립한 사회보험기구에서 징수하며, 또한 성·자치구·직할시 인민정부가 규정하면 세무기관(지방세국)에서도 징수가능하다.

② 세무기관이 징수하기로 규정한 경우 사회보험기구는 사회보험비 납부단위의 각종등기상황과 신고납부상황을 세무기관에 적시에 제공해야 하고, 세무기관은 납부상황을 적시에 사회보험기구에 제공해야 한다.

③ 세무기관은 사회보험비 납부단위의 종업원상황, 임금명세서, 재무제표등을 검사할 수 있으며 관련자료를 촬영하고 복사할 수 있으며 각 단위는 이의 협조의무가 있다.

[3费1金의 개인소득세 공제]

Q : 기업과 근로자가 지급한 기본양로보험비 등을 개인소득세 계산 시 받는 혜택은?

A : ① 기업이 규정에 따라 실제 납부한 3费(기본양로보험비, 기본의료보험비, 실업보험비)와 1金(주택공적금)은 개인소득세가 면제된다.

② 근로자가 규정에 따라 실제 납부한 3费1金은 개인과세소득액에서 공제한다. 단 주택공적금은 근로자의 전년도 급여의 12% 범위 내에서 예치한 금액을 한도로 한다.

[사회보험 미가입시의 조치]

Q : 당사는 아직 사회보험에 가입하지 않고 있다. 이에 대한 사회보험기관의 조치내용은?

A : 일례로 요녕성 단동지역의 L외상투자기업은 투자유치부서의 말만 믿고 사회보험과 주택공적금에 가입하지 않고 있던 중 사회보험 취급부문에서 소급하여 수년치의 사회보험비 및 체납금을 일시에 부과하면서 회사의 예금계좌를 동결하고 해당 금액을 인출해서 가져가버린 적이 있으므로 적절한 주의가 요망된다.

[예금계좌 압류]

Q : 청도의 A외자기업은 관할지역 양로보험 취급기관으로부터 근로자의 양로보험에 가입하지 않았다는 이유로 회사의 예금계좌를 압류 당하였다. 이의 대책은?

A : 납세자가 사회보험 가입의무를 이행하지 않은 경우 해당 보험의 취급기관은 미가입회사의 예금계좌를 압류할 수 있으며 최장 15일의 기한내에 사회보험료를 납부하지 않을 경우 납세자의 예금에서 사회보험료를 공제할 수 있다. 그러므로 이 같은 경우 보험료의 납부와 함께 사회보험의 가입이외에는 다른 방법이 없다.

[양로보험 등의 납부한도]

Q : 대련의 A외상투자기업은 IT분야의 개발업체로서 직원들에게 고액의 급여를 지급하고 있다. 이 경우 급여 지급전액을 기준으로 사회보험에 가입해야 하는지?

A : 중국내 기업이 고용직원을 위하여 사회보험비와 주택공적금을 납부하는 경우 지급임금이 당해기업 소재지방의 평균임금보다 300%이상 높을 경우 양로보험과 의료보험은 당해지방 근로자 평균급여의 300%를 한도로 하여 납부한다.

[양로보험(养老保险) 미가입시 이미 양로보험에 가입한 직원의 신규채용]

Q : 대련 개발구의 D기업은 아직 양로보험에 가입하지 않은 상태에서 신규로 채용한 근로자가 이전 직장에서 양로보험에 가입되었다며 본인의 양로보험 가입을 요구하고 있다. 이의 대책은?

A : 양로보험에 가입한 근로자는 고용단위에서 비용납부 의무를 이행하지 않아 근로자 본인이 사회보험 권익에 침해를 받았다고 생각할 때 관련부문에 고발할 권리가 있다.

현재 중국 당국에서도 외상투자기업에게 근로자의 사회보험가입을 요구하고 있고 심지어 이전년도의 사회보험비 및 체납금을 일시에 부과하고 있음을 유의하여야 한다.

[업무상 상해발생시 손해배상금의 부담]

Q : D합작회사의 한국직원은 회사차로 인근지역에 출장을 갔다가 운전미숙으로 교통사고가 발생하여 피해자측에서 손해배상을 요구하고 있다. 이 경우 손해배상금의 부담자는?

A : 회사의 업무상 출장 중 교통사고가 발생하여 타인에게 상해를 입힌 경우 민사배상책임은 일차적으로 회사측이 부담한다.

[회사내에서 근무시간 이외에 발생한 상해(傷害)의
공상보험(工伤保险) 인정여부]

Q : B합작회사의 중국인 근로자는 근무시간 종료 후 2층 기숙사에서 1층에 있는 화장실을 가다가 넘어져서 상해를 입었다. 이 경우 산업재해처리가 가능한지?

A : 근로자 기숙사에서 상해를 입은 경우라 하더라도 근무시간 이외에 입은 상해에 대해서는 산업재해로 인정하기 어렵다. 다만 회사측이 안전조치를 취하지 않아 발생한 사고라면 상응한 민사책임을 부담하여야 한다.

[음주로 인한 사고발생 시 공상보험(工伤保险) 적용여부]

Q : 청도의 C회사에서 점심식사 때 반주를 곁들인 근로자 한 명이 음주상태에서 작업을 하다가 사고를 당하였다. 이 경우 공상보험을 적용받을 수 있는지?

A : ① <중국공상보험조례> 제14조에 의하면 '업무시간에 업무로 인한 사고로 상해를 입은 경우에는 공상보험으로 처리된다'

② <중국공상보험조례> 제16조에 의하면 다음의 3가지에 해당되는 상해는 공상보험에 해당되지 않는다.

- 범죄나 치안관리조례의 위반으로 인한 사고의 경우
- 음주로 인한 사고의 경우
- 자해나 자살로 인한 사고의 경우

따라서 C회사의 근로자가 당한 사고는 공상보험의 적용을 받을 수 없다.

[공상보험(工伤保险) 미가입시 발생한 공상(工伤)의 배상기준]

Q : 중국에 진출한지 얼마 되지 않은 A기업의 근로자 1명이 작업중 기계에 다치는 사고가 발생하였다. 이때의 배상기준은?

A : 공상보험에 가입하지 않은 기간에 근로자에게 공상이 발생한 경우 채용기업은 <공상보험조례>에 규정한 항목과 기준에 근거하여 비용을 부담해야 한다.

[공상보험 미가입시 근무중 발생한 사망사고의 보상기준]

Q : 회사의 중국직원이 근무중 쓰러져 911차량으로 급히 병원을 찾았으나 결국 응급치료중에 사망하고 말았다. 당사는 아직 공상보험에 가입하지 않고 있는데 유가족의 보상요구를 어떻게 처리해야 하는지 걱정이다. 중국의 공상보험 관련규정은?

A : ① 중국의 <공상보험조례>의 관련규정을 보면 '종업원이 근무시간에 직장에서 돌발적 질병으로 사망했거나 48시간 이내에 응급조치를 취했으나 사망한 경우' 공상재해로 간주한다.

② 종업원이 공상재해로 사망하였을 경우 그 직계친족은 다음규정에 따라 공상보험기금으로부터 장례보조금과 가족부양무휼금(생활보조비) 및 일시불 공상사망보조금을 수령한다.
- 장례보조금
  : 당해지역 전년도 종업원 월평균임금의 6개월분이다.
- 가족부양무휼금
  : 사망한 종업원이 생전에 생활비를 제공한 노동능력이 없는 가족에게 지급하며, 배우자는 종업원 임금의 40% 기타가족은 30%를 지급하고 노인이나 고아에게는 10%를 추가한다.

- 일시불 공상사망보조금
  : 당해지역 전년도 종업원 월평균임금의 48~60개월분이다.

③ 회사가 공상보험에 가입한 경우에는 상기 ②의 규정에 따라 공상보험기금에서 지급하며, 공상보험에 가입하지 않았을 경우에는 상기 비용을 회사에서 부담해야 한다.

[생육보험(生育保險) 미가입시 출산휴가시의 급여지불여부]

Q : 산동성 일조시에 소재한 A섬유기업은 거의 모든 근로자가 여성들이서 매월 수명의 근로자에게 출산휴가를 주고 있다. 회사는 아직 생육보험에 가입하고 있지 않고 있다. 출산휴가기간 중에도 급여를 모두 지불해야 하는지?

A : 근로자가 출산기간에 생육수당을 수령하였다면 회사는 별도의 급여를 지급할 의무가 없다. 그러나 회사가 출산보험에 가입하고 있지 않다면 여성 근로자의 출산휴가기간에 급여를 지불해야 한다.

[회사측이 부담한 주택공적금의 처리]

Q : 근무직원의 이직 시 회사가 부담한 주택공적금은 누구의 소유로 인정되는지?

A : <주택공적금관리조례> 제3조에 의하면 '근로자 개인이 납부한 주택공적금과 회사에서 근로자를 위해 납부한 주택공적금은 근로자 개인소유로 한다'라고 규정하고 있다.

이는 고용단위에서 법에 따라 근로자를 위해 납부한 주택공적금은 근로자의 소유이며 근로자가 기존회사에서 근무하든지, 근로자가 회사를 이직한 원인이 무엇이든지 관계없이 해당 주택공적금의 소유권은 근로자에게 있음을 의미한다.

중국에서 '회색수입'이 가장 많은 직종은

중국에서 합법적인 수입은'백색수입', 불법수입은'흑색수입', 백색수입과 흑색수입 사이에 있는 세금 없는 애매한 수입은'회색수입'이라고 부른다. 물론 개혁개방 이전에는'회색수입'이라는 말이 존재하지 않았다.

그러면 이러한'회색수입'이 가장 많은 수입은 어떤 직종일까? 중국재정일보의 보도에 의하면 다음의 직종은 리베이트, 돈봉투, 과외와 부업, 폭리 등으로 상당한 금액의'회색수입'을 올리는 것으로 조사되었다.

1위: 관광가이드
2위: 의료보건종사자
3위: 교육종사자
4위: 장의업

힘세진 중국, 이제는 배짱 –'첨단기술 없는 외국기업은 사양'

중국정부는 외국인투자의 업종을 규정한'외상투자 산업지도목록'과'하이테크 산업육성목록'을 잇달아 수정하여 첨단기술 보유기업의 유치와 외국기술자 데려오기, 자체 기술개발에 박차를 가하고 있다.

실제로 중국정부 고위관리는 쑤저우(苏州)에서 현재 단순 조립 형태로 반도체 공장을 가동 중인 삼성전자에 반도체 일괄생산라인(Fab)의 건설을 요구하였는데 이는 세계 최정상의 반도체 설계 및 제조기술의 습득을 위한 것으로 풀이되고 있다. 또한 중국 최북단의 하얼빈(哈尔滨)과 따리엔(大连)을 연결하는 950km 구간에 영하 50도의 극한속에서도 견딜 수 있는 초고속 철도 건설기술의 지원을 일본에 요청하고 있다.

중국, '77학번' 전성시대

중국에서 '77학번'은 경이로운 세대다.

중국의 차세대 지도자 리커창(李克强) 공산당 중앙정치국 상무위원 겸 국무원 부총리와 보시라이(薄熙来) 공산당 중앙정치국 위원 겸 총칭시 당서기부터 세계적인 영화감독 장이머우와 천카이거까지 각계의 상당수 엘리트들이 모두 77학번이다.

1977년은 문화혁명이 끝난 이듬해로 그해 연말에 실시된 전국대학입시는 1965년 이후 12년만에 치러진 것이다. 문화혁명의 광풍을 피해 시골농촌에서 농사짓고 돼지 키우던 두뇌들이 드디어 기회를 맞았다.

13세부터 37세까지 무려 570만명이 시험장으로 몰려들어서 중국 역사상 가장 경쟁이 치열했던 시험이었다. 570만에서 거르고 거른 273,000명(4.7%)만의 똑똑한 친구들이 대학에 들어갈 수 있었다.

30여년이 지난 지금, 그때 학생들은 중국사회 각 분야에서 최고의 전성기를 구가하고 있다. 이 중에서 베이징대 법대 출신 리커창이 단연 돋보인다. 2007년 10월 중국공산당 최고 지도부에 오른 그는 5년 뒤 후진타오(胡锦涛)국가주석이나 원자바오(溫家宝) 총리의 자리를 이어받을 것으로 예상된다.

또한 상무부장으로 이름을 날리다가 총칭직할시를 책임지게 된 보시라이, 일본 대사를 지낸 왕이 외교부 부부장, 후 주석의 정책 브레인으로 유명한 샤용 국가기밀국장 등도 주목받는 정치인이다.

문화예술계의 77학번은 특히 화려하며, 77학번 재계 인사로는 진리췬 아시아개발은행(ADB)부총재가 대표적이고, 학계에선 중국 최고의 스타강사 이중톈 샤먼대 교수와 주쑤리 베이징대 법대 교수 등이 손꼽힌다.

제4장 금융외환관리
(金融外汇管理)

중국은

2005년 7월에 달러화에 고정해온 관리변동환율제를 폐지하고 복수통화바스켓제도를 도입하였다. 달러뿐 아니라 유로·엔화 등 여러 통화의 변동상황을 종합해 위안(元)화 환율을 정하기로 한 것이다. 아울러 중앙은행인 중국인민은행은 외환시장조성자(Market Maker)제도를 2006년 1월부터 도입해 금융회사들이 환율결정에 적극 참여하도록 하고 있다.

또한 2005년 5월부터 기업의 1년 미만 단기 어음발행을 허용하고 있으며 2005년 11월부터는 은행간 고시금리제도를 도입하여 예금금리의 상한선과 대출금리의 하한선통제 이외에는 대부분의 금리제도에 대한 통제가 폐지되었다.

외상투자기업의 금융 및 외환 거래에 대해 살펴보면 아래와 같다.

1. 예금(存款)거래

(1) 외상투자기업 설립 전의 외환계좌 개설

외국투자자는 중국 내에 외상투자기업을 설립하기 이전에 공상행정관리국에서 발급한 '기업명칭 예비허가통지서'를 취득한 후, 투자와 관련하여 투자자의 명의로 외환관리국에 다음의 외국투자자 전용 외환계좌를 개설할 수 있다.

다음의 비용·구매·보증계좌를 통해서 결산 이전된 자금은 외상투자기업을 설립할 경우 외환관리국의 확인과 공인회계사의 자본금불입검사를 받아서 외상투자기업의 출자자본으로 인정받을 수 있다.

1) 비용계좌

외국투자자가 중국 내에서 외상투자기업의 설립을 계획하고 시장조사, 기획 및 법인등기 준비에 필요한 금액의 계좌를 설립할 수 있다.

동 계좌의 입금범위는 외상투자기업을 설립하기 위해 필요한 금액이며 지출범위는 시장조사, 기획 및 법인등기 준비에만 사용할 수 있다.

2) 구매계좌

외국투자자가 중국 내에서 외상투자기업의 설립을 계획하고 초기 토지사용권 및 건축물, 기계설비 등의 재산을 구매하기 위한 계좌를 말한다.

동 계좌의 입금범위는 외국투자자가 중국 내의 재산을 구매하기 위하여 필요한 자금이고 계좌의 지출도 중국내 재산의 구매에만 사용할 수 있다.

3) 보증금계좌

외국투자자가 중국에 투자하기 전에 관련 규정 및 계약의 약정에 따라 해당 부서에 보증금을 제공해야 할 경우 계약상 약정한 기간 내에 계좌를 설립할 수 있다.

동 계좌의 입금범위는 외국투자자가 보증금을 제공하기 위하여 필요한 금액이며 계좌의 지출은 역시 보증금의 지불에만 사용할 수 있다.

(2) 인민폐(CNY) 예금거래

외국투자자가 외상투자기업을 설립한 후 개설해야 하는 인민폐(人民币) 예금계좌의 종류와 개설방법은 다음과 같다.

1) 계좌의 종류

인민폐(人民币)예금계좌는 기본계좌와 일반계좌로 나누며 일반계좌는 일반예금계좌, 임시예금계좌, 전용예금계좌로 나누어진다.

기본계좌는 기업체당 1개의 계좌만이 개설 가능하고, 현금 입출금과 이체가 가능하다. 일반계좌는 여러 개의 계좌개설이 가능한 대신 현금의 입금과 이체가 가능하나 현금지급은 불가능하다.

① 기본예금계좌
　: 일상적인 자금의 이체와 현금의 입출금을 처리하는 계좌
② 일반예금계좌
　: 은행차입금의 입금·인출·원리금 상환에 사용하는 계좌
③ 임시예금계좌
　: 외지의 임시경영활동 수요에 따라 개설하여 사용하는 계좌
④ 전용예금계좌
　: 건설자금등 특정 자금수요를 관리하는 계좌이다.

2) 계좌의 개설

① 기본예금계좌
　: 영업허가증과 소재지 인민은행에서 발행한 계좌개설허가서(开户许可证)를 개설은행에 제출하여 개설한다.
② 기본예금계좌이외의 계좌
　: 신청서와 관련문건(차입계획서, 임시영업허가증 등)을 개설은

행에 제출하여 은행의 심사동의로 개설한다.

(3) 외화예금거래

1) 계좌의 종류

외상투자기업이 개설할 수 있는 외화예금계좌는 경상항목으로 경상계좌, 자본항목으로 외화자본금계좌·외채계좌 및 임시전용계좌의 4종이 있다.

① 경상계좌(결산계좌)
 : 경상자금(배당금 등)과 수출입대금의 결산계좌
② 외화자본금계좌
 : 투자자금의 전용입금계좌로서 투자자금 완납 후에는 폐쇄되며, 증자투자 시에는 새로 개설해야 한다.
③ 외화차입금계좌
 : 해외에서 차입하는 차입금 전용계좌
④ 임시전용계좌
 : 자본금계좌 개설 전에 임시로 사용하는 계좌로서 자본금계좌 개설 후에는 자본금계좌에 포함된다.

2) 계좌의 개설

① 외상투자기업이 은행에 외화자본금계좌를 개설하려면 외환관리국에서 외환등기를 필하고 '외화등기증' 및 '계좌개설통지서'를 발급받아 외국환은행에 다음의 서류를 제출하여 외화계좌를 개설해야 한다.
 • 외화등기증
 • 계좌개설통지서
 • 비준증서

- 영업집조
- 정관
- 조직코드번호증
- 법인대표자 여권 사본
- 기업의 은행담당자 여권 또는 신분증 사본
- 회사인감(公章), 재무전용인장(财务专用章), 법인대표자인감(法定代表人名章)

② 외화경상항목계좌의 개설은 외화자본금계좌 개설 시와 유사하며 외환관리국에서 경상항목계좌 개설사항이 부기된 '외화등기증'과 '계좌개설통지서'를 발급받아 은행에서 개설하면 된다. 또한 이미 외화경상항목계좌가 개설된 기업이 새로운 외화경상항목계좌를 개설할 경우에는 외환관리국의 허가가 불필요하므로 구비서류를 갖추어 은행에서 계좌를 개설하면 된다.

③ 자금용도별 외화계좌는 예치한도액을 부여받게 되며 동 예치한도를 초과하여 예치될 경우, 계좌계설은행은 동 한도 초과금액을 2영업일 이내에 인민폐로 자동 전환해야 한다.
(예치한도액은 일반적으로 전년도 수출입실적의 20% 수준이며, 전년도 수출입 실적이 없는 경우 10만불을 초과 할 수 없다.)

2. 대출(贷款)거래

(1) 대출상황

① 외상투자기업은 경영업무의 필요에 따라 중국의 금융기구에 외화대출이나 인민폐 대출을 신청할 수 있으며, 중국에 진출한 우리나라 은행을 통해서 한국내 담보나 중국내의 담보를 제공하고 대출을 받을 수 있다.

② 은행대출은 '설비자금대출'과 '운전자금대출'로 구분되는데 설비자

금대출은 고정자산투자에 사용되는 자금으로 중앙부처가 결정하여 지역별로 할당하고 있으며 1년이상 7년이내의 장기대출이다. 운전자금대출은 1년이내의 단기자금으로 각 은행이 예금잔액 대비 75% 한도내에서 자율적으로 대출을 결정한다.

③ 외상투자기업은 주로 외화예금을 담보로 제공하고 1년 단위의 단기대출을 받아 매년 기한갱신을 취하고 있다.

(2) 대출제한

① 중국의 금융기관은 기업의 신용상태와 장래 수익성을 감안하여 부동산 담보대출을 취급하며, 단지 담보만을 보고 대출하지는 않는다.

② 은행별로 차이가 있으나 당해기업 부채비율이 70%를 초과하거나, 대출액이 순자산의 50% 초과 시 규제를 받는다.

③ 부동산(토지사용권, 건물) 감정가액의 50 ∼ 70% 수준에서 담보비율을 인정해 왔으나, 최근 부동산경기 과열로 토지사용권은 감정가액의 50%, 건물은 감정가액의 60%이하 수준에서 대출을 결정하고 있다.

(3) 외상투자기업의 외화차입(外债)

외상투자기업의 외화차입은 '중국외 외화차입'과 '중국내 외화차입'으로 구분된다.

중국외 외화차입은 중국 국외로부터 차입한 은행대출금과 한국 본사 대여금이 포함되며, 차입 이전에 반드시 외환관리국에 외채등기를 하여야 한다. 중국내 외화차입은 중국내 은행으로부터 받는 외화차입을 말하며, 2004년 6월 26일부터는 외국계은행이 취급하는 외화대출도 중국내 외화대출로 간주되어 외채등기를 하지 않아도 된다.

다음은 중국외에서의 외화차입에 대해서 설명하기로 한다.

1) 외화차입 조건

외상투자기업이 해외로부터 외채를 차입할 경우 다음의 조건에 부합되어야 한다.

① 납입해야 할 등기자본이 전액 납입완료 되어야 한다.
② 차입하는 외채의 총액은 계약 또는 정관에서 규정한 투자총액과 등기자본의 차액을 초과할 수 없다.
③ 외화차입금의 이자는 원칙적으로 국제금융시장의 동종대출이자율을 초과할 수 없다.

2) 외화차입 절차

① 외상투자기업이 해외에서 대부금(国外贷款)을 차용하는 경우, 차입계약서 작성후 15일 이내에 계약서 사본을 외환관리국에 제출하여 '외화차입등기증'을 발급받아야 한다.
② 차입외화는 외채전용계좌(外债专用账户)를 개설하여 예치하고, 원리금 상환은 외채원금상환전용계좌(外债本金偿还专用账户)를 별도로 개설하여 동 계좌를 통하여 상환해야 한다.
③ 외화차입금의 이자 지급시 10%를 원천징수하여 이자지급후 5일 이내에 관할 세무국에 원천징수소득세신고서를 제출하여야 한다.
③ 외화차입금의 상환은 외상투자기업이 외환수입으로 상환할 수도 있고, 외환관리국의 허가를 받은 후 외환을 매입하여 상환할 수도 있다.
④ 외상투자기업이 외국금융기관으로부터 차입한 외화차입금은 중국정부의 외환관리정책에 따라 외화로 관리되며, 차입 및 원리금 상환 등에 대하여 종합적으로 관리를 받게 된다.

3) 투자총액에 대한 외화차입

① 외상투자기업의 외채잔액의 합계금액은 심사비준부서에서 비준한 투자총액과 등기자본의 차액범위 내로 제한된다. 그 차액범위 내에서 외상투자기업은 자체적으로 외채를 차입할 수 있고 그 차액범위를 초과하려면 원 심사비준부서로부터 투자총액 증가를 허가받아야 한다.

② 외화차입가능금액
= 투자총액 - 등기자본 ≥ 단기외채잔액 + 중장기외채최초발생액

③ 국가공상행정관리국이 정한 외상투자기업의 투자총액에 대한 가능한 외화차입 비율은 다음과 같다.

투자총액	투자총액에 대한 외화차입 비율
US $3,000,000이하	투자총액의 30%미만
US $10,000,000이하	투자총액의 50%미만
US $30,000,000이하	투자총액의 60%미만
US $30,000,000초과	투자총액의 2/3 미만

3. 외환거래

<중국외환관리조례>에 의하면 외환을 경상항목외환과 자본항목외환으로 구분하여 외국환의 영수와 지급을 관리하고 있다.

(1) 경상항목의 외환관리

경상항목외환은 국제수지 중에서 발생한 무역수지, 노무수지, 이전수지 등을 포함하며 경상항목의 외환지급과 이전에 대하여는 제한을 하지 않는

것이 현행 중국 외환관리체제의 기본원칙이다.

1) 경상항목 외국환의 영수

① 중국내 기구의 경상항목 외환수입은 반드시 중국내에 귀속되어 야 하며, 국가 관련 규정을 위반하고 임의로 외국에 예치할 수 없고 규정에 따라 외환지정은행에 외환계좌를 개설해야 한다.

② 중국내 기구가 수출할 때 외화로 결제를 받는 경우(수입의 경우 포함)에는 반드시 규정에 따라 가득외화(수입은 지불외화)의 심의 결재수속을 득해야 한다.

③ 외상투자기업의 경상항목 외환수입은 외환관리국에서 인가하 는 최고금액 범위 내에서 보유할 수 있으며, 초과한 금액은 외환 지정은행에 매각하거나 외환거래소를 통하여 매각하여야 한다.

④ 외상투자기업에 근무하는 외국인의 임금 등의 외화수입은 납세 후 해외로 송금할 수 있으며, 인민폐수입은 납세 후 관련증빙을 지참하고 외환관리은행에서 외환을 구입하여 송금할 수 있다.

⑤ 개인의 외화저축예금은 자유의사에 따라 예금 · 인출할 수 있으 며 예금자에 대한 비밀을 보장하는 것을 원칙으로 한다.

2) 경상항목 외국환의 지급

① 중국내 기구가 경상항목에서 외화를 사용할 경우 국무원의 〈환 결제·환매도 및 환지불 관련 규정〉에 따라 유효증빙과 상업수 표를 소지하고 외환지정은행에서 외화를 구입하여 지불하여야 한다.

② 외상투자기업의 외국인 투자자의 납세후의 이윤배당금의 국외 송금에 대해서는 동사회의 '이윤배분결의서'를 제시하여 외화 구좌에서 지불하거나 외환지정은행에서 지불할 수 있다.

③ 주중 외국인의 합법적인 인민폐 수입을 중국외로 반출할 경우

에는 증명서류와 임금명세서(收費淸单) 등을 제시하여 외환관
리국의 권한을 위임받은 외환지정은행에서 외환을 지불한다.
④ 등가(等值)가 1만 달러를 초과하는 외화를 결재할 경우 결재신
청자는 외환지정은행에 '신분증'과 '외환취득원증명'을 제출해
야 하고, 외환지정은행은 결재후 외환관리국에 보고해야 한다.
⑤ 개인이 미화 5천불 이상의 외화를 휴대하고 출국할 경우에는
세관에 신고수속을 해야 한다.

(2) 자본항목의 외환관리

자본항목외환은 국제수지 중에서 자본수출과 수입으로 발생한 직접투자,
각종차입, 증권투자 등을 가리키며 경상항목외환에 비해서 엄격하게 관리하
고 있다.

1) 자본항목 외국환의 영수

① 중국내 기구의 자본항목 외환수입은 반드시 중국내에 귀속되어
야 하며, 국가 관련 규정을 위반하고 임의로 외국에 예치할 수
없고 규정에 따라 외환지정은행에 외환계좌를 개설해야 한다.
② 외상투자기업의 외채차입은 외환관리국에 외채등기를 하여야
한다.
③ 외상투자기업이 국외에서 발행하는 외화채권은 국무원 외환관
리부서의 비준을 받아야 하고, 발행하는 외화채권은 국가의 연
도외채계획에 포함된다.
④ 외상투자기업이 자신의 채무를 위하여 대외담보를 제공할 경우
에는 외환관리국에 등기하면 되고, 타인의 채무를 위하여 대외
담보를 제공할 경우에는 외환관리국의 비준을 받아야 한다.

2) 자본항목 외국환의 지급

① 중국내 기구가 국외에 투자하는 경우 심사비준 부문에 신청하기 전에 외환관리국에서 외환자금출처 심사를 받아야 하며, 심사 후 외한관리규정에 따라 해당자금의 송금수속을 밟아야 한다.

② 외상투자기업의 외화자본금의 양도 및 기타 방식에 의한 처분시에는 '동사회결의서'를 첨부하여 외환관리국의 허가를 받아 그 외환계좌에서 지불하거나 외환관리부서에서 '외환매도통지서'를 발급받아 외환지정은행에서 외환을 지불할 수 있다.

③ 외상투자기업이 법에 따라 경영기한이 만료될 경우 관련규정에 따라 청산을 진행하고, 납세 후 외국투자자가 취득한 인민폐는 외환지정은행에서 외환을 매입하여 송금할 수 있다.

④ 외상투자기업이 다음과 같은 외환결재를 하고자할 경우에는 반드시 외환관리국의 승인을 받아야 하며, 외환관리국의 승인 없이는 인민폐교환을 할 수 없다.
- 중국외 법인이나 자연인의 투자에 의한 외환
- 국외차입, 외화채권의 발행, 주식발행으로 취득한 외환
- 외환관리국이 승인한 기타 자본계정하의 외환수입

⑤ 외상투자기업이 자본계정하에서 외환을 사용할 경우에는 다음의 유효증빙서류를 구비하여 외환관리국에 신청해야 하고, 외환관리국의 허가서에 의해 그 외환계좌에서 지불하거나 외환지정은행에서 외환을 지불할 수 있다.
- 외채원금 상환
  : 외채등기증(外債登记证), 대출계약서, 채권자의 원금상환통지서 등
- 대외담보 이행
  : 담보계약서, 외환관리국이 심사하여 발급한 외화 담보등기증, 국외기관의 지불통지서 등

- 국외 투자자금의 반출
  : 주관부서의 비준문서와 투자계약서
- 외상투자기업의 중국측 투자자가 승인을 받아 등기자본에 외환을 사용
  : 주관부서의 비준문서와 계약서

⑥ 외상투자기업이 중국내 중국계 금융기관의 외화대출을 상환하고자할 경우에는 '외화대출등기증', '대출계약서'와 금융기관의 '상환통고서'를 지참하고 기업의 외환계좌에서 지급하거나 외환지정은행에서 송금할 수 있다.

[중국의 은행종류]

Q : 한국의 S기업은 중국투자를 준비하면서 거래할 수 있는 중국의 은행종류와 구조를 알고자 한다. 중국의 은행종류와 그 구조는?

A : ① 중국에는 중앙은행으로 중국인민은행(中国人民银行)이 있고, 금융감독기관으로 중국은행업감독관리위원회(中国银行业監督管理委员会)와 국내외 외환관리를 담당하는 국가외환관리국(国家外汇管理局)이 있다.

② 은행으로는 국가적 차원에서 설립한 정책성은행, 특수목적을 위하여 설립한 국유상업은행, 주식제상업은행, 도시상업은행, 농촌상업은행 및 외자계은행이 있다.
- 정책성은행
  : 국가개발은행, 중국수출입은행, 중국농업발전은행
- 국유상업은행
  : 중국공상은행(中国工商银行), 중국건설은행(中国建设银行), 중국은행(中国银行), 중국농업은행(中国农业银行)
- 일반상업은행
  : 교통은행(交通银行), 초상은행(超商银行), 중국광대은행(中国广大银行), 상해발전은행(上海发展银行), 심천발전은행(深川发展银行) 등등
- 기타은행
  : 도시상업은행, 농촌상업은행, 외자은행(한국계은행 포함)

[외상투자기업 설립 전 비용계좌 개설 신청서류]

Q : 외상투자기업 설립 전 비용계좌 개설 시 제출해야하는 신청서류는?

A : 외국투자자가 중국에 외상투자기업을 설립할 목적으로 진행하는 시장조사, 기획 및 법인설립의 준비작업을 위해서 기업예비명칭을 사용하여 개설하는 '비용계좌'를 개설하려면 외환관리국에 다음의 서류를 제출하여야 한다.

- 서면개설신청서(설립하려는 기업의 기본상황, 외국투자자의 기본상황, 계좌 개설은행, 개설금액, 계좌자금용도 등의 기재)
- 외국 소재지 등기등록증명(외국투자자가 법인인 경우), 신분증명(개인인 경우)
- 기업명칭 예비허가통지서
- 투자의향서
- 회사설립예정기한 및 자금사용계획의 설명
- 기타 외환관리국이 요구하는 서류

[중국진출기업이 은행거래 시 유의할 사항]

Q : 중국에 진출한 기업이 금융거래 시 중요하게 유의할 점은?

A : ① 중국은 계좌 개설에 따른 제한사항이 많아서 계좌변경 시 행정상의 까다로운 절차를 거쳐야 하므로 최초 거래은행 선정에 유의해야 한다.

② 거래은행 선정 시 중국계은행과 외자계은행과의 복수은행 거래가 바람직하다. 즉 단순하고 잦은 출납거래는 현지의 광범위한 지역에 영업망을 갖고 있는 중국계은행과의 거래가 유리하고, 복잡한 외환이나 여신거래는 선진금융기법을 보유한 외자계은행이 유리하다.

③ 외화거래는 계좌별로 용도가 제한되어 있으므로 사용에 유의해야 한다.

④ 인정된 거래가 아닌 경우 인민폐(人民幣)에서 외화(外匯)로의 환전이 불가능하고, 외화 송금 시 정확한 자근출처와 용도가 있어야만 송금이 가능하다.

[토지사용권을 담보로 대출시의 절차]

Q : 출양취득한 토지사용권을 은행에 저당하고 대출을 받을 경우 그 절차는?

A : 외상투자기업이 출양취득한 토지사용권을 은행에 저당하고 대출을 받을 경우 그 절차는 다음과 같다.

① 기업은 대출은행에 대출신청서와 관계서류를 제출하고 은행의 평가를 거친 후 은행과 '대출계약' 및 '토지사용권 저당권설정계약'을 체결한다.

② 은행과 기업은 저당권설정계약을 체결한 후 15일 이내에 토지관리부서에 가서 '저당권설정등기'를 하여야 한다.

토지관리부서는 관계서류를 심사한 후 등기조건에 부합되면 토지사용증서에 저당권설정등기를 하고 은행에 '토지타항권리증명서(土地他项权利证明书)'를 발급하면 토지사용권의 저당권은 효력을 발생한다.

③ 은행은 '토지타항권리증명서'를 발급 받으면 대출계약에 따라 약정한 대출금액을 기업에 지급한다.

[기업간의 금전대차]

Q : 동일한 한국계 투자기업인 위해의 U기업은 청도소재 Q기업에게 자본금 계좌에서 인출한 금액을 일시 대여하고자 한다. 중국에서 기업간의 금전대여가 가능한지?

A : 중국에서는 금융기관만이 대출업무를 할 수 있고 기업간의 금전대차계약은 금융기관을 통한 '위탁대출'을 제외하고 무효이다. 여기서 '위탁대출'이란 위탁인이 원금을 제공하고 금융기관은 위탁인이 지정한대로 차주에게 대출하고 감독회수하는 방식의 대출이다.

기업간의 금전대차는 무효이므로 차주는 차입원금을 반환하여야 하고 차입한 금액의 은행이자에 상응하는 벌금이 부과되며, 대주가 취득하는 이자는 몰수된다.

[거래의 진실성을 확인하는 수입]

Q : A외자회사는 산동성 연태에서 인건비 상승부담으로 내륙으로 공장을 이전하여 기존의 거래은행에서 수입신용장을 개설하고 있으며, 공장이전 후 이전에 비해 엄격하게 외환관리국에서 수입대금 지불확인을 받고 있다. 외환관리국이 '거래의 진실성을 확인하는 수입'이란 무엇을 말하는가?

A : 외환관리국은 외화 유출의 가능성이 있는 수입에 대하여 '거래의 진실성'을 확인하는 조치를 취하고 있다.

A회사의 경우 원격지 즉, 기업의 소재지에 있는 외환관리국의 관할인 시 · 현 이외의 은행에서 신용장을 개설하거나 수입대금의 대외지불이 이루어지는 거래형태에 해당되어 외환관리국의 진실성 확인대상에 속한다.

['해외송금수입기업명단'에 포함되어 있는 수입기업의 선불방식 송금절차]

Q : 외환관리국의 '해외송금 수입기업명단'에 포함되어 있는 수입기업이 20만 달러 이상의 물품 수입대금을 선불방식으로 한국의 본사에 송금시 수속절차는?

A : ① 외환관리국의 '해외송금 수입기업명단'에 포함되어 있으면서 외환관리국의 '사실관계 심사대상 수입기업명단'에 포함되어 있지 않은 수입기업이 20만 달러 이상의 수입대금을 선불방식으로 송금할 경우, 국외의 은행에서 작성한 '수입대금선불보증서'와 수입대금의 송금관련서류를 구비하여 외환지정은행에 제출하고 송금수속을 밟아야 한다.

② 상기외의 외상투자기업이 사후송금방식이외의 수입대금선불방식 등으로 한국의 모회사에 수입대금을 송금하는 경우에는 '수입대금선불보증서'를 제출하지 않아도 되며 수입기업이 직접 외환관리국에서 확인보고 절차를 밟아야한다.

[차입등기하지 않은 차입금의 상환]

Q : 중국에 진출한지 3년째인 산동성 연태소재의 A외자기업은 매년 부족한 운전자금을 중국 외환관리기관에의 등록보고 없이 한국의 본사에서 들여와 단순히 회계상으로만 차입금으로 계상하고 있다. 이 경우 추후 한국 본사로 차입금 변제가 가능한지?

A : 중국 내의 외상투자기업이 중국 외의 기업이나 개인으로부터 차용을 하는 경우 차입등기를 하여야한다. 외상투자기업은 중국외의 기업과 대출계약을 체결한 후 15일 이내에 소재지 외환관리국에 차입등기수속을 해야 하며, 규정에 따라 등기수속을 하지 않은 경우 해당 대출은 법적 구속력을 갖지 못한다.

[외화차입 등기시의 제출서류]

Q : 저장성 항주의 H기업은 한국에서 외화차입을 준비 중인데 외채등기시 외환관리국에 제출하여야 하는 서류는?

A : 외채등기 시 소재지 외환관리국에 다음의 서류를 제출해야 한다.

① 외환등기신청서
② 외화차입계약서
③ 비준증서
④ 영업집조
⑤ 중국회계사의 출자검사보고서
⑥ 중국변호사의 금전대차계약에 대한 법률의견서
⑦ 기타 외환관리부서에서 요구하는 서류

[외채한도의 적용]

Q : 중국에서 한국본사 보증제공 등에 의하여 한국계은행 중국지점으로부터 차입을 받을 경우 외채한도의 적용을 받는지?

A : ① 외상투자기업의 차입은 중국내지역의 금융기관(한국계은행 중국지점 포함)과 중국외지역의 금융기관(한국내 은행 포함)을 구분하여 판단하여야 한다.

② 중국외지역의 금융기관, 즉 중국에서 한국내 은행으로부터 직접 차입하거나 한국본사 보증제공 등에 의하여 한국계은행 중국지점으로부터의 차입은 외채한도의 적용을 받는다. 여기서 외채한도란 투자총액에서 주책자본을 차감한 금액(投注差)을 말한다. 그러므로 중국외지역 금융기관으로부터의 차입은 차입여력(投注差)이 있어야만 차입이 가능하다.

③ 중국내지역의 금융기관으로부터의 차입은 외채(外债)가 아닌 내채(内债)이므로 외채한도의 적용을 받지 아니한다. 그러므로 중국투자기업은 현지의 담보를 이용한 차입관리에 유의할 필요가 있다.

[투자총액과 주책자본의 차액(投注差)을 초과한 외채차입]

Q : 상해의 S기업은 투자총액과 주책자본의 차액(投注差)을 초과하여 외채를 차입하였다. 이 경우 어떻게 처리해야 하는지?

A : ① 외상투자기업의 외채총액은 심사비준부서에서 비준한 투자총액과 등기자본(주책자본)의 차액범위를 한도로 한다.

외상투자기업이 심사비준부서의 투자총액 변경허가를 받지 않은 한 외환관리국은 차액(投注差)범위를 초과한 외화차입금에 대하여 외채등기와 결산수속을 거부한다,

② 외상투자기업의 차액(投注差)범위를 초과한 외채자금이 이미 송금되었다면 외상투자기업은 심사비준부서에 '투자총액변경수속'을 밟아야하고, 외환관리국은 외상투자기업에게 3개월간 그 외화차입금을 유보할 권리를 준다.

만일 위 기간을 초과하면 외환관리국은 계좌개설은행에 그 외채자금을 반환한다.

[대출연장]

Q : 청도 교주지역의 K외상투자기업은 현지 중국 금융기관으로부터 자금을 차입하여 사용하던 중 만기가 되어서 연장을 받으려고 해당 은행에 갔다가 원금상환 없이는 연장이 불가하다는 말을 듣고 한국계은행의 청도지점에서 차입을 받아서 기존 차입금을 상환하려 한다.
대출연장과 관련하여 중국계은행과 한국계은행의 차이는?

A : 대출연장에 있어서 한국계은행과 중국계은행은 본질적으로 차이가 있다. 즉 대부분의 한국계은행은 대출연장 시 원금상환을 받지 않고 이자지급과 필요한 대출연장 서류절차만으로 연장이 가능하지만, 중국계은행은 한국과 달리 반드시 원리금을 먼저 상환받은 후 재대출의 형식을 취하고 있다.

[보세구에서의 외환관리]

Q : 한국 시화공단의 S기업은 중국진출을 계획하면서 보세구역 내 또는 보세구 밖에다 기업을 설립할지 고민중이다. 양자의 외환관리상 차이점은?

A : 보세구는 해관에서 일반구역과 격리하여 특수관리하는 지역으로 대외무역부서, 외환관리부서에서 보세구 밖보다 상대적으로 특혜정책을 실시하고 있다. 보세구역 내와 밖의 정책을 비교하면 다음과 같다.

① 보세구 내에서는 외환·인민폐로 모두 결산할 수 있으나 보세구 밖에서는 외환에 의한 결산은 금지되어 있다.

② 보세구 내의 외환수입은 자의적으로 보세구 내의 금융기관에 예금할 수도 있고 보세구 내의 외국환은행에 매도할 수도 있으나, 보세구 밖의 외환수입은 강제적으로 지정된 외국환은행에만 매도할 수 있다.

③ 보세구 밖의 기업은 반드시 지정계좌를 통하여 수출외환수입과 수입외환지출의 결산을 해야 하나, 보세구 내의 기업은 계좌상의 수출외환수입과 수입외환지출의 결산을 하지 않아도 된다.

④ 보세구의 경상항목 외환관리는 중국내자기업과 외상투자기업에 대하여 공히 통일적인 관리정책을 실시하나, 보세구 밖의 중국내자기업은 외환결제와 매도에서 외상투자기업과 구별된다.

[보세구 입주기업의 외환연도검사]

Q : 청도 보세구에 진출한 회사이다. 보세구 입주기업의 외환 연도검사는?

A : ① 보세구 입주기업은 매년 4월 30일 까지 외환관리국에 '보세구 외화등기증' 및 관계서류를 제출하여 외환 연도검사(年度檢查)를 받아야 한다.

② 검사에 합격한 기업은 '年檢合格'의 스탬프가 찍힌 '보세구 외화등기증'에 근거하여 보세구 내의 은행에서 외화의 매도나 구입 또는 대외지불이 가능하다. 검사에 불합격한 기업 또는 연도검사를 받지 않은 기업은 은행에서 외환업무를 취급할 수 없다.

[투자총액과 주책자본이 동일한 경우의 외화차입방법]

Q : 모 투자기업의 총투자금액은 주책자본과 동일한 US$200만이다. 이 기업은 주책자본의 증액승인을 추가출자 후 외화차입을 받으려하는데 차입이 가능한지?

A : 투자총액과 주책자본이 동일한 경우에는 차입여력(投注差)이 없으므로 차입한도가 없다.

이 경우 외화차입을 받으려면 먼저 투자총액을 증액한 후 차입여력(投注差) 기준에 따라 외화차입이 가능하다. 예를 들어 투자총액을 추가로 US$100만 증액할 경우 투자총액은 US$300만이 되고 주책자본금으로 납부해야 할 금액은 증액되는 투자금액의 70%인 US$70만이다. 그러므로 이 경우 증액되는 주책자본 US$70만을 납입한 후 US$30만의 외화차입이 가능하다.

[수출환급통장(出口退税账户)을 담보로 한 대출시의 대출기간]

Q : C외자기업은 경영자금이 필요하여 수출환급통장(出口退税账户)을 담보로 은행으로부터 대출을 받고자 한다. 이 경우 이용할 수 있는 대출기간은?

A : 수출환급통장(出口退税账户)에 들어올 환급세액을 담보로 대출을 받고자 할 경우에는 1년이내의 단기대출을 신청해야 한다.

[외화차입금의 인민폐 환전제한]

Q : 외화차입금을 인민폐로 환전시 제한받는 내용은?

A : 외화대출금의 인민폐로의 환전은 수출 Nego대금 또는 수입대금 결재자금의 용도로만 환전가능하다. 또한 수출입은행의 외화차입금은 차입용도에 의한 원자재 구매나 설비증설 등의 경우 달러화의 인민폐환전이 가능하다.

[외화담보 인민폐대출의 사용한도]

Q : 외화예금을 담보로 인민폐대출을 받을 경우 자금의 사용용도는?

A : ① 외화담보 인민폐대출을 신청하여 대출받은 인민폐는 고정자산의 투자나 유동자금으로 모두 사용할 수 있다. 그러나 외화매입용으로는 사용할 수 없으며 대출기간은 통상 5년을 초과하지 않는다.

② 외상투자기업은 외화담보 인민폐대출을 신청하려면 등기자본이 전액 납입되어야 하고 납입 후 감자(减资)를 하지 않았어야 한다.

[외화차입금의 조기상환 가능여부]

Q : A합자기업은 2년전에 차입한 외화차입금의 조기상환을 계획하고 있는데 차입계약서에 조기상환에 관한 조항이 없다. 이 경우 조기상환이 가능한지?

A : 외상투자기업은 외화차입금의 원금과 이자를 상환 시 사전에 관할 외환관리부문의 상환심의 수속을 거쳐야 한다.

외채의 조기상환 시에는 차입계약서상 조기상환에 관한 조항이 있어야만 외환관리부문의 허가를 거쳐서 조기에 차입금을 상환할 수 있다. 그러나 차입계약서에 조기상환에 관한 조항이 없다면 조기상환은 불가능하다.

[외채등기 및 관리대상의 확대]

Q : 중국정부가 시행하고 있는 '외채등기관리대상 확대'와 '외채관리업무 은행권앞 위임'의 주된 내용은?

A : 중국정부는 외부로부터의 투기성 외화자금유입을 억제하여 경기과열을 차단하고 위안화절상압력을 완화함과 함께 외국계은행들의 외화대출을 통제하기 위하여 다음과 같은 조치를 취하고 있다.

① 2005년 12월 1일부터 수입계약을 체결하는 중국내 수입업체가 지급하는 수입대금이 US$20만 이상이고 약정기간 또는 실제 납입기간이 180일 이상의 연불기한일 경우, 수입업체는 통관후 15영업일 내에 소재지 외환관리국에 '연불납부에 관한 외채등기'를 하고 '외채계약현황표'를 수령해야 한다.

② 수입업체의 거래은행은 동 연불납입 조건에 근거한 '외채계약현황표' 외 수입관련서류에 의하여 수입대금 지급을 하되 지급금액은 '외채계약현황표'에 기재된 원금과 이자액을 초과할 수 없다.

③ 중국내 금융기관이 외상투자기업앞으로 인민폐나 외화대출 시 중국외의 기구 혹은 개인으로부터 담보를 제공받은 경우에는 매월 10영업일 이내에 소재지 외환관리국에 '경외담보부대출과 계약현황등기표'를 작성하여 제출하여야 한다.

[타인명의의 출자금 송금 인정여부]

Q : 외국투자자는 투자자 본인이 아닌 타인의 명의로 출자금을 송금할 수 있는지?

A : ① 중국 회사법에 의하면 회사의 투자자는 반드시 자기의 명의로 출자하여야 한다. 다만 출자자는 타인의 명의로 위탁송금 할 수 있는데 송금 시 '출자금' 이라고 정확히 기재만 한다면 출자자의 출자금으로 인정한다.

② 외상투자기업의 외국투자자와 출자금의 송금인 명칭이 일치하지 않을 경우 외환관리국은 그 사항을 조사하여 외자외환등기 수속과 외국투자자 출자서류 조회에 '납입자와 투자자의 불일치' 라는 문구를 기재한다.

中国, 공무원 퇴출 '55거지악' 마련

중국 국무원은 공무원이 해서는 안되는 55개 항목의'죄목'과 처벌 내용을 담은 '행정기관 공무원 처분조례'를 만들어 2007년 6월 1일부터 공식 시행하고 있다.

공무원의 처벌종류는 6가지로 경고, 과실기록, 중과실기록, 강등, 파면, 공산당 당적제명의 順이며 그 중요내용은 다음과 같다.

☞ 축첩을 하거나 情婦를 두고 있는 공무원; 파면 또는 당적제명

☞ 마약복용, 성매매, 음란물에 관련된 공무원; 파면 또는 당적제명

☞ 2명 이상의 자녀를 둔 공무원; 강등, 파면 또는 당적제명

☞ 미신을 믿는 공무원; 중과실기록

☞ 노부모를 모시지 않고 버리거나 학대하는 불효자 공무원; 경고, 과실기록, 중과실기록, 파면 또는 당적제명

☞ 공무원이 직무를 소홀히 수행하여 중대한 사고나 집단시위가 발생한 경우; 파면 또는 당적제명

中 여대생들 맞선 열풍

취업이 어려워지면서 좋은 직장 대신 좋은 남편을 서둘러 구하려는 지훈주(急婚族) 여대생의 열기로 중국이 뜨겁다.

대학을 졸업하는 여대생들이 취업박람회 대신 맞선장을 찾고 있다. 맞선 모임에 참가하는 急婚族들은 4가지를 갖고 있는 4유(有) 남성 배필을 찾는다. 4유란 돈, 아파트, 자가용, 대졸 이상의 학력을 말하며 이중에서 경제력을 가장 중시한다.

이런 풍조는 최근 몇 년 사이 대졸자 취업이 워낙 심각하고 취업에서 남성보다 여성이 불이익을 받는 경우가 늘어나면서 생긴 현상으로 여대생들 사이에 결혼을 '우회취업'이라고 부르기까지 한다.

중국, '지역 보호주의' 갈수록 높아져

국무원 발전연구센터가 '지역 보호주의' 현황을 조사한 결과 현재 중국의 지역 보호주의 양상이 더욱 다양해지고 격화되고 있는 것으로 드러났다.

지역 보호주의 방식은 갖가지 유형으로 나타나고 있으며 우리 기업들도 각 지역의 보호주의 형태를 충분히 숙지할 필요가 있다.

☞ 타 지역 제품 판매량 통제

; 타 지역 물품의 반입을 제한, 기업의 현지 조달 총량을 규정, 타 지역 기업의 현지제품 구매비율과 판매비율을 규정

☞ 가격제한과 지방보조금제도 실시

; 행정조치로 타지역 제품의 가격을 현지제품보다 높게 책정, 현지기업에게 금융 우대정책 실시, 현지기업의 조세를 감면해 주고 기타 보조금을 지급

☞ 공상행정, 품질감독 면에서의 기업차별

; 시장관리와 품질감독 강화를 구실로 타지역 제품의 검사를 강화하거나 부당한 요금을 부과, 환경보호와 위생안전을 구실로 기술장벽을 설치

☞ 무형의 규제를 실시

; 지방정부의 물품조달 또는 공사입찰 시 현지기업우대, 지역 사법부의 현지 기업에 편향한 판결

☞ 노동시장의 간섭

; 현지인 우선 채용을 강요, 타지역 근로자에게 임시 거주증제도를 실시하여 고액의 비용을 수취, 타지역 근로자에게 사회보험 실시 미흡

☞ 투자·융자 분야의 간섭

; 타지역 기업이 현지의 동일업종 진출을 제한하거나 현지기업의 인수를 금지, 타지역 기업의 현지 진출 이후 상수도/전기/가스요금을 인상, 심지어 타지역 기업이 현지에서 철수할 경우 현지 정부와 기업이 방해

☞ 기술분야 간섭

; 기업간 기술이전을 제한하고 기술인력의 이동을 방해, 타지역에서 획득한 기술증명을 승인하지 않고 해당 기술에 대한 재평가 또는 재검사를 요구

푸단대 논문표절 교수 적발

한국에서도 간간이 문제가 제기되고 있는 일이지만 중국에서도 상하이(上海)의 명문 푸단(复旦)대학에서 논문과 교재 표절 등으로 교수 3명을 포함한 9명이 적발됐다고 중국청년보가 보도했다.

푸단대학의 학술규범위원회는 2007년 접수된 표절사건을 심의한 결과 외국어대학, 의과대학 및 정보통신대학 등 3개 단과대에서 교수 3명을 포함해 강사와 석·박사과정 대학원생 등 총 9명이 교재와 논문을 무단 표절했다며 학교 홈페이지에 관련 통지문을 게재하고 해당자에게는 자격정지 등의 징계조치와 해당 단과대학은 당분간 학생 모집 금지처분을 내렸다.

학술규범위원회는 교수와 학생의 논문 및 교재 표절 여부를 심사하기 위해 2005년 4월부터 설립돼 운영되고 있다.

완벽하게 복원된 '명나라 황제 의복'

2007년 12월 말 베이징에서 공개된 두 벌의 황제복은 1958년 9월 '명13능'(명나라 역대 13 제왕의 능)에서 출토된 것으로 이는 13대 황제인 '만력제'(万历帝)의 옷이다. 출토 당시 심하게 훼손돼 있었으나 난징(南京)의 비단연구소가 16년간의 복원을 통해 화려한 원래의 모습을 찾았다.

황제의 예복은 붉은 색을 위주로 하되 황색과 백색 등 여러 색깔이 혼합되어 있으며 도안이 매우 화려하여 예복 한 벌에 '卍'(만)자 도안이 279개, '寿'(수)자가 256개, 둥근 용의 무늬가 12개나 그려져 있다.

또한 사료에 근거해 옷의 문양이나 소재를 연구하는데 13년, 제작하는데 3년의 시간이 걸렸으며 그간 복원에 참여한 사람은 무려 1,920명에 달한다.

제5장 통관
(通关)

의하면 통관은 세관에 등록등기(注册登记)된 기업 및 세관의 심사 비준을
받은 '통관신고기업(报关企业 통관대행사)'만이 할 수 있도록 규정하고
있다. 외상투자기업은 설립 시 영업범위에 따라 수출입이 영업활동에 수반
될 경우 '수출입허가증'을 신청하여 취득하여야 한다.

또한 세관은 수출입기업을 능률적으로 관리하기 위해서 기업의 경영관
리상황, 통관신고상황, 세관법률·법규 준수상황 등에 따라 A,B,C,D 4개
의 관리 유형으로 나누어 기업에 대하여 동태적으로 분류 관리를 시행하고
있다.

1. 수출입화물의 관리

① 수입화물은 입국하여 세관수속을 마칠 때까지, 수출화물은 세관통관
신고 후 출국할 때까지, 국경통과·적환운송·직통운송 화물은 입국
한 날로 부터 출국하는 날까지 세관의 감독을 받아야 한다.
② 수입화물 수하인은 운송품의 입국신고일로부터 14일 이내에, 수출화

물 송하인은 세관의 특별허가를 제외하고 화물을 세관 감독관리구역
에 운송한 후 적재 전 24시간 이내에 세관에 신고해야 한다.
③ 수입화물의 수하인이 운송품의 입국신고일로부터 3개월을 경과하여
도 세관에 신고하지 아니할 경우 세관은 그 수입화물을 법에 따라 매각
처리 할 수 있다.
④ 세관의 승인을 받아 잠정적으로(暫時) 수입했거나 수출한 화물은 6개
월 이내에 다시 반입 또는 반출해야 한다. 특수한 사정이 있을 경우에
는 세관의 동의를 받아서 연기할 수 있다.
⑤ 보세화물의 보관·가공·조립·전시·운송·위탁판매업무 또는 면
세점을 경영할 경우에는 세관의 관리감독 요구에 부합하여야 하고 세
관의 승인을 받고 등기수속을 이행하여야 한다.

2. 통관절차

일반적인 수출입 화물의 통관절차는 우리나라와 대동소이하며 수출입시
유의할 사항을 살펴보면 다음과 같다.

(1) 수출(出口)업무

① 수출기업은 수출화물 선적 전에 외환관리국에서 '수출단위등기(出
口单位登记)'를 한다.
② 수출기업은 외환관리국으로부터 '수출대금영수확인서(出口收汇
核销单)'를 수령하고, 수출통관시 확인서에 수출내용을 기재하고
'수출통관신고서'와 함께 세관에 제출하여 정산(核销)를 위한 '확
인인장(放行章)'을 받는다.
③ 화물수출 후 60일 이내에 '선적서류'와 '통관서류(报关单)'를 외환
관리국에 제출하고, 세관이 날인한 '수출대금영수확인서'와 '통관
서류' 등을 갖추어 거래은행에 제출하고 수출대금을 회수하기 위한

수속을 한다.

④ 수출대금의 회수는 "일람불결제"의 경우 화물수출후 180일 이내이며, "기한부(Usance)결제"는 규정된 Usance기일에 따른다.

⑤ 거래은행에서 수출대금을 회수하면 30일 이내에 거래은행이 발행하는 '외화입금통지서'와 세관이 날인한 '수출대금영수확인서'를 외환관리국에 송부하여 수출대금회수에 대한 정산(核销)을 완료한다.

(2) 수입(进口)업무

1) 절차

① 수입기업은 소재지 외환관리국에 '대외결재를 행하는 수입기업 리스트'에 등록하여야 하며, 이 리스트에 게제되어 있지 않은 기업의 수입결제는 은행에서 취급하지 않는다.

② 수입기업은 '수입대금결제확인서(进口付汇销单)'에 수입내용을 기입하여 은행에 제출한다.
은행은 이 확인서와 관계서류를 확인하여 '수입신용장'을 개설하고 '수입대외지급신고표'에 기입하며, 수입화물 인수 후 90일 이상의 기한부(Usance)결제나 원격지에서의 대외결재는 외환관리국에 사전 신고한다.

③ 송금방식(T/T 지급)수입의 경우 '사전송금방식(预付货款)'은 세관발행 통관서류(报关单)를 수입화물 통관 후 30일 이내에 외환관리국에 제출하여 수입대금 지급에 대한 심사를 받아야 한다. '사후송금방식(货到代款)'은 외환관리국에 수입대금에 대한 보고가 필요 없으며 은행의 확인으로 종결된다.

2) 수입대금의 지불확인

수입대금의 지불확인은 수입화물의 대금과 그 지불액을 확인하는 일련의 절차로서 실제의 수입대금보다 과다 또는 과소하게 지불하는 방법에 의하여 부정하게 외국으로 외화를 유출하는 것을 방지하기 위한 조치이다.

외환관리국은 외화유출의 가능성이 있는 다음의 수입에 대하여 '거래의 진실성'을 확인하는 조치를 취하고 있다.

① '대외결재를 행하는 수입기업리스트'에 미등록상태인 기업의 수입
② 대외결재 후 90일 이내에 화물의 통관이 이루어지지 않는 수입
③ 계약금액의 15%를 넘거나 US $10만을 초과하는 선불금이 지급되는 수입
④ 인수 후 90일 이상의 기한부(Usance)기간이 있는 신용장에 의한 수입
⑤ 원격지은행(수입기업과 소재지 외환관리국이 관할하는 시·현 이외에 있는 은행)에서 신용장을 개설하거나 대외지급이 이루어지는 수입
⑥ 중계무역인 수입
⑦ 수입기업이 '외환관리국이 수입의 진실성을 확인하는 기업리스트'에 포함된 수입
⑧ 수입화물이 중국외의 청부공사 현장에 직송되는 수입
⑨ 기타 특수한 결제방식에 의한 수입

(3) 정산 (核销)

거래증빙과 실물을 대조·확인하여 기록을 정리하는 통제과정을 말하며, 수출입화물의 물량정산은 세관에서하고 외화수입과 지급에 대한 정산은 외

환관리국에서 담당한다.

2001년 12월부터는 외상투자기업에 대하여 건별로 정산하던 것을 월별로 정산할 수 있도록 조치하여 시행하고 있으며, 수입기업은 월차확인서(月次确认表)에 수입대금의 지불명세, 수입화물의 통관명세, 미착화물의 미착사유 등을 기재하고 외환관리국에 세출하어 확인검사를 받아야 한다.

(4) 사후관리

수출입화물 통관일로부터 3년 내 또는 보세화물·관세 감면 수출입화물의 세관 관리감독 기간내 및 그 후 3년 내에 세관은 수출입화물과 직접 관계되는 기업의 회계장부·회계증빙, 통관증빙서류 및 기타 관련 자료와 관련수출입화물을 검사할 수 있다.

3. 관세(关税)

수출입 관세 및 수입단계에서의 세관이 시행하는 세금의 징수관리는 <중국 세관 수출입화물 세금징수관리방법>을 적용한다.

수출입화물의 납세의무자는 세관이 납세고지서를 작성한 날로부터 15일 내에 관세를 납부해야 하며 기간을 경과하여 납부할 경우 1일당 체납세액의 0.05%에 해당하는 체납금이 부과된다.

(1) 과세가격

① 수출화물의 과세가격에는 화물가격·화물이 중국 경내의 수출지 도착 후 적재 전까지의 운임 및 관련 비용·보험료를 포함한다.
② 수입화물의 과세가격에는 화물가격·화물이 중국 경내의 수입지 도착 후 하역 전까지의 운임 및 관련비용·보험료를 포함한다.
→ CIF기준

중국은 외국자본을 유치하고 수출을 촉진하기 위하여 다음의 항목이 <외국투자항목의 면세불허가 수입상품목록>에 속하지 않는 한 수입단계의 관세와 증치세를 면제한다.

① <외상투자산업지도목록>의 '장려항목'에 해당하고 중국에 기술을 이전하는 투자항목은 투자총액 이내의 자가사용설비에 대하여 수입단계의 관세와 증치세를 면제한다.

② 2002년 10월 1일 이후 설립된 <외상투자산업지도목록>중 '제품을 전부 수출하는 허용항목'의 수입설비는 우선 수입단계의 관세와 증치세를 징수하고, 그 기업이 생산을 개시한 날로부터 5년간 대외경제무역부서는 관련부서와 공동으로 제품의 직수출상황에 대하여 검사를 진행한다.

검사 후 수출상황이 관련요건에 부합되면 매년 세액의 20%씩 5년간 분할하여 환급하고, 검사결과가 관련요건에 부합되지 않을 경우에는 환급하지 않을 뿐만 아니라 이미 환급한 세금도 추징한다.

③ <외상투자 연구개발센터>가 투자총액 내에서 중국에서 생산할 수 없거나 기능상의 요구수준을 만족할 수 없는 자가사용설비와 관련부품을 수입할 경우 수입단계의 관세와 증치세를 면제한다.

④ 가공무역형태로 외국기업이 무상으로 제공하는 수입설비는 수입단계의 관세와 증치세를 면제한다.

⑤ 중서부 성·자치구·직할시의 <외자이용 우세산업과 우대항목>에 부합되는 항목은 투자총액 내 또는 투자총액 외의 자체자금(준비기금, 기업발전기금, 감가상각과 세후이익)으로 중국에서 생산할 수 없거나 기능상의 요구수준을 만족할 수 없는 자가사용설비와 관련부품에 대하여 수입단계의 관세와 증치세를 면제한다.

⑥ 해관의 승인을 받은 잠정(暫時) 수입화물 또는 수출화물, 특별허

가를 받은 수입보세화물은 수하인 또는 송하인이 해관에 관세와
증치세에 상당한 보증금을 납부하거나 담보를 제공시 관세와 증치
세를 면제할 수 있다.
⑦ 다음의 수출입화물은 관세와 증치세를 감면 또는 면제한다.
   • 수입단계의 관세 · 부가가치세 · 소비세 등이 50元 이하인 화물
   • 상업가치가 없는 광고물과 샘플
   • 해관의 통관허가를 받기 전에 훼손 또는 손실된 화물
   • 규정된 액수 이내의 물품
   • 외국정부 · 국제조직의 무상증여물자
   • 법률이 규정한 기타 화물이나 물품

(3) 사후관리

① 면세로 수입한 설비는 해관의 허가를 받지 않는 한 임의로 저당권
   설정 또는 양도할 수 없다.
   동 설비는 해관의 감독관리를 받아야하며 동 설비로 저당권을 설정
   할 경우 사전에 해관의 심사허가를 득한 후에 저당권설정절차를
   진행할 수 있다.한편 면세로 수입한 설비를 부득이 양도할 때 양수
   인이 면세혜택을 받을 수 있는 기업이고 면세한도 내에서 양수한다
   면 세금을 납부하지 않아도 된다.
② 수입단계의 관세 및 증치세 혜택을 받은 기업이 제품의 수출비율
   을 변경하여 중국내수를 할 경우 원 심사비준부서의 비준을 받아
   야 하며 아울러 수입단계의 관세 및 증치세를 추징받는다.
③ 수출입화물을 통관시킨 후 관세나 증치세가 적게 징수했거나 누락
   한 것이 발견하였을 경우, 해관이 잘못 과세한 경우에는 세금납부
   일로부터 1년, 납세의무자에 의한 규정위반 시에는 3년 내에 소추
   징수할 수 있다.
④ 면세혜택을 받은 수입화물은 해관에서 면세화물이 통관된 날로부

터 감독관리를 받아야하는바, 관세감면대상 '특정수입화물'에 대한
감독관리기간은 다음과 같다.
- 선박·항공기·건축자재(목재, 강재, 베니어, 합판, 인조합판 등) :
  8년
- 자동차·가전제품 : 6년
- 기계설비2i기타설비와 자재 : 5년
⑤ 면세화물의 해관 감독관리기간이 경과되었을지라도 기업은 임의
  로 처분할 수 없으며, 해관에 감독관리해제를 신청한 후 해관으로
  부터 '외상투자기업 면세화물 감독관리 해제증명'을 발급받아야만
  처분할 수 있다.

4. 수출입상품검사(进出口商品检验)

중국 수출입상품검사국에서는 중국의 무역규모의 성장과 중국에 투자한
외상기업체의 증가에 따라 수출입상품에 대한 검사업무를 한층 강화하고 있
으므로 우리의 투자기업들도 각별한 주의가 필요하다.

(1) 수입상품의 검사

① 상품검사기구에서 검사를 받도록 규정하고 있는 수입상품의 해당
  업체는 통관지 상품검사기구에 검사신고를 하여야 한다. 세관은 상
  품검사기구가 발급한 '화물통관증명서'에 의하여 통관시킨다.
② 중요한 수입상품과 대형 플랜트설비에 대해서 수입업체는 대외무
  역계약약정에 근거하여 외국의 수출업체와 수출국에서 제조감독
  또는 선적감독을 약정하고 중국 상품검사기구의 감독을 보장하여
  야 한다.
③ 「수출입상품검사법」에서 상품검사기구의 검사를 받도록 규정하
  고 있는 수입상품을 제외한 수입상품 수하인은 수입상품의 품질

이 불합격 또는 파손된 것을 발견하여 클레임증명이 필요한 경우, 상품검사기구에 검사를 신고하고 '검사증명(檢驗出征)'을 받아야 한다.

(2) 수출상품의 검사

① 상품검사기구의 검사를 받도록 규정하고 있는 수출상품의 송하인 또는 그 대리인은 상품검사기구에서 지정한 장소와 기한내에 수출상품의 검사를 받아야 한다. 세관은 상품검사기구가 발급한 '화물통관증명서'에 의하여 수출화물을 통관시킨다.

② 생산지에서 검사를 받아야 하는 수출상품이 생산지에서 검사를 받은 후 수출항에서 '검사확인증'을 교체할 경우, 원산지의 상품검사기관에서 발급한 '검사확인증'을 제출하여야 한다.

③ 부패 및 변질하기 쉬운 식품류를 수출하는 운송인 또는 포장단위는 화물선적 전에 검사신고를 하여야 한다. 검사에 불합격한 물품은 선적을 불허한다.

④ 상품검사기구의 검사에 합격한 수출상품은 검사증을 받은 날로부터 60일 이내에 통관신고를 해야 한다. 기한을 경과한 경우에는 재검사를 하여야 한다.

(3) 관리감독

① 「수출입상품검사법」에서 상품검사기구의 검사를 받도록 규정하고 있는 수출입상품이외의 수출입상품에 대해서 상품검사기구는 '샘플추출검사'를 하여야 한다.

② 필요한 경우 상품검사기구는 안전이나 위생 등에 관련되는 중요한 수출입물품과 그 물품을 생산하는 업체에 대해 '수입품 품질안전허가제도' 또는 '수출품 품질허가제도'를 실시할 수 있다.

③ 국가상품검사국과 국무원 주관부서는 식품수출업체 및 그 생산업
   체(가공업체, 도축장, 냉장고 및 보관창고 포함)에 대해 '위생등록
   제'를 실시한다.
④ 수출입상품 검사결과에 이의가 있을 경우, '검사결과서'를 받은 날
   로부터15일 이내에 해당 상품검사기구나 그 상급 상품검사기구에
   재검사를 신청할 수 있다. 재검사 신청서를 접수한 상품검사기구는
   신청서를 접수한 날로부터 45일 이내에 재검사에 대한 결정을 내
   려야 한다.
   재검사 결과에 이의가 있을 경우 '재검사결과서'를 받은 날로부터
   15일 이내에 국가상품검사국에 재검사를 신청하고, 국가상품검
   사국은 접수일로부터 60일 이내에 재검사에 대한 결론을 내려야
   한다.

(4) 외상투자기업의 수출입 상품검사

　중국은 외상투자기업이 수출입하는 품목과 임가공/보상무역에 의해 수출
입되는 품목에 대해서는 수출입검사와 관련하여 각종 우대조치를 부여하고
있다.

① 외상투자기업이 다음의 품목을 제외한 여타품목을 수출입하는 경
   우에는 해당기업이 자체적으로 상품검사를 하거나 상품검사기관
   에 감정을 요청할 수 있다. 다음품목은 상품검사기구의 검사를 반
   드시 받아야 한다.
   • 상품검사기구 시행 '种类表' 또는 '地方种类表'에 속하는 품목
   • 계약에 의거하여 검사를 받아야 하는 품목
   • 안전관리와 위생검사를 받아야 하는 품목
② 임가공용으로 원부자재나 부품을 수입할 경우 계약에 의거하여 검
   사를 받아야하는 것을 제외하고 해당기업이 상품검사를 하거나 혹

은 상품검사기관에 감정을 의뢰할 수 있다. 그러나 보상무역을 위
해 수입되는 상품은 일반상품과 동일하게 상품검사기관의 검사를
받아야 한다.
③ 중국상표를 부착하거나 중국산임을 표기하지 않아도 되는 품목은
허가를 받아 검사를 면제받을 수 있다.
④ 외상투자기업 또는 임가공/보상무역방식으로 '원산지증명'의 발급을
요구하는 품목을 수출하는 경우 상품검사기관이 증명을 발급한다.
⑤ 외상투자기업이 각종 비용을 청산하기 위해서 수출하는 상품은 상
품검사기관의 검사를 받아야 한다.

(5) 법률책임

① 법정검사 품목의 수출입시 검사를 거치지 않고 임의로 판매·수출
한 경우
 : 불법소득으로 몰수하고 화물가치금액의 5%이상 20%이하의 벌금
을 부과하며, 위법행위가 중대한 경우 형사책임을 추궁한다.
② 저질이나 가짜를 섞고 가짜를 진짜처럼 둔갑시키며 저질의 상품을
양질의 상품으로 속이거나 불합격 수출입상품을 합격 수출입상품
으로 사칭하여 수입 또는 수출하는 경우
 : 수출입 중지를 명하고 불법소득을 몰수하는 동시에 화물가치금액
의 50%이상 3배 이하의 벌금을 부과한다. 범죄를 구성한 경우에
는 형사책임을 추궁한다.
③ 벌금통지를 받은 당사자는 통지서를 받은 날로부터 10일 이내에
벌금을 납부해야 한다.

[무역업허가가 없는 기업제품의 통관방법]

Q : 당사는 무역업허가를 득하지 못하고 있는바 당사 제품의 수출시 통관방법은?

A : 중국은 무역업 허가가 없는 기업을 위하여 통관업을 담당하는 통관대행사(报关企业)제도를 두고 있다.

일부 세관에서는 통관대행사의 영업을 지원하기 위하여 수출입업무를 수행할 수 있는 외상투자기업에 대하여 통관대행사의 이용을 요구하고 있는 바, 이는 외상투자기업이 자체 통관을 실시할 경우 까다로운 통관심사나 통관지연 등의 불이익을 피하기 위하여 부득이 중국의 통관대행사를 이용함으로서 결국 추가적인 비용이 발생하고 있는 실정이다.

[보세구 기업과 보세구외의 기업간의 수출입거래]

Q : 보세구내의 기업이 보세구외의 기업과의 수출입거래 수속과 수출입 대금확인은 어떻게 하는지?

A : 보세구에서 보세구 밖으로의 화물이동에 대해서는 보세구 밖의 기업이 수입수속을 밟아야 하며, 보세구 밖에서 보세구내로의 화물이동에 대해서도 보세구 밖의 기업이 수출수속을 밟아야 한다. 또한 보세구내 기업의 국외와의 수출입거래에 있어서는 '수출대금의 회수확인' 및 '수입대금의 지불확인' 의무가 없다.

[보세구의 외상투자무역회사가 중국내 유통업 가능여부]

Q : 청도 황도 보세구에 설립한 H외상투자무역회사는 중국 내수시장의 진출을 준비하고 있는데 그 가능한 방법은?

A : 중국은 보세구에 소재한 외상투자무역회사가 중국내 유통업에 종사하는 것을 원칙적으로 제한하였으나, 2005년 상무부와 해관총서의 <보세구 및

보세물단지 무역관리 관련문제 통지>에 의하면 외상투자기업이 <외상투자
상업영역관리방법>의 규정에 따라 중국내 유통권을 취득한 보세구 내의 기
업은 중국내시장의 유통업무에 종사할 수 있다.

단 보세구의 기업이 보세구 밖에 제품을 판매하고, 보세구 밖의 제품을 구
입하여 수출할 경우 수출입 및 외환과 세무관리 등의 관련규정을 준수해야
한다.

[신기계장치의 현물투자 시 해당상품검사]

Q : 인천 남동공단의 N회사는 중국에 독자회사를 설립하고 신기계장치를 현
물투자하면서 통관 시 상품검사과정에서 신품·중고품의 논란이 발생하여
곤욕을 치렀다. 이의 대책은?

A : 기계장치 등 현물투자시 상품검사국의 상품검사과정에서 가끔 신제품이
냐 중고품이냐의 논란이 발생하고 있으므로 이에 대비하여 사전에 해당물품
에 대한 '품질검사서' 등의 준비가 요망된다.

[중고기계의 현물투자]

Q : 한국에서 사용하던 제조설비를 중국에 이전하여 생산공장을 가동하려하
는데 그 방법은?

A : ① 중국에서 중고 기계설비의 수입은 현물출자 시 비준기관의 허가를
득하거나, 세관에서 기업의 계약서와 수입인가 받은 내용 및 상품검사기관
의 '중고기계설비 검사보고서'를 심사하여 개별적으로 수입을 허가한다.

② 한국에 있는 공장의 중고제조기계를 중국의 자회사에 그대로 이전하는
것이 자회사 설립의 전제조건인 경우, 비준기관에 회사 설립을 신청할 때
제출하는 투자의향서·사업건의서 또는 설립보고서·사업타당성 연구보고
서·회사정관 등의 서류에 "현지공장의 생산설비는 한국에서 사용중인 중
고 제조기계를 이전한다"는 사실을 기재해둘 필요가 있다.

[내수용 원재료 수입시의 관세등 산정기준]

Q : 대련개발구에서 세제류를 생산하여 중국에 내수하고 있는 D회사는 한국에서 수입하는 원료에 대해서 중국 세관이 송장상의 가격을 무시하고 세관담당자가 자의적으로 산정한 가격을 기준으로 관세와 부가가치세를 부과하였다. 이의 대책은?

A : 중국은 중국내수용 제품을 생산하기 위해서 한국 등 외국으로부터 수입하는 원재료 등에 대해 Ivoice상의 가격을 인정하지 않고 그들의 기준에 의한 화물가격으로 관세와 부가가치세를 산정하여 부과하고 있으며, 다만 거래금액이 확실하다고 인정될 경우에는 수입자가 제시한 가격을 인정하고 있으므로 확실한 근거서류를 구비함이 요구된다.

[허용항목 해당기업의 수입설비에 대한 관세감면 방법]

Q : 청도 청양의 Q기업은 설비수입 시 해관에서 관세와 증치세를 선 징수한 후 추후에 5년간 나누어 환급해준다고 한다. 이 경우는 어떠한 상황인지?

A : ① 중국 세관은 <외상투자산업지도목록>중 '제품을 100% 직접 수출하는 허용항목 외상투자항목' 의 수입설비에 대하여 먼저 수입관세와 수입증치세를 징수한 후, 대외경제무역부서는 항목 생산개시일로부터 관련부서와 함께 5년간 직접 제품의 수출상황을 검증한다.

② 검증 후 수출사실이 확인될 경우 매년 기납부세액의 20%를 5년간 환급하며, 수출사실이 확인되지 않을 경우에는 당해연도의 세금을 환급하지 않는 동시에 기환급세금을 추적하여 징수한다.

[수출기업이 내수전환 시 면세 수입한 설비의 관세 등의 납부여부]

Q : A사는 생산제품 전체를 수출하다가 중국 내수시장 개척을 위해 생산품의 일부를 내수판매 하고자 한다. 이 경우 면세 수입한 설비의 관세는 보충납부해야 하는지? 그리고 보충납부의 계산방법은?

A : ① 수입단계의 관세 및 증치세 혜택을 받은 기업이 제품의 수출비율을 변경하여 중국내수를 할 경우 원 심사비준부서의 비준을 받은 후 수입단계의 관세 및 증치세를 추징받는다.

② 수입단계의 관세 및 증치세를 추징할 때 수입설비의 사용연도에 따라 감가상각하여 추징세액을 계산한다.

[원자재에 대한 관세의 환급]

Q : 상해의 S기업은 중국에 진출한 한국 대기업에 부품을 납부하고 있으며 한국 대기업은 중국내수와 수출을 겸하고 있다. 이 경우 S기업이 한국에서 원자재를 수입시 납부한 관세를 환급받을 수 있는지?

A : 중국에는 수입원자재에 대한 관세환급제도가 없으며, 원자재 수입 시부터 수출용 원자재인지 여부를 결정하여 수출용으로만 원자재를 사용할 경우 원자재 수입시 관세와 증치세를 징수유예하고 수출이행여부를 사후관리하는 방식을 택하고 있다.

[애완동물의 통관]

Q : 중국에 장기 거주하다가 한국으로 귀국하려는데 데리고 키우던 애완동물은 어떻게 한국으로 반입할 수 있는지요?

A : 애완동물을 한국에 반입하기 위해서는 먼저 중국당국(动物保健中心)에서 발행한 '검역증'을 지참하고 한국 도착시 해당 애완동물을 동물검역소에서 5일간 질병유무를 확인한 후 통관할 수 있다.

[수입한 불량원재료의 처리]

Q : 천진의 B가공무역기업은 다품종소량의 제품을 생산하는 업체로 수입한 원재료에 불량이 발생하여 이를 반송하려하는데 해관의 통관실무자가 이를 불허하고 있다. 이의 대책은?

A : 불량원재료는 위약반송의 형태로 반송할 수 있다. 중국 현지 통관 시의 통관실무요원(报关员)들 중의 일부는 업무숙지도가 높지 않고 책임감이 부족하여 이런 경우 무조건 안된다고 하는 경우가 많은데, 불량원자재(위약물품)를 '위약반송의 형식'으로 반송한 후 가공무역기업은 이후 원재료 수입 시 관세와 증치세를 면세로 수입할 수 있다.

[출판물 등의 관세부과]

Q : 중국에 출판물을 반입 시 관세가 부과되는 기준은?

A : 중국 해관총국은 출판·인쇄물 및 AV(음향영상)소프트웨어의 중국내 반입반출에 관한 <해관 수출입 인쇄물 및 음향영상제품 감독관리방법>을 2007년 6월 1일부터 새로이 시행하고 있다.

① 동 규정에 의하면 종래와 마찬가지로 출판물 및 AV(음향영상)소프트웨어 등 국가안전보장에 해를 끼치는 물품의 반입을 금지하고 있으며, 면세반입되는 개인용 서적·신문·잡지를 1인 1회당 10권(부) 미만, AV소프트디스크를 20매 미만으로 제한하고 있다. 이 상한선을 초과하는 경우 초과분은 관세가 부과된다.

② 또한 서적·신문·잡지를 1인 1회당 51권(부) 이상, AV소프트디스크를 101매 이상반입하거나 중국으로 우송하는 경우 완전히 '수입품'으로 취급된다.

무명의 中国 자산가들, 억만장자 대열 합류

　　최근 몇 년간 중국의 주식시장이 급등하면서 재산이 10억달러가 넘는 중국 부자는 미국의 415명에 이어 세계2위인 66명에 달하는 것으로 나타났다. 이는 지난 2006년의 15명에 비해 4배 이상 늘어난 셈이다.

　　빌 게이츠나 워런 버핏처럼 이미 유명해진 억만장자와 달리 중국 부자들은 최근 주목받기 시작했으며 생소한 인물도 많다. 대표적으로 살펴보면

　　☞ 로빈 리(38); 그는'중국판 구글'인 인터넷 검색사이트'바이두닷컴(baidu.com)'을 창업해 24억달러의 재산을 모아 야후의 창업자 제리 량을 능가하는 거부가 되었다.

　　☞ 제이슨 N.장(34); 광고기업인 포커스미디어의 회장인 그는 11억달러의 부를 축적했다. 그는 대학때부터 사업에 집중하여 상하이에서 광고를 판매하다 1997년 엘리베이터, 아파트단지, 슈퍼마켓 등지에 광고방송 TV모니터를 설치하며 포커스미디어의 전신이 된 기업을 창업했다.

　　포커스미디어는 2005년 미국의 나스닥에 상장된 후 2년만에 800%의 주가급등을 기록하였다.

　　☞ 장인(张茵　50 여); 폐지 재가공사업을 제지공장으로 키운 주룽(玖龙)제지의 CEO인 그녀는 세계적으로 자수성가한 여성 부자 10명 가운데 6명의 중국여성 중 대표적인 1명이다.

수백년 역사 '거우부리'만두 'GO BELIEVE'로 새 간판

　중국에서 수백년 역사를 지닌 톈진(天津)산 만두(包子) 브랜드인 '거우부리바오쯔(狗不理包子)'가 새로운 영문 간판을 내걸었다.

　'개(狗)도 무시(不理)한다'는 '거우부리'라는 이름은 중국어로도 해괴해 그 유래가 유명하다.

　청(清)나라때 고귀유(高貴有)라는 사람이 있었는데 어릴적 성격이 너무 괴팍해서 개도 그와 안 놀고 싶어 한다는 뜻의 '거우부리'라는 별명을 엄마가 붙여줬다고 한다.

　그 후 그는 만두 만드는 기술을 배워 고향인 톈진에 만두집을 냈는데 식당 이름이 따로 있음에도 사람들이 그의 아명인 '거우부리'로 불렀고 맛이 뛰어나 서태후(西太后)도 먹어 본 후 감탄했다고 한다.

　하지만 '거우부리'는 중국어를 모르는 외국인들이 이해하기에는 너무 힘든 이름이다. 이에 '거우부리' 대형만두체인점은 공모를 통해 얻은 'GO BELIEVE'라는 새 영문 이름을 현판에 걸었다. 중국 이름과 발음도 비슷하고 신뢰를 준다는 의미도 담고 있다.

　사실 중국어를 아는 외국인조차 메뉴 고르기에 난색을 표할 정도로 중국의 요리명은 복잡하다. 예를들면 '통쯔지(童子鸡 영계)'를 '성 경험이 없는 닭'으로, '홍샤오스쯔터우(红烧狮子头　커다란 고기완자)'를 '빨갛게 볶은 사자머리'로 해석해 보는 사람으로 하여금 난감하게 만들곤 한다.

제6장 가공무역
(加工]貿易)

중국대외무역

발전의 중요 특징 중 하나는 가공무역 위주의 무역방식으로 흑자를 지속하고 있다는 점이다. 1995년 이후 가공무역이 무역총액에서 차지하는 비중은 약 50% 이상에 달하며 가공무역으로 인하여 2006년말 까지 총 6,079억불의 무역흑자를 창출하고 있다.

하지만 가공무역 방식에 대한 지나친 편중은 수출무역성장의 외상투자기업에 대한 과도한 의존현상과 더불어 중국 무역발전의 큰 걸림돌로 지적되고 있으며 중국당국에서는 수시로 가공무역 제한품목을 확대하는 등 그 대책 마련에 몰두하여 각종 제한조치를 발표하여서 시행하고 있다.

1. 가공무역의 구분

가공무역이란 중국의 생산기업이 중국 경외로부터 원부자재·부품·포장물 재료 등을 수입하여 가공 또는 조립을 거친 후 재수출하는 경영활동을 말한다.

가공무역에는 내료가공(来料加工), 진료가공(进料加工), 내양가공(来样加工), 내건장배(来件装配) 등이 있으며 본서에서는 외상투자기업이 가장 많이 이용하고 있는 내료가공과 진료가공에 대해서 설명하기로 한다.

여기서 내양가공(来样加工)은 외국기업이 제공한 샘플이나 디자인 또는 설계도에 의거하여 중국에서 조달한 원재료로 가공하여 판매하는 방식이며, 내건장배(来件裝配)는 knock down방식으로 해외에서 받은 부품을 조립하여 공급자에게 제공하고 가공수수료를 받는 방식이다.

(1) 내료가공(来料加工)

수입자재를 외국기업에서 무상으로 제공하고 중국의 생산기업은 외국기업의 요구에 따라 가공 또는 조립하여 단지 가공비만 받고 완제품은 외국기업에 판매하는 가공무역을 말한다.

1) 내료가공에 대한 특혜제도

① 내료가공용 원재료나 부품의 수입 시 관세와 부가가치세 납부를 면제하고, 수입허가증 제출을 면제한다.(단 식용설탕, 면화, 식물유, 양모, 제품유, 원유는 제외)
② 직접 생산에 사용될 생산설비의 수입 시 수입허가증의 제출을 면제한다.
③ 기술개선 등으로 절약된 원재료 또는 제품을 내수판매하는 경우 그 가액이 수입원재료의 3% 이하이고 10,000元 미만인 경우 수입허가증 제출면제 및 관세와 부가가치세를 면세처리 한다.
④ 내료가공제품의 수출시 수출허가증 제출 및 관세와 부가가치세를 면세한다.

2) 내료가공의 관리

① 내료가공용 수입원재료나 부품은 세관의 허가없이 중국내에 판매하거나타용도에 사용할 수 없다.

② 가공생산된 완제품과 반제품은 반드시 수출해야 한다.

다만 다른 업체에 판매하여 정밀 재가공후 수출하는 경우 쌍방은 매매계약서 또는 위탁가공계약서를 세관에 제출하여 이전수속을 해야 한다.

또한 중국내에 판매하고자 할 경우 대외무역관련부서와 세관의 허가를 받아야 하며 관세 등을 납부해야 한다.

③ 외국의 위탁업체는 내료가공한 완제품을 중국내에서 인수할 수 없다.

(2) 진료가공(进料加工)

중국의 생산기업이 유상으로 원재료를 수입하여 가공한 후에 완제품은 생산의뢰기업에 수출 판매하는 가공무역을 말한다.

1) 진료가공에 대한 특혜제도

① 진료가공용 원재료나 부품은 수입 시 보세처리하여 가공 후 재수출한 수량에 대해서는 관세와 부가가치세 등을 면제하고 수입허가증 제출을 면제한다.(단 식용설탕, 면화, 식물유, 양모, 제품유, 원유는 제외)

② 진료가공제품의 수출시 수출허가증 및 관세와 부가가치세를 면제한다.(단 쿼터대상물품인 경우는 수출허가증 필요)

③ 진료가공중 소모되는 합리적 수량범위내의 소모재료, 보조재료, 포장재료 및 소형소모성 생산공구는 면세처리 한다.

④ 관세법규의 위반행위가 있은 경영업체나 가공기업 또는 세관이 필요하다고 인정시에는 수입원재료나 부품의 수입 시 관세를 우선 징수하고 가공하여 재수출한 후 소모된 수량에 따라 관세를 환급한다.

2) 진료가공의 관리

① 진료가공용 수입원재료나 부품 및 가공완제품은 중국내에서 판매가 불가능하며 중국내의 기타 원재료 및 부품과 교환하여 사용할 수 없다.

② 외국 수입자가 무상 또는 유상으로 제공한 원재료나 보조재료와 포장재료는 가공 후 남은 잔량이 있는 경우 세관의 허가를 받아 다른 가공 수출 계약물품의 생산에 계속 사용가능하다.

③ 불가피한 사정으로 내수판매가 필요한 경우 대외무역관련부서의 비준을 받은 후 세관의 허가를 받아야하며, 내수판매하고자 하는 경우 관세납부 후 수입통관 하여야한다.

④ 가공수출제품의 긴급수요 등 특수사정으로 국내의 동 품종, 동 규격, 동 수량의 원재료로 대체하고자 하는 경우 판매이익의 과다나 가격차등의 문제를 불문하고 관할 세관에 신청하여 허가를 받은 후 사용가능하다.

2. 가공무역의 관리

(1) 비준신청

위탁가공계약은 반드시 대외경영권을 가진 회사가 서명해야 하며, 중국가공업체와 공동으로 대외계약을 체결할 수 있다.

외상투자기업이 가공무역업무를 수행하고자 할 경우 다음의 서류를 세관에 제출하여야 한다.

① 가공무역업무신청서(무역방식, 단위당소모량, 수출입항만, 수입자재, 규격, 가격, 원산지, 완제품의 명칭, 상품번호 등을 기재)

② 수출입허가증(수출입허가가 없는 경우: 외상투자기업 비준증서)

및 영업허가증 사본
③ 가공기업 생산능력증명서
④ 수출입계약서 정본
⑤ 가공계약서 정본
⑥ 생산경영범위와 규모를 설명할 수 있는 계약서 및 정관
⑦ 공인회계사가 확인한 출자자본확인서
⑧ 심사기관이 제시를 요구하는 기타 증명서류 및 자료

(2) 심사비준과 수입신고

① 세관은 기업에서 제공한 관련 증명서류와 자료를 엄격히 심사하여, 가공재수출 능력을 가진 기업에 '가공무역업무비준증서(加工貿易業务批准证书)'를 발급하고 가공무역업무 심사비준 전용인장을 날인한다.
② 세관은 심사 시 '가공기업 생산능력증명서'를 심사하고 비준하여야 한다. 이 증명서의 유효기간은 1년이다.
③ 세관은 '전국통일 단위소모기준'을 엄격히 적용하여 가공무역을 심사비준한다.
④ 세관은 심사 후 면세비율을 확정하고 '가공무역등기수첩(加工貿易登记手册)'과 '은행보증금대장개설연락서(开设银行保证金壹帐联系单)'를 발급한다. 가공무역업체는 동 서류를 은행에 제출하여 보증금대장을 개설한다.
⑤ 가공기업은 가공용 원재료 등의 수입 시 '가공무역등기수첩(加工貿易登记手册)'과 '수입신고서' 등의 수입관련서류를 세관에 제출하여 수입신고한다.
⑥ 국가는 가공무역 수입상품을 허가류·제한류·금지류로 구분하고, 가공무역기업은 A류·B류·C류·D류로 분류하여 관리한다.

(3) 재수출기한의 연장

① 수출완제품의 재수출기한은 원칙적으로 기업의 수출계약 유효기간에 따라 심사승인하나 통상 1년을 초과하지 못한다. 그중 설탕·면화·식용유·양모 및 천연고무 가공무역의 완제품 재수출기한은 원칙상 6개월을 초과하지 못한다.

② 기업은 '가공무역업무비준증서'에 규정한 기한 내에 가공무역화물의 말소수속(核销手续)을 하여야 한다. 그러나 객관적인 사유로 부득이 완제품 재수출기한을 연장할 필요가 있을 경우 완제품 재수출기한 내에 원 심사기관에 보고하여 비준을 받아야 한다.

③ 세관은 비준서류에 따라 연기수속을 한다. 연기는 보통 2차를 초과하지 못하며 매차 연기기한은 6개월을 초과하지 못한다.

(4) 은행보조금 또는 은행보증서 제공

기업이 아래의 상황 중에 한 가지에 해당하는 경우 세관은 납부관세와 증치세에 상당하는 은행보증금을 납부하게 하거나 은행보증서의 제공을 요구한다.

은행보증금은 수출완료 후 '가공무역수첩(手册)'의 정리(核销)가 완료되면 이자와 함께 돌려받을 수 있다. 만약 수출을 못하게 되거나 내수로 전환 시에는 세관은 보증금과 이자를 세금과 미납세로 직접 전환하게 된다.

① 공장건물 또는 설비를 임대하는 경우
② 처음으로 가공무역업무를 개시할 경우
③ 가공무역수첩을 2차 신청한 경우
④ 완제품 수출기한을 2차 연장한 경우
⑤ 가공무역등록을 타지역에 등록했을 경우
⑥ 밀수·범칙 혐의로 이미 세관에서 조사중에 있는 경우

⑦ 가공무역 제한품목에 포함된 제품을 가공무역방식으로 수출입할
  경우

(5) 가공무역 제한조치

중국은 국제적인 무역마찰을 줄이고 '양고일자(兩高一資 에너지 고소
비, 심각한 오염유발, 자원낭비)' 산업의 투자를 억제하기 위하여 각종 가
공무역 제한조치와 규제를 강화일변도로 발표하고 있으며 향후에도 이러한
정책에는 변화가 없을 것으로 보인다.

1) 가공무역 제한품목의 확대와 증치세 환급율 인하

중국 정부는 주기적으로 발표하는 가공무역 제한목록 이외에도 수출 증치
세환급율 인하 등 가공무역에 대한 제한조치를 강화할 전망이며, 가공무역
제한품목을 생산하는 기업은 가공무역 수출입 신청 시 반드시 지급보증은행
에 보증금을 현금으로 입금해야 한다.

① 2004년부터 2007년 6월까지 중국 상무부는 가공무역금지품목
  을 4차례 발표하였는데, 2006년 11월 1일 가공무역 금지품목을
  기존의 443여종에서 추가로 804개를 추가하여 1,247여종으로
  대폭 확대하는 내용을 담은 〈가공무역 금지류 상품목록(加工
  貿易禁止類商品目录)〉을 공포하고 11월 22일부터 전격적으
  로 시행하다가,
② 2007년 4월 5일에는 기 발표된 804개 품목의 실효성을 상실시
  키고 1140개 품목(HS Code 기준)의 가공무역을 4월 26일부터
  금지하고 있다.

2) 가공무역 진입심사의 강화

중국 상무부의 <가공무역관리 유관문제 통지>에 의하면 가공무역에의 진입심사를 심사관련 법령인 <가공무역 심사비준 관리방법>에 근거하여 철저하게 이행할 것을 지방의 상무당국에 지시하고 있다.

① 기업이 가공무역에 종사하기 위해서는 '가공무역비준증'과 '가공무역기업 경영상황 및 생산능력증명'을 교부받아야 하며, 지방 상무당국은 반드시 기업의 생산능력에 대한 현장조사를 진행한다.
② 현장조사를 받는 기업은 당국의 요구에 따라 상응하는 증명문서와 자료를 필히 제출해야 한다.
③ 최저임금과 사회보험 가입의무를 준수하지 않는 기업은 가공무역에의 신규진입을 금지한다.

3) 가공무역기업의 관리

가공무역기업 중 에너지소비가 높고 환경오염이 심각한 기업 및 부가가치가 낮은 기업 등에 대하여 지속적으로 감시하여 도태시키고 있다.

① 주요 환경오염물질에 대해서는 환경당국이 정한 기준을 충족시켜야 하며, 생산단위당 에너지소비도 해당 지역 평균을 상회하지 못한다. 기준 미달기업이나 환경오염사고 유발기업은 가공무역이 금지된다.
② 기존의 가공무역 인가기업이 최저임금과 사회보험 가입의무를 위반 시에는 가공무역 허가를 갱신하지 않고 가공무역종사자격을 취소한다.
③ <산업구조조정 지도목록>의 도태리스트에 속하는 기술, 설비 및 제품에 대해서는 빠른 시일내에 고도화를 진행하고 미 이행

시에는 가공무역의 이용과 생산이 금지된다.

3. 가공무역용 설비수입

가공무역기업이 가공계약에 약정한 제품을 생산하기 위해 외국업체가 제공하는 설비는 유상으로 제공되는 것이면 관세와 부가가치세를 납부하여야 하나, 무상으로 제공되는 것은 관세와 부가가치세의 징수가 면제되며 수입허가증 제출 대상품목일지라도 별도의 수입허가절차를 거칠 필요가 없다.

(1) 면세조건

① 해당 설비가 중국정부가 지정한 〈외국인투자항목중 면세되지 않는 상품목록〉에 해당되지 않아야 한다.
② 가공계약서상에 "무상제공"이란 내용이 기재되어 있어야 한다.
③ 수입된 설비는 5년간 세관의 관리감독을 받게 되며 동 기간 내에는 임의로 양도나 저당 및 기타 용도로 사용할 수 없다.
④ 가공계약의 종료 또는 해지사유가 발생할 경우 설비수입 시 비준한 대외무역관리기관과 세관의 허가를 받아서 해외로 반출하거나, 설비의 사용연한에 따라 감가상각을 한 후 수입관세와 부가가치세를 납부하고 계속 사용할 수 있다.

(2) 절차

① 설비수입자가 대외무역관리기관에 '계약서'와 '무상제공등기신청서'를 제출하여 허가를 득한다.
② 대외무역관리기관의 허가를 근거로 관할 세관에 면세수입수속을 하고 '등기수첩'을 수령해서 설비의 통관 세관에 제출하여 면세 통관한다.

4. 가공무역 단위소모기준(单耗标准)

'가공무역단위소모'란 가공무역기업이 정상적 생산조건에서 수출완제품 가공생산에 소모한 수입원자재 수량을 말한다. 수출완제품 수량이 단위소모 기준에 미치치 못하면 세관은 부족한 완제품 수량을 중국 내수시장에 판매한 것으로 간주하여 면세수입한 원재료에 대한 관세의 추징은 물론 관할 세무국에 통보하여 부가가치세도 재납부하게 하고 있으므로 각별한 주의가 요망된다.

'전국통일단위소모기준'은 해관총서(海关总署 한국의 관세청), 국가경제무역위원회가 관련 국가공업국과 회동하여 제정 공포하고 있다.

(1) 단위소모 신고 및 심사

① 가공무역기업은 세관의 요구에 따라 기업 내의 각종 가공완제품의 단위소모 데이터 창고를 구축하고 세관에 신고해야 하며, 세관의 컴퓨터와 온라인하는 방식으로 단위소모 관리를 받을 수도 있다. (주: 수출가공구·보세구 등 세관이 특별 감독 관리를 실시하는 구역 내 기업의 완제품 단위소모는 실제생산 단위소모에 따른다.)

② 가공무역기업의 단위소모 데이터 창고에는 가공계약 주문자료, 원료배합도, 원료투입명세서 및 가공했거나 또는 완제품 가공생산중인 단위소모자료 등을 입력해야 한다.

③ 세관은 완제품을 수출 또는 이월하기 전에 가공무역기업의 실제생산에 따라 완제품의 가공무역 단위소모를 심사 확인해야 한다. 세관의 심사확인을 거친 후에는 가공무역기업의 당해 완제품 가공을 상계하는 세관의 단위소모 기준으로 확정된다.

(2) 단위소모 초과 시 처리절차

가공무역기업의 완제품 단위소모가 세관의 단위소모 기준을 초과하였을 경우에는 다음 절차에 따라 처리한다.

① 가공무역기업은 단위소모기준을 초과한 이유를 구체적으로 설명하는 서면신청서를 세관에 제출한다.
② 주관세관은 가공무역기업의 실제 단위소모에 필요한 검사를 하고, 정식 의견을 첨부하여 직속 상급세관에 보고하여 심사·비준을 받는다.
③ 직속 상급세관은 가공무역기업의 신청과 주관세관의 의견에 따라 조사확인을 거쳐서 조정(调整)할 수 있다.

[가공무역기업의[불법 내수행위 관리감독강화]

Q : 중국당국이 가공무역 외상투자기업의 불법 내수행위에 대하여 관리감독을 강화하고 있다는데 그 실상은?

A : 현재 중국 가공무역 심사비준기관은 세관, 세무국, 외환관리국, 은행 등의 부서와 상호 협력하여 가공무역 종합관리감독의 강도를 높이고 있다.

그리하여 가공무역 외상투자기업의 완제품 단위소모가 세관의 단위소모 기준을 초과한 부분에 대해서는 내수를 한 것으로 간주하여 관세 및 부가가치세의 과세 및 벌금까지 부과하고 있으므로 이에 대한 사전대비가 필요하다.

실제로 2005년 7월 1일~12월 31일까지 가공무역을 이용한 불법행위에 대해 장강삼각주(상해,영파,남경,항주), 주강삼각주(심천,황포,광주,공북), 발해만(북경,대련,천진,청도), 해협서안경제구(복주,하문) 및 산두지역을 중심으로 집중 단속한 적이 있으며 당국에서는 가공무역 외상투자기업의 불법 내수행위에 대하여 지속적으로 조사할 것이라고 공언하고 있다.

[가공무역 금지품목 확대]

Q : 중국정부의 가공무역 금지품목 확대조치에 따라 중국에 소재한 많은 해당업종 가공무역기업들은 생산중단 등의 막대한 타격을 입을 것이라는 위기감에 접해있다. 이번 조치의 배경과 그 영향은?

A : ① 중국정부는 외상투자기업이 주도하는 가공무역방식의 지나친 수출편중현상을 탈피하는 가공무역 수출억제에 의한 무역흑자 삭감과 '부가가치가 낮고 환경오염 등의 가공무역'으로부터 '하이테크 등의 고부가가치형 가공무역'으로의 전환을 목적으로 2006년 9월 14일 <일부 수출상품 환급율 조정 및 가공무역 금지류 품목의 확대관련 통지>(재경부 2006년 제139호)를 발표하고 2006년 9월 15일부터 시행하고 있으며, 2006년 11월 1일 <가공무역 금지류 상품목록>(상무부 2006년 제82호)을 공고하고 11월 22일부터 804개 품목의 가공무역을 금지하였다.

또한 2007년 4월 5일에는 기 발표된 804개 품목의 실효성을 상실시키고 1140개 품목(HS Code 기준)의 가공무역을 4월 26일부터 금지하였고, 7월에는 1,853개 품목을 제한류로 추가한 바 있다. 2007년 7월 23일에는 1,853개 품목을 제한류로 추가하였고 2007년 12월 25일에는 589개 항목을 금지품목으로 추가하였는 바, 가공무역의 제한류·금지류 항목을 계속 추가하여 최종적으로 대상품목을 4,000~5,000품목에 이를 것으로 보인다.

② 이와같은 일련의 가공무역정책 발표는 '兩高'(고오염, 고자원소비)기업 및 '一資'(자원낭비형)기업의 수를 줄이고 무역흑자의 감소, 외환보유고의 증가부담, 통상마찰 및 위안화 평가절상 압력을 완화할 필요에서 나온 정책이다. 본 통지의 가공무역 금지류에 해당하는 업종은 이후로 일반무역으로 전환하여야하며 수입관세와 수입증치세의 부담으로 생산원가의 부담이 상당히 가중될 것으로 보인다.

③ 현지의 가공무역기업 차원에서는 수출증치세 환급율 인하에 대비하여 수출비중의 축소와 중국 내수시장 진출확대를 도모하여야 할 것이고, 가공무역 금지품목은 일반무역방식의 생산가능 여부를 검토하고 원자재 가공도가 높은 가공무역 비(非)금지대상품목으로 생산을 전환시켜야할 것이다.

[면세설비의 이전]

Q : 청도의 C외상투자기업은 면세로 들여온 설비를 제3의 외상투자기업에 이관을 준비 중이다. 현재 동 설비는 3년간 사용하였는데 설비이관 시 문제는 없는지?

A : 면세로 수입된 설비는 5년간 세관의 관리감독을 받게 되며 동 기간 내에는 임의로 양도나 저당 및 기타 용도로 사용할 수 없다.

면세로 수입된 설비를 이전받는 외상투자기업이 면세요건을 갖춘 업체이면 별문제 없이 세관의 허가를 받아 이전할 수 있으나, 설비를 이전받는 외상투자기업이 면세요건을 갖추지 않았다면 나머지 2년에 해당하는 관세를 납부하고 이전할 수 있으나 절차가 다소 복잡하고 많은 시간이 소요된다.

[단위소모초과]

Q : 청도 보세구에 현지공장을 두고 있는 B섬유회사는 한국본사와 임가공계약을 맺고 원자재를 한국으로부터 수입하여 가공된 완제품을 한국으로 수출하고 있다.

동사의 경우 생산과정에서 원재료 loss율이 10% 이상 발생하고 있으나 중국세관 당국은 3~4%만을 인정하고 그 차이분에 대해서는 내수한 것으로 간주하여 일방적으로 관세와 부가가치세를 부과하고 있다. 이의 대책은?

A : ① 많은 한국 가공무역기업들이 단위소모초과문제로 고민하고 있으나 법률상으로 시정할 방법이 있음에도 불구하고 관련지식과 조언자의 부족으로 그저 세금과 벌과금으로 떼우고 있슴은 안타까운 현실이다.

해당기업은 조정절차(본서 4 의 (2) '단위소모 초과시의 절차')에 따라 구체적으로 단위소모초과 이유를 적시한 조정신청서를 세관에 서면신청하여 필요한 검사를 받고 확인을 거쳐서 조정을 받는 적극적인 노력이 필요하다.

② 또한 생산과정에서 발생하는 폐기품(스크랩)이 많은 경우 이를 처리할 때 세관의 허가를 받아 사진과 중량 또는 수량 등의 관련 기록을 남겨서 단위소모기준을 초과한 이유를 구체적으로 제시하여 해명을 하여야 할 것이다.

[생산과정에서 발생한 비정상제품의 처리]

Q : 가공무역계약에 따라 가공과정중에 발생한 조각이나 다시 사용할 수 없는 비정상제품의 처리방법은?

A : ① 생산과정중에 발생한 조각 등은 세관의 허가를 받아 관세와 부가가치세를 납부하고 수입허가증 수속을 밟을 필요없이 중국내 판매가 가능하다.

② 국내판매나 재수출할 수 없는 비정상제품은 세관에 '포기신고' 후 사용가치가 있는 것은 세관이 경매처리하고 사용가치가 없는 것은 기업의 비용부담으로 소각 또는 폐기처리 한다.

[가공무역기업의 잔여 원부자재의 내수판매]

Q : 가공기업에서 원부자재를 수입하여 제품을 생산하고 남은 잔여 원부자재를 판매시 절차는?

A : ① 진료가공기업이 잔여 원부자재의 금액이 실제 수입한 원부자재총액의 3% 이내 이면서 그 금액이 1만元 이하인 경우 대외무역관련부서의 허가를 받을 필요없이 세관의 허가만으로 관련 관세와 부가가치세를 납부(기술개선 등으로 절약된 원재료 또는 제품을 내수판매하는 경우는 제외되며 내료가공은 관세와 부가가치세 면제)하고 중국내 판매가 가능하다. 또한 수입허가증 대상품목일지라도 수입허가증 수속을 받을 필요가 없다.

② 내료·진료가공기업이 잔여 원부자재의 금액이 실제 수입한 원부자재총액의 3% 이상이거나 그 금액이 1만元 이상인 경우 대외무역관련부서의 허가와 세관의 허가를 받아야하며, 수입허가증 대상품목인 경우에는 수입허가증 수속을 밟아야 한다. 또한 관세와 부가가치세를 납부하여야 한다.

[가공무역 비준신청서류와 실제사실의 차이 시 처리방법]

Q : 가공무역화물의 세관등기신청 시 가공무역업체가 제출한 증빙서류와 실제사실이 어긋날 경우 처리방법은?

A : ① 가공무역화물이 아직 수입되지 않았을 경우 세관은 가공무역등기를 취소할 수 있다.

② 가공무역화물이 이미 취소된 경우 업체는 동 화물의 '해외 재반출 신청'을 하거나 또는 세관에 관세와 부가가치세에 상당하는 은행보증금을 납부하거나 은행보증서를 제공한 후 가공무역계약을 이행할 수 있다.

[가공무역등기수첩(加工貿易登记手册)]

Q : 가공무역기업의 등기수첩이란?

A : 가공무역기업이 원부자재를 수입할 경우 임가공계약 건별로 '가공무역등기수첩(加工贸易登记手册)'을 발급받아 수출입의 사후관리를 받는다. 특히 진료가공방식은 임가공비만 정산하는 내료가공방식과 달리 원자재의 수입수량과 금액, 가공품의 수출수량과 금액, 단위소모기준(单耗标准) 등을 비준하여 登记手册을 발급하고 이 登记手册에 따라 물품의 수출입과 수출대금의 입금까지의 전 과정을 관리 받는다.

[가공무역화물의 정리(核销)기한 등]

Q : 가공무역화물의 정리기한과 제출서류 및 관련증빙의 보관기간은?

A : ① 가공무역업체는 규정된 기한 내에 수입 원자재를 가공하여 재수출하여야 하며 가공무역수첩 항목의 마지막 완제품 수출일자 또는 가공무역수첩 만료일로부터 30일 이내에 세관에 정리수속(核销手续)신청을 해야 한다.

② 정리수속 신청시 세관에 제출할 서류는 다음과 같다.
- 수입원자재, 수출완제품, 잔여원자재, 불량품, 부산품 및 단위소모량 신고서
- 가공무역수첩
- 가공무역수출입화물 전용통관서 및 세관이 요구하는 기타서류

③ 가공무역화물의 등기와 말소증빙은 가공무역등기수첩이 말소되어 완결된 날로부터 3년간 보관하여야 한다.

[환관리국에서 정리(核销)비준을 불이행시의 대책]

Q : 청도의 C가공무역기업은 한국에 10,000장의 의류를 수출하였는바 한국에서 물품검사 후 500장의 불량품이 발생하였다며 9,500장의 대금만 보내왔다. 이에 외환관리국에서는 500장의 물품대금이 중국으로 들어오지 않았다며 가공무역등기수첩의 정리(核销)를 비준해주지 않고 있다. 이의 대책은?

A : ① 가공무역품을 수출한 경우에는 일정기한(일반적으로 선적후 60일~90일)내에 수출대금이 입금되어야 한다. 임가공계약서에 불량품에 대한 정산방법이 명시되어 있을 경우에는 동 계약내용에 따라 정산절차를 취할 수 있으나 외환관리국에서 이를 그대로 인정하는 것은 극히 예외적이다.

② 이러한 경우 어떤 지역의 외환관리국에서는 한국의 수입측에서 '클레임증명서'를 작성하고 한국품질검사부문의 '불량품확인서'를 첨부해서 가공무역기업이 '불량품발생사실확인서'를 작성하여 제출하면 정리(核销)비준을 해주기도 한다.

그러나 또 다른 지역의 외환관리국에서는 불량품을 다시 중국으로 보내오기를 요구하고 있으므로 이를 유념하여야 할 것으로 보인다.

[가공무역기업의 외주가공]

Q : 청도 지무시의 J가공무역기업은 회사에 사출기계가 없어서 한국에서 수입한 원재료를 타 업체에서 외주가공 후 다시 J회사로 가져와서 조립공정을 거쳐서 한국으로 수출하고 있다. 이렇게 외주가공의 경우에도 가공무역기업 자격을 유지하며 관세와 증치세의 면세혜택을 누릴 수 있는지?

A : 가공무역기업이 자기회사의 생산능력에 한계가 있는 공정을 외주가공 신청하는 경우 관세와 증치세의 면세혜택을 유지할 수 있다. 이 경우 해관에 외주가공에 관한 수속을 사전에 거쳐야 하지만 실무상 사전수속을 거치지 않은 경우가 많은바 규정에 따라서 외주가공을 진행함이 안전하다.

[심가공결전(深加工结转)과 전창(转厂)제도]

Q : 가공무역의 심가공결전과 전창제도란? 그리고 그 절차는?

A : ① 이른바 '심가공결전(深加工结转)'이라고 일컫는 가공무역방식은 A기업이 1차가공후 B기업에 납품하면 → B기업은 2차가공후 외국의 C에게 수출하고 → 외국의 C는 B기업에게 대금결재하는 방식이다.

즉 중간재 생산기업인 A가공무역기업(上游企业)이 가공한 중간재를 B가공무역기업(下游企业)에 납품후 추가가공을 거쳐서 수출하는 방식으로, 여기서 중간재의 가공을 위해 가공물품을 A에서 B로 납품하는 것을 '전창(转厂)제도'라고 한다.

② 심가공결전(深加工结转)의 절차는 전출기업 A는 소재지 세관에 전출계획 등록수속을 하면서 '심가공결전신청표(深加工结转申请表)'를 제출하면 되고, 전입기업 B는 전입지 세관에서 세관심사 허가를 받는 것으로 전출입허가가 완료된다.

[심가공결전(深加工结转) 전창(转厂)거래 시 증치세 부과]

Q : 산동성의 S가공무역기업은 관할 세무국에서 심가공결전(深加工结转) 전창(转厂)거래 시 발생하는 증치세를 소급 부과한다는 통보를 받고 혼란을 겪고 있다. 이에 대한 대책은?

A : ① 중국 국가세무총국은 지난 1992년 외상투자기업의 수출과 외화수입 대금을 늘리기 위해 외상투자기업이 내료가공 또는 진료가공방식으로 생산한 제품을 재가공되거나 조립 후 수출할 경우 증치세와 소비세를 면제한다는 통지를 실시하였다.

② 그러나 이 규정은 국가세무총국이 세수개혁의 조치로 2006년 4월 30일 발표한 <실효 또는 폐지된 세수규범문건목록에 관한 통지>에서 과거에 발표된 290개 통지문을 실효 또는 전격폐지하고 94개 문건을 부분실효 또는 부분폐지하는 조치에 포함되어 발표되어 폐지되었다.

③ 이에 톈진, 산동성을 비롯한 중국 전역의 세무국에서 심가공결전(深加工結轉) 전창(转厂)거래 시 발생하는 증치세를 소급 부과한다며 해당기업을 모아서 교육을 시키고 일단 이전의 전창거래분을 일반거래로 전환하여 증치세 수정신고를 요구하고 납부는 강요하지 않고 있다.

④ 이같이 전창(转厂)거래에 대한 증치세 부담은 기업의 생산원가가 증치세 부과분만큼 상승하여 기업입장에서는 불이익이 크다.

현지 한국기업의 경우 광동성과 톈진지역 및 산동성의 제조업체들 중 상당수가 전창거래를 하고 있다.

⑤ 현재 중국정부가 전창거래에 대한 증치세 부과를 전국적으로 시행하는 것이 정책적으로 부담이 되기 때문에 당장 전면적 실시는 유보하고 지방정부별로 유예기간 설정 등 과도조치를 취하고 있으나 갑작스러운 정책도입이 언제든지 가능하므로 우리기업은 이에 대비해야 한다.

⑥ 이에 대한 대책으로 '보세물류원구'를 통해 전창거래 기업간 제품을 반입·반출할 경우, 운송비 부담이 증가하기는 하나 보세물류원구 경유제품은 직수출입으로 간주되어 전창거래 시 발생하는 증치세 부담을 피할 수 있다.

갈 곳 없는
'농민공(農民工)'의 자녀들

후난(湖南)성 벽촌 리우양의 샨텐소학교 재학생 278명 중 1/3은 부모와 떨어져 조부모나 친척집에서 살고 있다. 이런 학생들이 많은 이유는 부모들이 농사로 생계를 꾸리기 힘들어 도시로 돈벌이하러 나가기 때문이다.

'농민공(農民工)'으로 불리는 '도시 이주 노동자'는 도시기업에 저임 노동력을 제공하기 때문에 중국 산업화의 공신이다. 그런데 이들 자녀는 부모는 물론 사회로부터 어떤 보살핌도 받지 못하여 정서적으로 큰 문제를 안고 있으며 폭력 불량배와 어울리는 일도 다반사다.

문제는 중국 전역에 무려 2,000만명에 이르는 이러한 이주 노동자의 자녀들이 위험에 방치되어 있어서 적절한 보살핌이 없다면 이들은 정서적으로 문제가 많은 성인으로 자라고 이중 일부는 범죄의 길로 들어설 가능성이 높다. 중국이 산업화의 그늘에 관심을 갖지 않는다면 향후 상상도 할 수 없는 사회적 대가를 지불해야 할지도 모른다.

중국 알파걸 '대단해요'

'중국의 알파걸, 진짜로 무서운걸~'

2007년 중국 대입선발고사에서 수석합격자 가운데 70%가 여학생인 것으로 나타났다. 30개성의 지역별 수석합격자 66명 가운데 여학생이 46명, 남학생이 20명으로 여학생 비율이 70%에 달한다.

한국과 마찬가지로 중국 여학생들이 남학생보다 더좋은 성적을 거둔 것은 올해만의 일이 아니다. 1999년부터 2006년까지 수석합격생 560명 가운데 여성이 절반 이상을 차지했다.

베이징의 이과 수석은 줄곧 여학생 차지였고 총칭(重庆)에서는 2001년 이후 8년 내내 16명의 수석합격자 가운데 여학생이 13명에 달하여 전국 최고 였다. 또 톈진(天津) 난카이(南开)대학에서는 2007년에 처음으로 석박사과정의 여학생의 수가 남학생을 앞질렀다.

"너무 예뻐요"
···· 중국에 한국식 교복 확산

중국 후난(湖南)성 수도 창사(长沙)시 푸롱구(芙蓉区)의 위차이(育才)초등학교는 학생들에게 韓·日식 교복을 착용하도록 하고 있다. 이는 푸롱구(芙蓉区) 교육부가 '아름다운 학교 문화와 교육'을 실현하기 위한 방침 중 하나다.

평소 중국 국공립초등학교 학생들의 교복이 운동복을 연상시키는 디자인에 어두운 색상이었던 반면에 이번에 등장한 교복은 몸에 꼭 맞는 상의와 예쁜 색상의 치마로 큰 대조를 이루며 특히 목 부분의 리본은 여학생들의 가장 큰 인기를 얻고 있다.

인터넷을 통해 한국식 교복을 접한 중국 네티즌들은 대부분 긍정적인 반응을 보여서 "너무 예쁘다." "운동복 같던 이전 교복보다 훨씬 세련되고 보기 좋다." "이국적으로 보인다. 우리학교 교복도 이같은 스타일로 바꾸자."는 반응을 보였다.

그러나 일부 네티즌은 "왜 중국식이 아닌 한국식 교복이어야 하나." "중국이 소국(小国)의 스타일을 따라하다니 있을 수 없다." 라고 꼬집기도 했다.

한편 푸롱구의 '교복혁신'이 긍정적인 반응을 얻음에 따라 창사시 3만개 학교를 시작으로 중국 전역의 초등학교 교복이 점차 한국식으로 바뀔 것으로 예상된다.

소비에 빠진 대학생 · · · 무너지는 상아탑

'소황태자' 대학생들이 기성세대를 흉내 낸 라이프스타일과 소비성향을 과시하면서 캠퍼스 신용불량자가 양산되고 있다. 중국의 은행들이 인터넷에 상세히 공개한 고질적 신용불량자 리스트에 의외로 대학생들이 다수 포함돼 있는 것이다.

이로 인해 많은 학생은 데이트와 호화 생활비를 충당하기 위해 학생 신분으로 겸업을 찾는 '번커셩(本科生) 상반주(上班族)'들이 늘어나고 있다. 어떤 젊은 학생들은 주식투자는 물론 인터넷 카페를 운영하는 등 돈벌기에 혈안이다.

캠퍼스 연애와 달콤한 소비에 빠져 지내던 이들에게 졸업은 그 자체로 무서운 형벌이다. 바늘구멍 같은 취업도 취업이지만 대학졸업을 위해 필요한 영어 4급 자격증조차 패스하지 못한 학생들에게 졸업은 더더욱 악몽과 같다.

'1자녀 정책' 위반한 당 간부 500명 당적 삭제

중국정부는 2007년에 태어난 신생아 52만7,700명 중 정부의 '한 가정 한 자녀'를 골자로 하는 '산아제한정책(计划生育)'을 위반한 중국 공산당 간부, 유명인사, 부자 등 총 500명의 당적을 강제로 삭제했다.

중국 계획생육법에 따르면 둘째 아이를 임신할 경우 수년치 월급에 해당하는 10만 위안(약 1,250만원) 정도의 벌금을 내야 하지만 부자나 공산당원 등은 이를 감수하면서 아이를 낳는 현상이 보편화되어 왔으며, 이는 인구대란과 사회적 불평등을 야기하고 있다는 비판을 받아왔다.

중국 당국은 또 2008년부터 산아제한정책을 지키지 않는 당 간부, 유명인사, 부자 등에 대해 3년간 공직 임용 금지, 각급 인민대표 및 정협위원 등 간부 임용 금지를 내용으로 하는 '인구계획생육 시행을 통한 인구문제 해결'규정을 시행하고 있다.

제7장 환경보호제도
(环境保护制度)

중국 환경보호총국의

발표자료에 의하면 매년 중국에서 환경오염으로 인한 경제적 피해는 국내총생산(GNP)의 8~15%로 추정되고있다. 금액상으로는 US$1300억~2400억에 달하는 엄청난 금액이다.

이에 중국정부는 최근 환경오염유발업체를 대대적으로 축출하는가하면 환경분야 선진국인 유럽수준의 초강력법규도 속속 마련하고 있다.

제11차 5개년(2006~2010)계획의 환경분야 내용에 따라서 중국정부는 환경오염 및 저효율 산업을 축출하기 위한 구조조정에 착수하여 환경오염이 상대적으로 심각한 기업들을 주 타킷이 되고 있다.

1. 환경보호의 관리감독

「중국 환경보호법」에 "국가는 환경보호를 도모하는 경제기술 정책과 조치를 취함으로써 환경보호산업이 경제건설 및 사회발전과 조화되도록 하여야 한다" 라고 정하고 있으며 또한 "모든 기업과 개인은 환경을 보호 할 의무를 지니며 환경을 오염, 파괴하는 기업이나 개인에 대하여 신고 고소할 권리를 가진다" 라고 규정하고 있다.

한편 자연자원을 개발·이용하는 경우나 도시계획의 수립 시에는 반드시 자연환경보호와 환경개선의 목표를 세워야 하며, 기업이 수질·대기·소음 오염을 배출할 경우 오염 방지를 위한 노력을 해야 함은 물론이고 해당 환경보호부서의 관리 감독을 지속적으로 받아야 한다.

(1) 환경오염의 관리감독과 예방퇴치

1) 오염방지의 관리감독

① 성·자치구·직할시 인민정부는 국가오염물질 배출허용기준에 규정되어있지 않은 항목에 대하여 지방오염물질 배출허용기준을 제정할 수 있으며, 국가오염물질 배출허용기준에 이미 규정된 항목에 대하여도 국가오염물질 배출허용기준보다 더 엄격한 지방오염물질허용기준을 제정할 수 있다.

② 현급 이상 지방인민정부는 관할 지역의 환경실태에 대하여 조사·평가하고 환경보호계획을 제정하여 실시하여야 한다.

③ 각 지방인민정부의 환경보호국 또는 환경관리감독권을 행사하는 기타 부서는 관할범위내의 오염물질배출단위에 대하여 현지검사를 진행할 권한을 가진다. 피검사단위는 환경정황을 사실대로 보고하고 필요한 자료를 제공하여야 한다.

④ 국가는 수질오염 방지 조치가 뒤따르지 못하는 소형 화학제지공장, 나염공장, 염색공장, 피혁공장, 전기도금공장, 정유공장, 농약공장 및 기타 수자원을 심하게 오염시키는 신규공장의 설립을 금지한다.

2) 환경오염의 예방퇴치

① 직·간접적으로 수질·대기·소음·오염물을 배출하는 기업체는 오염물처리시설을 설치해야 하고, 정상적인 작업조건하에서

의 배출오염물의 종류·수량과 농도를 신고 등록해야 한다.

② 2006년 1년 1일부터 오염을 배출하는 가공무역기업이 오염처리시설을 설치하지 않는 경우 관세 및 부가가치세 면제혜택을 받을 수 없다.

③ 기업체가 수질·대기·소음 오염물을 배출할 경우에는 오염물배출금을 납부해야 하며, 오염감소 계획을 소재지 환경보호부문에 보고 등록해야 한다.

④ 심각한 환경오염을 초래한 기업체는 기한부로 퇴치할 수 있으며, 규정기간 내에 퇴치임무를 완수하지 못하면 초래된 피해효과에 따라 벌금을 부과하거나 조업중지 또는 폐쇄를 명할 수 있다.

⑤ 신설 제조기업과 현존 제조기업이 기술설비 개조 시에는 자원이용율이 높고 오염물질 배출량이 적은 설비와 기술공정을 도입하며 경제적이고 합리적인 폐기물 이용기술과 오염물질 처리기술을 도입하여야 한다.

⑥ 정보산업부는 납, 수은, 카드늄 등의 유해물질이 포함된 전기전자 제품의 판매를 전면금지하는「전기전자제품 유해물질 사용제한법」을 2007년 3월부터 시행하고 있다.

⑦ 자동차 생산자에게 폐차회수 의무를 부담하고 일정비율 이상의 재활용재료를 반드시 사용토록 하는 등의 파격적 내용이 담긴 〈자동차제품회수이용기술정책〉을 2010년부터 시행될 예정이다.

(2) 환경위법의 공시감독

다음의 환경위법사건은 공시감독하며 동시에 매 사건마다 공시감독의 결과를 공개해야한다.

① 중앙정부가 실시하고 있는 환경법률법규와 위배되는 지방정책 문제
② 공공대중에 대한 영향이 강하고 사회안정에 영향을 주는 환경오염 문제

③ 환경보호법률과 법규를 위반하는 건설프로젝트 문제
④ 식음료수원을 위협하는 환경안전폐해 문제
⑤ 중점관리유역이나 지역의 연속오염 및 공업단지 지역의 집중오염
   문제
⑥ 계속하여 위법 오염물을 배출하는 기업과 장기간 해결하지 못하는
   환경오염 문제
⑦ 일반인이 반복적으로 고소하여도 여전히 해결책을 구하지 못하고
   있는 환경오염 사건

(3) 환경보호 위반업체 수출금지

1) 환경보호 위반기업 제품의 수출금지

① 중국 상무부와 국가환경보호총국은 〈수출기업의 환경보호 감독
   관리 강화에 관한 통지(关于加强出口企业环境监管的通知)〉를
   발표하여 환경보호 위반업체, 주로 '两高一资'(고오염, 고자원소
   비, 자원낭비형)기업 제품의 수출업무신청을 비롯한 대외무역 경
   영활동을 일정기한(1년이상 ~ 3년이하) 이내에는 중지하기로
   결정하고 이를 2007년 10월 31일부터 시행하고 있다.
② 여기서 대외무역 경영활동이란 수출쿼터와 허가증 신청, 가공무
   역계약 및 프로젝트 심사비준, 가공무역 경영활동 및 생산능력
   증명, 중국내 수출상품 교역회와 박람회 등의 전시회 참가를 의
   미한다.
③ 〈통지〉에 의하면 상무부는 환경보호총국에서 통보한 '위법위
   규기업명단'과 '처벌결정서'를 각 성시 상무주관부문에 하달하
   여 관련기업의 수출업무를 한시적으로 중지시키겠다는 의미로
   서 이는 지금까지의 환경보호정책 중에서 기업의 존폐를 결정할
   수 있는 가장 강력한 정책으로 받아들여지고 있다.

2) 중점대상업종과 관리

① '녹색대외무역(绿色外贸)'정책의 실시로 표현되는 이번 조치의 중점대상업종은 야금업(冶金行业), 화공업(化工行业), 시멘트(水泥行业), 방직업(纺织行业), 경공업(轻工行业) 등의 5업종이다.

중국에서는 이들 5개 분야의 에너지소비량이 중국 전체 공업에너지 소비량의 80% 이상을 차지하고 있어서 이 분야에 대한 감독관리의 강화가 중국의 환경보호 관리감독과 직결되는 가장 중요한 분야이기 때문이다.

② 중점관리대상 5개 분야의 수출기업은 회사 내에 환경관리기구를 설치하고 전담직원을 배치하여 해당 기업의 환경보호 운행지표를 검사 기록하여야 한다.

또한 해당기업은 현지 상무부문과 환경보호 부문의 상시 검사에 협조하여야 하며, 정기적으로 기업의 환경보호 운행지표 현황을 발표하여서 지역사회 여론의 감독을 받아야 한다.

③ 상무부는 환경보호 위반업체의 명단을 공개하는 한편 〈수출기업 환경보호 집행관리 데이터베이스〉를 마련하고 데이터베이스에는 감독관리 대상기업명, 수출제품의 품종과 수량, 주요 오염물질 생산현황, 오염배출물질의 환경보호 기준현황, 환경보호 기준치 위반여부 및 처벌현황 등의 기초자료를 포함시켜 위법행위 처벌과 개선현황을 체계적으로 관리한다.

(4) 법적책임

① 다음의 경우 정상에 따라 경고를 주거나 벌금을 부과할 수 있다.
- 환경관리감독권을 행사하는 부서의 현지검사를 거부하거나 검사 시에 허위 보고를 하는 경우
- 오염물배출에 관한 보고를 거절하거나 허위보고를 하는 경우

- 임의로 오염물방지시설을 철거하거나 사용하지 아니하고 방치하는 경우
- 기준초과오염물배출금을 납부하지 아니한 경우
- 중국 환경보호규정의 요구에 부합되지 않는 기술과 설비를 도입하였을 경우

② 「환경보호법」의 규정을 어기고 환경오염사고를 초래한 기업·사업단위에 대해서 피해의 정도에 따라 벌금을 부과하고 행정처분을 내리며, 중대한 환경오염사고의 경우 형사책임을 추궁한다.

③ 환경오염피해를 초래한자는 직접적인 손해를 받은 단위나 개인에게 손해배상을 해야 한다. 단 불가항력의 자연재해로 인한 경우에는 책임부담을 면한다.

④ 환경오염손해배상으로 인하여 제기하는 소송의 시효기간은 3년으로 하며, 피해당사자가 오염으로 인하여 피해를 받았다는 것을 알았거나 마땅히 알았어야 할 때부터 기산한다.

⑤ 환경오염으로 인한 행정처벌결정에 불복할 경우 처벌통지를 받은 날로부터 15일 이내에 직 상급기관에 재심을 신청할 수 있으며, 재심결정에 불복할 경우에는 재심결정을 받은 날로부터 15일 이내에 인민법원에 소송을 제기할 수 있다

당사자는 처벌통지를 받은 날로부터 15일 이내에 직접 인민법원에 소송을 제기할 수도 있다.

2. 순환경제(循坏经济)개념의 도입

(1) 개념

중국정부는 환경보호와 경제발전의 구체적 실천방안으로 순환경제 개념을 도입하여 국가 발전전략과 정책으로 시행하고 있다.

순환경제란 자원을 최대한 이용해서 환경을 보호하는 경제발전 유형의 일

종으로서 2005년부터 2050년까지 3단계로 나누어 추진하여 생태환경과 경제발전 능력을 세계 선진수준에 도달하는 것을 목표로 하고 있다.

(2) 순환경제 정착을 위한 정책방향과 구체조치

1) 주요정책방향

① 에너지 절약 및 소비저감을 통해 자원이용효율을 제고한다.
② 청정생산을 통해 오염물질 발생을 줄이고 사전오염예방 체계로 개선한다.
③ 자원재활용 촉진을 통해 이용효율을 최대화하고 폐기물 최종처리를 줄인다.
④ 환경보호산업 발전을 통해서 순환경제를 위한 기술능력을 확보한다.

2) 구체적 조치

① 순환경제발전에 대한 거시적 지도강화
② 법규에 근거한 순환경제 발전시책을 견지
③ 순환경제를 실현하기위한 구조조정 및 기술능력 강화
④ 순환경제 기술개발 및 시범사업과 광범위한 응용 가속화
⑤ 순환경제 발전 추진정책 및 추진 메카니즘을 연구·제시
⑥ 순환경제 시범분야 및 구역을 지정
⑦ 순환경제 발전기반 조성
⑧ 순환경제관련 홍보·교육

(3) 환경우호기업의 지정

중국 국가환경보호총국은 기업의 환경친화적 생산·경영활동을 장려하는 환경정책의 일환으로 환경지표, 관리지표, 제품지표의 심사기준에 의거한 국

가 환경우호기업을 지정하여 아래와 같은 각종 인센티브를 제공하고 있다.
　① 심사기준에 합격한 기업은 '국가환경우호기업'칭호 부여
　② 환경부서는 환경보호자금을 우선적으로 배정
　③ 환경부서의 검사를 면제 또는 축소
　④ 환경보호총국 인터넷 홈페이지에 해당 기업을 소개

(4) 순환경제의 실천결과

2003년 이후부터 실시된 중국의 순환경제는 하나의 이념에서 시작하여 국가전략과 정책으로 되기까지 자원 생산율·자원소모 하락율·자원 회수율·자원순환 이용율·폐기물 최종처리 하락율 등의 평가지표를 통하여 매년 그 실천결과를 아래와 같이 구체적으로 시행하고 있다.

　① 기업에서 청결생산과 'ISO14000 환경관리체제 인증'을 대대적으로 추진하여 화학공업·철강·비철금속·기계공업 등의 업계에서 이미 상당수의 기업이 청결생산 심의를 통과하였다.
　② '국가환경우호기업'으로 지정된 기업에게는 각종 정책상의 혜택을 부여하고 있다.
　③ 공업 밀집구역 지구를 중심으로 '국가생태시범지구'를 중국 전역에 건설하여 일정한 구역에서부터 순환경제시스템을 통한 환경개선에 주력하고 있다.
　④ 중국의 주요 도시(城市)를 '국가 환경모범도시'와 '국가 환경보호 모범도시구역'로 지정하고, 환경우수 향(乡)·진(镇)은 '환경우수 향진'으로 지정되었다.
　⑤ 환경오염에 따른 경제손실을 반영해서 국민총생산을 산출하는 '녹색 GDP'제도를 2005년 12월부터 도입해서 2006년에는 전국적으로 확대적용하고 있다.

(5) 순환경제법(循坏经济法)의 제정

중국 환경당국은 생산과 소비 및 유통 단계에서의 자원절약과 환경보호 및 경제발전을 촉진하기 위하여 2008년 실시를 목표로「순환경제법(초안)」을 발표하였다.

동 법은 '자원-제품-재생자원'과 '생산-소비-재순환'을 모델로 하여 자원의 유효한 이용과 환경보호를 통해서, 원가를 절감하고 경제적 사회적 환경적 효익을 획득하는 것을 목표로 하고 있다.

동 순환경제법은 자원의 절약과 재활용, 순환이용을 토대로 자원 및 에너지 회수, 산업폐기물의 종합적 이용, 재활용과 순환자원의 이용, 재활용품의 시장진입 독려, 인세티브제 및 법률책임 등으로 구성되어 있으며 다음의 내용을 포함하고 있다.

① 과다포장 제한
: 위에빙(月饼 중국인들이 추석에 많이 먹는 과자), 차, 건강식품, 화장품 등 일부 일용소비품의 포장비용이 소매가의 20%를 넘을 경우 해당 생산업체에 50만元 이하의 벌금을 부과한다.

② 폐기제품의 회수책임
: 생산자 및 수입상은 제품이 폐기되거나 사용한 포장물을 회수할 책임이 있으며 판매자 또는 폐기물 수거업체에 회수를 위탁할 수 있다. 이 규정을 위반할 경우 회수 또는 처리비용의 2배 이상 5배 이하의 벌금이 부과된다.

③ 누진사용료 부과
: 도시의 생산과 생활용 물, 전기, 가스 등의 자원형 품목에 대하여 많이 사용하면 사용요금을 많이 부과하고 적게 사용하면 사용비율에 따라 혜택을 제공하는 원칙을 시행한다.

④ 품질보장

: 철강, 비철금속, 석탄, 전력, 석유·석화, 화공 등의 제조업체는 생
산품의 품질을 보장해야 하며 생산과정에서 발생한 폐기물 및 폐수
등을 회수하여 재처리하여야 한다.

[경친화상품의 혜택]

Q : 중국정부가 발표한 환경친화상품의 혜택은?

A : 중국정부는 2006년 12월 자동차, 사무용품, 건설자재 등을 포함한 856개의 환경친화상품 목록을 발표하였다. 중국 재정경제부와 환경보호총국이 발표한 환경친화상품 목록에 따르면 환경보호총국이 발행한 검증상표가 부착된 이런 상품들은 정부 발주 시 수주 대상 1순위에 포함되는 혜택을 받게 될 것이라고 명시돼 있다.

[중국 수입품에 대한 환경규제 강화]

Q : 한국에서 제조한 전기전자제품을 중국에 수출하고 있다. 2007년 3월부터 이들 제품에 대한 환경규제를 강화한다는데 그 주요내용은?

A : ① 중국은 <전자정보제품오염관리법>(일명 차이나 RoHS)에 마킹·유해물질농도·시험분석방법 등 3개 부문 산업표준을 제정하여 1,400여종의 전기전자제품과 부품에 납·수은·카드뮴 등 6대 유해물질의 사용을 금지하고 이들 유해물질의 함유 등에 대한 표시를 의무화하고 있다.

또한 유해물질 규제치를 만족하지 못하는 제품의 경우에도 안전하게 사용할 수 있는 기간을 표기한 마크를 부착하고 유해물질 정보를 공개해야 한다.

② 이에 따라 중국에 해당제품을 수출하는 기업들은 기업 스스로 자가 선언을 통해 유해물질 규제를 준수했다는 마크를 제품에 부착해야 한다.

③ 한편 중점관리품목(2007년 하반기 발표 예정)에 포함된 제품의 경우 중국강제인증(CCC)을 획득해야 수출이 가능하다.

[환경오염기업에 대한 대출규제]

Q : 중국에서 기업의 은행대출 신청조건에 환경보호기여도를 포함시키고 있다는데 그 내용은?

A : ① 중국인민은행(중앙은행)과 환경보호총국은 기업의 환경보호 정보를 기업 신용 데이터베이스(DB)에 포함시켜서 대출심사 시 기업의 환경보호 기록을 이용할 것을 상업은행에 요구하고 있다.

② 기업의 신용 DB에 포함될 환경보호정보는 환경보호총국이 '불법 오염물질 배출 기업환경보호 전문행동'을 기준으로 각 기업의 환경오염 정보를 입수해 2주에 한 번씩 인민은행 기업신용 DB로 전송한다. 이 자료는 대출금융기관에서 기업대출 심사기준과 고객 후속관리 자료로 이용되고 있다.

[오염처리시설의 미설치]

Q : 오염처리시설을 설치하지 아니한 경우의 제재조치는?

A : 심천의 P피혁공장에 대해서 관할 지역 환경당국은 오염처리시설을 설치하지 않았다는 이유로 부가가치세와 관세의 면세 혜택을 박탈하였다.

이 기업은 비용부담이 20% 이상 늘어나는 부담을 떠안게 되어 사실상 중국사업을 포기해야하는 위기에 처해있다.

[식당에서 발생하는 폐수의 조치방법]

Q : 북경시내에 소재한 B대형식당은 폐수를 상하수도를 통하여 배출하다가 인근 경쟁업체의 신고로 환경위생국에 적발되어 시정명령과 함께 벌금을 통지받았다. 식당에서 발생하는 폐수의 조치방법은?

A : 환경보호당국에서 발표한 <환경오염 방지에 관한 조치>에 의하면 "음식업체에서 생산된 폐수는 반드시 정화를 시켜야하며 여과조치를 취하여 기준치에 도달한 후에 배출하여야한다"라고 하고 있음을 유의하여야 한다.

[고장수리를 위해서 임의로 오염물처리시설을 철거한 경우의 제재]

Q : 산동성 제남인근의 E외자기업은 고장수리를 하기위해서 장기간 임의로 오염물처리시설을 철거하였다가 관할 환경관리부서에 적발되어 벌금을 부과받았다. 고장수리를 위해서 철거한 오염물처리시설에 대한 벌금도 납부해야 하는지?

A : ① 오염물처리시설은 정상적인 가동을 유지하여야 하며 이를 철거하거나 가동중지할 경우에는 반드시 현급 이상 지방정부 환경관리부서의 허가를 득해야 한다.

② 오염물방지시설은 핵심 건설공정과 동시에 설계 시공되어야 하며 생산 가동에 들어가기 전에 관할 환경관리부서의 검수를 받아야 한다.

[오염물질 감소설비의 설치]

Q : 한국의 H기업은 시화공단에서 오염물질을 줄일 수 있는 설비를 생산하고 있다. 현재 중국 광동성 광주에 대표처를 설치하고 시장조사를 하고 있는데 시장이 너무나 넓어서 투자지역을 결정하지 못하고 있다. 광동성에서 당 업종의 투자유망 지역을 꼽는다면?

A : ① 2007년도 주강삼각주 일대 대기오염도를 조사한 결과 광동성의 푸산(佛山)시는 주강삼각주에서 공기오염이 가장 심한 지역으로 나타나서 광동성 정부가 하달한 지시사항에 의하면 11.5계획기간(2006년~2010년) 중 푸산시는 이산화황 배출량을 43% 감소해야 한다.

② 푸산시는 전통적으로 도자기 공장이 많아서 예로부터 푸산시를 '도자기 도시'라고 불려왔고, 도자기 산업이 시 전체 GDP의 15% 내외를 차지 하고 있다.

한편 푸산시 정부의 공표에 의하면 광동성 정부가 하달한 이산화황 감소 목표를 달성하기 위해서 푸산시 도자기 공장 중 절반 이상은 폐쇄하기로 결정하고 푸산시의 모든 기업은 2008년 5월까지 오염처리시설을 갖추어야 하고 그렇지 못한 기업은 폐쇄공장 리스트에 등록될 것이라고 발표하였다.

③ 또한 광동성에서는 이미 이른바 '五小企业' 1,600여개사를 도태시킨바 있다. 여기서 '五小企业'이란 에너지 소비와 오염배출이 많은 작은 규모의 철강·시멘트·원유정제·유리정제·발전소를 말한다.

④ 이상과 같이 중국정부의 적극적인 환경정책에 따라 오염물질을 줄일 수 있는 설비 등에 대한 수요가 급격히 증가할 것으로 기대되므로 지금이 우리 기업들에게 관련설비의 시장개척을 위한 적기로 판단된다.

['녹색대외무역(绿色外贸)' 정책의 영향]

Q : 강소성 남경에 진출한 야금가공업체 Y기업이다. 2007년 11월 중국 상무부와 환경총국이 발표한 '환경보호 위반업체 제품의 수출금지' 조치로 인한 생산원가 상승과 기타 영향은?

A : ① 중국정부의 '녹색대외무역(绿色外贸)' 정책의 실시로 해당 기업은 오염물질 배출설비 설치비용 및 검측기기 구입과 검측비의 영향으로 제품 생산원가는 중점대상업종 중 야금업·화학공업·시멘트공업 등 장치산업의 경우 약 10%, 방직업·경공업은 상대적으로 부담이 낮은 5% 정도로 예상된다.

② 이 조치는 이미 환경보호 관련 설비를 갖추고 관련 기준치를 정기 점검하는 대형기업에게는 별다른 영향이 없을 것이나, 소규모 영세기업의 경우 오염배출비용으로 매년 벌금을 부과 받음은 물론 기업의 대외무역활동 특히 수출까지 1년 ~ 3년까지 장기간 금지되어 처벌받은 기업은 경영 자체가 어려울 것으로 판단된다.

[〈외상투자산업지도목록〉의 '장려항목'에 환경보호업종 대폭 추가]

Q : 2007년 11월 중국정부가 발표한 <외상투자산업지도목록.의 '장려항목' 에 환경보호업종 대폭 추가하였다는 보도를 접하였는데 <외상투자산업지도목록>과 장려항목에 추가된 항목의 구체적 내용은?

A : ① 중국 국가발전개혁위원회(한국에서 이전의 경제기획원의 역할을 담당하는 국가기관)와 상무부는 공동으로 <외상투자산업지도목록 (外商投資产业指导目录)>을 발표하여 2007년 12월 1일부터 시행하고 있다.

② 여기서 <외상투자산업지도목록 (外商投資产业指导目录)>이란 중국정부가 외국인 투자유치에 대하여 국무원 차원에서 업종별로 정한 가이드라인이라고 볼 수 있으며, 1995년 6월 처음 공포한 이후 3차례에 걸쳐서 수정하여 적용해오다가 이번에 4차 수정안을 발표한 것이다.

 동 목록은 외국인 투자업종을 장려·제한·금지·허가항목의 4종류로 구분하여 투자업종을 선별하고 있다.

③ 이번 4차 수정안은 제한·금지항목은 큰 변동이 없는 가운데, 장려항목은 대폭 확대하여 신규 증가항목은 100여개 항목이고 기존항목에서 제외된 항목은 40여개 항목이다.

④ 환경보호 항목과 관련하여 순환경제, 재생가능에너지, 생태환경보호 등의 항목을 추가하여 향후 이 분야의 외자를 적극활용하겠다는 의지의 반영으로 해석된다. 구체적으로 대기오염방지, 수질오염방지, 환경보호 감측기 등의 제조설비와 태양에너지, 신재생에너지 등의 재생에너지 분야 및 환경보호와 관련한 신소재생산, 하이테크 기술, 선진의료설비 생산업종 등이다.

'5 · 1 황금연휴 폐지' 찬반 논란

중국 국가발전개혁위원회가 5 · 1노동절(劳动节) 연휴를 하루로 줄이는 대신 청명절(清明节), 단오절(端午节), 추석(仲秋节) 등 전통 명절을 각각 하루씩 법정공휴일로 추가 지정한다는 <국가법정공휴일 조정 방안>을 발표한 것과 관련하여 네티즌을 중심으로 찬반 여론이 확산되었다.

중국은 그동안 구정(春节), 노동절(劳动节), 국경절(国庆节) 등 3대 대표 명절에 대한 법정휴일을 3일로 지정하고 있으나 실제로 1주일에서 10일간을 연달아 쉬는 황금연휴 제도를 시행해 왔다.

황금연휴 폐지 반대측은 春节가 중국에서 가장 중요한 휴일인 만큼 오히려 春节의 법정 공휴일을 더 늘려야 한다고 하고, 劳动节 황금연휴가 취소될 경우 세 개의 황금연휴로 분산돼 고향을 찾던 귀성객 행렬이 春节와 国庆节로 몰리면서 더 큰 교통혼잡이 예상된다고 주장한다.

하지만 황금연휴 폐지를 찬성하는 측의 의견도 만만치 않아서 1999년 주룽지(朱溶基) 전 총리가 내륙의 소비를 촉진시키기 위해 도입한 황금주간 제도는 사실상 실효가 없다는 것이 그들의 주장이다. 또한 중국 여행 수입의 60~70%가 황금연휴에 편중돼 있어 나머지 기간은 비수기라는 문제점도 거론되고 있다.

중요한 것은 사회주의 산물로 여겨지고 있는 중국의 황금연휴의 폐지를 놓고 찬성과 반대측의 팽팽한 여론이 형성되었으나, 최종적으로 국무원령으로 국가발전개혁위원회의 <국가법정공휴일 조정방안>을 최종 확정발표하자 그동안의 논란은 온데간데 없이 모든 인민이 국가의 발표를 이의없이 받아들이고 있다.

탕웨이(湯唯)'포스트 장쯔이(章子怡)'로 자리매김
– 영화'색,계(色戒)'데뷔 후 몸값 3,000배 껑충

영화'색, 계(色戒)'가 정사신 삭제 논란 속에 중국 전역에서 개봉 1주일만에 5,000만元(60억원)을 벌여들여 침묵하던 중국 영화시장에 윤활유가 됐다. 이같이 엄청난 속도로 관객을 끌어 모은데는 '브로크백 마운틴', '와호장룡' 등으로 이미 연출력을 인정받은 리안 감독이나 중국 국민배우 량차오웨이(梁朝伟)의 공이 크다.

하지만 현재 중국인들의 관심은 '색계'가 데뷔작인 신인 여배우 탕웨이(湯唯)에게 쏠려있다. '그저 그런 조연 배우'에서 '장쯔이(章子怡)를 넘어설 재목'으로 몸값이 500元에서 150만元으로 3,000배나 뛴 그에게 중국인들의 시선이 고정돼 있다.

'색, 계(色戒)'의 주인공 왕자즈(王佳芝)가 된 탕웨이는 1,000대 1이라는 엄청난 경쟁률의 오디션에서 원작소설 속 여주인공의 외모와 분위기가 가장 흡사하다는 이유만으로 뽑힌 그녀는 스스로의 '훈련'을 통해 자신을 왕자즈로 만들었다고 증언하고 있다.

중국의 주요 상거래법

제1장 계약법
(合同法)

외상투자기업이

최초 투자계약 시 상대방 및 투자이후의 거래선 또는 고객과 체결하는 계약의 중요성은 투자기업의 성패와 직결되는 중요한 문제이다. 평상시에는 아무런 문제가 없지만 분쟁이 발생한 경우에는 계약서가 없으면 법적인 보호를 받을 수 없기 때문에 계약서 작성에 특히 유의해야 한다.

계약을 체결함에 있어서 당사자의 법적지위는 평등하며, 공평의 원칙에 의거하여 당사자의 권리와 의무를 확정하여야하고 권리를 행사하고 의무를 이행함에 있어서 신의·성실의 원칙을 준수하여야 한다.

법에 의하여 성립된 계약은 당사자에 대하여 법적 구속력을 가진다. 계약의 당사자는 약정에 따라 자기의 의무를 이행하여야 하며 임의로 계약을 변경하거나 해제하여서는 아니 되며 성립된 계약은 법적 보호를 받는다.

1. 계약일반(合同一般)

(1) 계약의 성립(合同的成立)

1) 계약의 체결(合同的订立)

계약의 당사자는 계약을 체결함에 있어서 일반적으로 청약과 승낙의 방식을 취한다.

가. 청약(要约)

① 청약은 타인과 계약을 체결할 것을 목적으로 하는 의사표시로서 당해 의사표시는 다음과 같은 규정에 부합되어야 한다.
- 내용을 구체적으로 확정하여야 한다.
- 피청약자의 승낙을 받으면 청약자는 당해 의사표시의 구속을 받게 됨을 표명하여야 한다.

② 청약은 피청약자에게 도달한 때에 효력을 발생하며 철회하거나 취소할 수 있다.

③ 다음 각 호의 경우 청약은 효력을 잃는다.
- 청약을 거절하는 통지가 청약자에게 도달하였을 경우
- 청약자가 법에 의하여 청약을 취소하였을 경우
- 승낙기간이 만료시까지 피청약자가 승낙을 하지 않았을 경우
- 피청약자가 청약의 내용에 실질적인 변경을 가하였을 경우

나. 승낙(承诺)

① 승낙은 피청약자가 청약을 동의한다는 의사표시이다.

② 승낙은 청약이 확정한 승낙기한 내에 청약자에게 도달되어야 한다. 승낙기한을 확정하지 않은 경우에 승낙은 다음과 같은 규정에 따라 도달하여야 한다.

• 청약을 대화(对话)의 형식으로 할 경우
  : 즉시 승낙을 하여야 한다. 그러나 당사자가 별도로 약정한
    경우는 이에 속하지 아니한다.
• 청약을 비대화(非对话)의 형식으로 할 경우
  : 승낙은 합리적인 기한 내에 도달하여야 한다.
③ 승낙은 통지가 청약자에게 도달할 때 효력을 발생하며 동시에
계약은 성립된다.
당사자가 계약서의 형식을 적용하여 계약을 체결할 경우 당사
자 쌍방이 서명 또는 날인하였을 때 계약은 성립된다.
편지, 전보, 팩스를 통하여 이루어진 합의는 한쪽 당사자가 확인
서 체결을 요구할 경우 확인서 체결 시부터 계약은 성립한다.
④ 계약을 체결하는 과정에서 상대방에게 다음과 같은 손실을 끼쳤
을 경우에는 손해배상책임을 부담하여야 한다.
• 계약체결을 빙자하여 악의적으로 협상한 경우
• 계약체결과 관련되는 중요한 사실을 고의적으로 숨겼거나 허
  위 사실을 제공한 경우
• 신의·성실의 원칙을 위반하는 기타의 행위가 있을 경우

2) 계약의 효력(合同的效力)

① 법에 의하여 성립된 계약은 성립된 때로부터 효력을 발생한다.
단 법률·법규에서 비준2i등기 등의 수속을 하여야만 효력을 발
생한다고 규정한 경우에는 그 규정에 따른다.
② 조건부 또는 기한부로 계약의 효력 발생을 약정한 경우에는 조
건이 완성되거나 기한이 시작되는 때부터 효력을 발생한다.
③ 다음 각 호의 경우 계약은 무효이다.
• 일방이 사기나 협박에 의해서 계약을 체결하여 국가의 이익을
  침해한 경우

- 악의적으로 공모하여 국가2i집단 또는 제3자의 이익을 침해한 경우
- 합법적인 형식을 빌어 불법적인 목적을 은폐한 경우
- 사회공공이익을 침해한 경우
- 법률·법규의 강제규정을 위반한 경우

④ 계약이 무효 또는 취소된 후 당해 계약으로 인하여 취득한 재산은 반환하여야 하며 반환할 수 없거나 반환할 필요가 없을 경우에는 환가보상(折价补偿)하여야 한다.

(2) 계약의 시행(合同的施行)

1) 계약의 이행(合同的履行)

① 당사자는 신의·성실의 원칙에 따라 계약의 성격과 목적 및 거래관습에 의하여 통지·협조·비밀보장 등의 의무를 이행하여야 한다.

② 계약이 효력을 발생한 후 약정하지 않은 내용이 있거나 약정이 명확하지 않은 경우, 당사자는 협상하여 보충할 수 있으며 보충합의가 성립되지 않은 경우에는 계약의 관련 조항 또는 거래관습에 따라 확정한다.

③ 채무를 이행하여야할 당사자는 상대방이 다음 각 호에 해당하는 확실한 증거를 증명할 수 있는 경우에는 이행을 중지할 수 있다. 단 확실한 증거가 없이 이행을 중지하였을 경우에는 위약책임을 부담하여야 한다.

- 경영상황이 심각하게 악화된 경우
- 재산을 이전하고 자금을 빼돌려서 채무변제를 회피한 경우
- 상업신용도를 상실한 경우
- 채무이행능력을 상실하거나 상실할 수 있는 기타의 사유가 있는 경우

④ 채무자가 만기가 된 채권을 포기하거나 재산을 제3자에게 무상 양도하여 채권자에게 손해를 초래하였을 경우에 채권자는 인민법원에 채무자의 행위를 취소할 것을 청구할 수 있다.

⑤ 취소권은 채권자가 취소사유를 알았거나 알았어야 할 날로부터 1년 이내에 행사하여야 한다. 채무자의 행위 발생일로부터 5년 이내에 취소권을 행사하지 않았을 경우 당해 취소권은 소멸한다.

2) 계약의 변경과 양도(合同的变更和转让)

① 당사자의 의사가 일치하면 계약내용을 변경할 수 있다. 그러나 계약 변경의 내용에 대한 약정이 명확하지 않은 경우 변경하지 않은 것으로 추정한다.

② 당사자의 일방은 상대방의 동의를 받아 계약상 자기의 권리와 의무를 제3자에게 일괄 양도할 수 있다.

③ 채권자는 계약의 권리 또는 일부를 제3자에게 양도할 수 있다. 이 경우 채무자에게 통지하여야 하며 통지하지 않으면 당해 양도는 채무자에게 효력이 없다.

④ 채무자가 계약의 의무 전부 또는 일부를 제3자에게 이전할 경우에는 채권자의 동의를 받아야 한다.

⑤ 당사자가 계약체결 후 합병하였을 경우 합병 후의 법인 또는 기타 조직이 계약의 권리를 행사하고 계약의 의무를 이행한다. 계약 체결 후 분할하였을 경우에는 별도의 약정이 있는 경우를 제외하고 분할한 법인 또는 기타 조직이 계약의 권리와 의무에 대하여 연대채권을 향유하며 연대채무를 부담한다.

(3) 계약의 종료(合同的终了)

1) 계약상 권리·의무의 소멸(合同的权利义务终止)

① 다음의 경우 계약의 권리와 의무는 소멸된다.
- 약정의 의하여 채무를 이행한 경우
- 계약이 해제된 경우
- 채무가 서로 상계된 경우
- 채무자가 법에 의하여 목적물을 인출한 경우
- 채권자가 채무를 면제한 경우
- 채권·채무가 한사람에게 귀속된 경우
- 법률의 규정 또는 당사자의 약정에 의하여 소멸되는 기타의 상황이 있을 경우

② 다음의 경우에 해당할 경우 당사자는 계약을 해제할 수 있다. 이 경우 상대방에게 통지하며 계약은 상대방에게 통지가 도달한 때로부터 해지된다.
- 불가항력으로 인하여 계약의 목적을 실현할 수 없는 경우
- 이행기간 만료 전에 당사자 일방이 주요 채무를 이행하지 않을 것을 명확하게 표시한 경우
- 당사자 일방이 주요 채무의 이행을 연체하여 최고한 후에도 합리적인 기간 내에 이행하지 않는 경우
- 당사자일방이 채무이행을 연체하였거나 기타 위약행위가 있어서 계약의 목적을 달성할 수 없게 된 경우
- 법률이 정한 기타 상황이 있을 경우

2) 위약책임(违约责任)

① 당사자 일방이 계약의 의무를 이행하지 아니하거나 계약의무를 이행하는 것이 약정에 부합되지 않아서 상대방에게 손실을 초래

하였을 경우에는 상대방에게 손해배상책임을 부담하여야한다.

② 당사자는 일방이 계약을 위반하면 계약을 위반한 상황에 따라 상대방에게 일정한 액수의 위약금을 지불할 것을 약정할 수 있으며 손해배상액의 계산 방법도 약정할 수 있다.

③ 당사자가 위약금도 약정하고 계약금도 약정하였을 경우에 일방이 계약을 위반하면 상대방은 위약금 또는 계약금 조항을 선택하여 적용할 수 있다.

④ 당사자일방이 계약을 위반한 후 상대방은 적절한 대책을 강구하여 손실이 확대되는 것을 방지하여야 한다. 만일 적절한 대책을 강구하지 않아 손실이 확대되었을 경우 확대된 손실에 대하여 배상을 요구하지 못한다.

⑤ 불가항력으로 인하여 계약을 이행할 수 없는 경우에는 불가항력의 영향에 비추어 책임을 일부 또는 전부 면제한다. 여기서 불가항력이라 함은 예견할 수도 피할 수도 없고 또한 극복할 수도 없는 객관적 상황을 말한다.

3) 분쟁의 발생(纠纷的发生)

① 당사자 사이에 계약의 조항에 대한 이해에 분쟁이 있을 경우 계약에 사용된 문구, 계약의 목적, 거래관습 및 신의·성실의 원칙에 따라 당해조항의 진의를 확정하여야 한다.

② 계약서를 두 가지 이상의 문자로 작성하고 동등한 효력을 가진다고 약정하였을 경우 각 계약서에 사용한 문구에 대하여 같은 내용을 가진다고 추정한다.

③ 계약의 당사자는 법률에 따로 규정한 것을 제외하고 계약분쟁의 처리에 적용하는 법률을 선택할 수 있다.
외상투자합자/합작기업의 계약은 중국의 법률을 적용한다.

④ 당사자는 화해(和解) 또는 조정(调解)을 통하여 분쟁을 해결할

수 있다.
⑤ 당사자가 화해·조정에 의하여 합의를 이루지 못할 경우에는
중재협약에 의거하여 중재기구에 중재(仲裁)를 신청할 수 있다.
당사자가 중재협약을 체결하지 않았거나 중재협약이 무효일 경
우에는 인민법원에 소송을 제기(起诉)할 수 있다.

2. 구체적 계약(具体的合同)

「중국계약법」은 매매계약, 전기·수도·가스·열 공급계약, 증여계약,
차용계약, 임대차계약, 융자임대계약, 도급계약, 건설공정계약, 운수계약,
기술계약, 보관계약, 위탁계약 및 조정계약 등에 관하여 구체적으로 기술하
고 있으며 여기서는 외상투자기업이 일반적으로 현지에서 직면하는 매매계
약, 임대차계약 및 기술계약에 관해서 설명한다.

(1) 매매계약(买卖合同)

1) 내용

매매계약의 내용은 당사자가 약정하며 일반적으로 다음과 같은 사항들이
포함된다.
① 당사자의 인적사항
② 매매목적물
③ 매매수량
④ 품질·포장방식·검사기준 및 방법
⑤ 매매대금 및 결재방식
⑥ 이행기간 · 장소와 방식
⑦ 계약에서 사용하는 문자
⑧ 계약 위반에 대한 책임
⑨ 분쟁의 해결 방법

⑩ 계약의 효력

2) 매매 목적물의 소유권 및 인도장소

① 매매 목적물(买卖标的物)의 소유권(所有权)은 목적물을 인도
(交付)하는 때부터 이전된다.
그러나 당사자는 매매계약에 매수인이 대금을 지불하지 않았거
나 기타 의무를 이행하지 않았을 경우 목적물의 소유권은 매도
인에게 속한다고 약정할 수 있다.
② 지적재산권을 가지고 있는 컴퓨터 소프트웨어(计算机软件) 등
을 매매할 경우 별도의 정함이 있는 경우를 제외하고 당해 목적
물의 지적재산권은 매수인에게 속하지 아니한다.
③ 매도인은 약정한 장소(约定的地点)에서 목적물을 인도하여야
한다.
당사자가 인도장소를 약정하지 않았거나 명확하지 않은 경우
다음 규정을 적용한다.
• 목적물을 운송하여야 할 경우, 매도인은 매수인이 지정하는 제
1운송인에게 인도하여야 한다.
• 목적물을 운송할 필요가 없는 경우, 목적물이 있는 장소 또는
매도인의 영업장소에서 목적물을 인도하여야 한다.

3) 목적물의 위험부담(标的物风险承担)

① 목적물의 멸실·훼손의 위험은 목적물을 인도하기 전에는 매도
인이 부담하고 인도한 후에는 매수인이 부담한다.
② 매수인의 귀책으로 인하여 목적물을 약정한 기간 내에 인도할
수 없을 경우 매수인은 약정을 위반한 날로부터 목적물의 멸실
·훼손에 대한 위험을 부담하여야 한다.
③ 매수인이 목적물의 품질하자 등으로 인수를 거절하거나 계약

을 해제할 경우에 목적물의 멸실·훼손의 위험은 매도인이 부
담한다.

4) 목적물 검사(标的物检验)

① 매수인은 목적물을 인수받았을 때 약정한 검사기간(约定检验期
间)에 목적물의 수량 또는 품질을 검사해야 한다. 약정한 검사
기간이 없는 경우에는 즉시(及时) 검사한다.
② 목적물의 수량 또는 품질사항이 당초 약정사항과 부합되지 않은
경우(不符合) 이를 매도인에게 통지하여야 한다. 매수인이 적정
기간 내에 통지하지 않거나 목적물 인수일로부터 2년 내에 매도
인에게 통지하지 않을 경우에는 목적물의 수량 또는 품질이 약
정에 부합되는 것으로 본다.

5) 대금의 지급(支付价款)

① 매수인은 약정한 금액대로 약정한 장소에서 약정한 일시에 매매
대금을 지급하여야 한다.
② 매도인이 목적물을 초과 인도할 경우 매수인은 초과부문을 인수
하거나 인수 거절할 수 있다. 초과부분(多交的部分)을 인수하
였을 경우에는 계약에 규정한 가격대로 대금을 지급하여야하며,
초과부분의 인수를 거절할 경우에는 매도인에게 이를 지체없이
(及时) 통지하여야한다.
③ 매매대금을 분할 지급(分期交付)하는 경우 매수인이 지급하지
않은 만기대금액수가 대금전액의 1/5이상일 경우 매도인은 매
수인에게 대금의 전액지급 또는 계약의 해제를 요구할 수 있다.

6) 매매계약의 체결과 이행과정에서 유의사항(留意事项)

계약의 근본작용은 "불확정" 한 것을 "확정" 하고 양 당사자의 권리와

의무를 명확히 하는 것이므로, 외상투자기업은 중국에서 계약의 체결 및 이행과정에서 특히 다음사항에 유의해야 한다.

가. 상대방의 신용확인(信用确认)

① 계약서 작성 이전에 상대방 회사의 재산상황, 대외신용도 등의 상업신용을 면밀히 검토하여 계약이행능력과 위험발생 시의 대처능력을 확인한다.

② 계약서 작성 시 상대회사의 등기자본과 영업집조를 확인첨부하고, 상대회사 동사장과 계약담당자의 신분증을 첨부하여 날인받는다.

③ 상대방이 영업능력에 맞게 적정량의 물품을 구입하는지 검토하고 물품인도 시 함께 직접 확인해야 한다.

나. 물품의 검사(检验)

① 물품매도 시 매도인은 제품수령인과 매수계약 당사자와의 관계를 확인하고 물품수령인이 계약당사자가 아니라면 매도인은 제품수령인에게 '매수인의 수권서'를 요구하여 매수인이 사후 물품을 수령한 사실을 부인하는 여지를 차단해야 한다.

② 세금계산서(发票)의 발행시기는 거래형태에 따라 달리 정하고 있으므로 (인도지급조건으로 결재를 하는 경우: 대금을 수취한 날, 외상판매·할부판매의 경우: 계약서에 약정한 징수일, 위탁판매의 경우: 수탁자가 보낸 수탁판매계산서를 수령한 날, 선급·인수조건부나 위탁은행 징수방식의 대금 결재를 하는 경우: 재화를 발송한 날) 매매계약 시 이를 적절히 활용하여야 한다. 물품 인도 시에 먼저 세금계산서(发票)를 발행한 후 추후에 대금을 수령하는 어려움을 줄여야 한다.

③ 실무상 세금계산서를 선발행하고 대금은 사후에 결재하기로 약

정한 경우 가끔 중국측 매수인이 이미 대금을 지급하였다고 주
장하는 경우가 있으므로 반드시 관련증빙(상대방 대금 미지급
확인서 등)을 잘 보관하여야 한다.
④ 물품매수 시 매수인은 검사과정에서 품종, 모델, 규격, 색상 등이
계약 내용과 부합되지 않을 경우 물품대금의 지급을 보류하고
계약에서 약정한 이의기간 내에 서면으로 이의를 제출하고 물품
의 포장, 봉인, 표식을 보존하여 상대방이 책임을 회피하는 것을
예방해야 한다.

다. 거래증빙의 보관(凭证的保管)

① 매매과정에 상대방과 주고받은 각종 거래조건에 관한 교환은
반드시 팩스, 전보 등으로 문서화하여 보관할 필요가 있다.
② 거래건별로 문서화하여 보관한 거래증빙은 추후 분쟁발생 시
분쟁해결에 가장 유력한 역할을 한다.

라. 관할법원(管辖法院)

① 본지인(本地人)과 외지인(外地人)을 엄격히 구분하는 등 지방
보호주의가 강한 중국에서 소송 관할법원은 소송결과에 많은 영
향을 미치는 사실을 유의해야 한다.
② 소송 관할법원은 계약체결지, 피고주소지, 분쟁 발생 시 당사자
가 합의한 관할 법원 등으로 할 수 있다.
소송 관할법원을 계약체결지로 한 경우에는 외상투자기업 소재
지에서 계약을 체결하여 기업에게 유리한 지역에서 재판을 받도
록 하는 방법으로 가장 바람직하며, 피고주소지로 하면 지방보
호주의 때문에 통상 원고에게 불리하다. 분쟁 발생 시 관할법원
을 당사자가 합의하는 것은 상대방과 쉽게 합의에 도달하기 어
렵다.

마. 소송시효(诉讼时效)와 집행신청(执行申请)

① 중국에서 일반매매계약 분쟁발생 시의 소송시효는 2년, 국제간 매매계약 분쟁발생 시의 소송시효는 4년, 인신손해·교통사고 배상·임대료부과·보관물품 분실 등과 관련된 분쟁 시의 소송시효는 1년이므로 소송시효를 경과하여 소송권리를 상실하지 않도록 하여야 한다.

② 판결 집행신청기한은 당사자 일방이 자연인일 경우는 1년, 당사자 쌍방이 법인 또는 기타 조직일 경우에는 6개월이므로 집행신청기한이 경과한 집행신청은 법률보호를 받을 수 없다.

7) 채권의 안전성 확보방안

중국내수판매를 실시하면서 어려운 문제의 하나가 안전한 매매대금회수인 바 매출채권관리의 효율적 방안으로 소유권유보 계약이나 채권계약의 공증을 고려할 수 있다.

가. 소유권유보 계약

① '소유권유보제도'는 물품거래에서 법률규정 또는 당사자의 약정에 따라 소유자가 물품의 소유권은 보유하고 있으면서 점유는 매수인에게 이전하고 매수인이 대금지급 또는 특정 조건을 완성한 후에 그 소유권을 이전하는 법률제도이다.

② 이는 매수인이 물품을 점유하고 있지만 소유권은 갖고 있지 않은 것으로, 매수인이 선의의 제3자에게 해당 물품을 유상양도하면 매도인은 제3자에게 반환청구는 할 수 없으나 매도인은 매매계약의 약정에 따라 매수인에게 대금반환 또는 배상청구를 요구할 수 있다.

③ 현행 중국법상 소유권유보의 등기에 관한 명확한 규정은 없으나 소유권유보행위는 당사자의 계약과 진실한 의사표시만 있으면

유효하다. 다만 부동산, 차량, 항공기, 선박 등의 소유권유보는 반드시 등기를 거쳐야만 효력을 발생한다.

나. 채권계약의 공증

① 중국에서 공증(公证)은 적법하게 독립적으로 설립된 공증기관에서 실시하며, 당사자 주소지나 법류행위 또는 사실 발생지의 공증기관에서 관할한다.

② 매매계약의 계약문서를 공증기관에서 공증을 받으면 강제집행력을 부여받을 수 있다. 이는 물품 매수자가 계약상의 의무를 이행하지 않을 경우 매도자는 공증기관에서 집행문서를 발급 받아 재판절차 없이 관할법원에 직접 강제집행을 신청할 수 있다.

③ 이 경우 강제집행효력을 부여하는 계약문서의 요건은 다음과 같다.

- 계약문서는 일정한 대금·유가증권 또는 물품의 급부를 내용으로 한다.
- 채권채무관계가 명확하고 채권자와 채무자가 채권문서의 관련 급부내용에 대하여 이의가 없어야 한다.
- 계약문서에 채무자가 의무를 이행하지 않거나 이행이 미비할 경우 채무자가 강제집행을 승낙하여야 한다.

(2) 임대차계약(租赁合同)

1) 임대차계약의 내용(租赁合同的内容)

임대차계약의 내용에는 임대물의 명칭·수량·용도·임대기한·임대료 및 지불기한과 방식·임대물 보수 등의 조항이 포함된다.

2) 임대기한(租赁期限)

① 임대기한은 20년을 초과하지 못한다. 20년을 초과하는 경우 초과부분은 무효(无效)이다. 임대기간이 만료되면 당사자는 임대차계약을 갱신할 수 있으나 20년을 초과하지 못한다.

② 임대차기한이 6개월 이상인 경우에는 서면형식(书面形式)을 적용하여야 한다. 당사자가 서면형식을 적용하지 않은 경우에는 '부정기임대차(不定期租赁)'로 본다.

'부정기임대차'의 경우 당사자는 언제든지 계약을 해제할 수 있으며 임대인이 계약을 해제할 시에는 합리적 기한 전에 임차인에게 통지하여야 한다.

③ 임대차기간이 만료(租赁期间届满)된 후 임차인이 임대물을 계속 사용하고 임대인이 이의를 제기하지 않는 경우 원 임대차계약은 계속 유효하다. 단 임대차기간은 부정기(不定期)로 된다.

3) 임대물의 관리(租赁物的管理)

① 임차인(承租人)이 약정한 방법대로 또는 임대물의 성격에 맞게 임대물을 사용하였음에도 임대물에 손실이 발생하였을 경우에는 손해배상책임을 부담하지 않는다.

② 임대물을 보수(维修)하여야 할 경우 임차인은 임대인(出租人)에게 적정한 기간 내에 보수해 줄 것을 요구할 수 있다. 임대인이 보수의무를 이행하지 않을 경우 임차인이 스스로 보수할 수 있으며 보수비는 임대인이 부담한다.

③ 임차인은 임대인의 동의하에 임대물을 제3자에게 전대(转租)할 수 있다. 이 경우 임차인과 임대인간의 임대차계약은 계속 유효하며 제3자가 임대물에 손상을 입혔을 경우에 임차인이 손해를 배상하여야 한다.

④ 임대차기한 이내에 임대물의 소유권이 변동(所有权变动)할지

라도, 기존 임대차계약의 효력에는 영향이 없다.
⑤ 임대인은 임대한 주택을 매각(出卖租赁房屋)할 경우 매각하기 전 적정한 기한 내에 임차인에게 통지하여야 한다. 임차인은 동등한 조건으로 우선 매입할 권리(先购买的权利)를 가진다.

4) 임대인에 의한 임대계약 해지

임대인은 다음의 경우 임대계약을 해지할 수 있다.

① 임차인이 임의로 전대한 경우
② 임차인이 임의로 건물구조나 용도를 변경한 경우
③ 임차인이 임차물을 불법적인 용도로 사용하거나 고의로 파손한 경우
④ 비정기(非定期)임대의 경우
⑤ 불가항력적이거나 기타 법적으로 규정된 상황이 발생한 경우
⑥ 임차인과 약정한 기타 계약해지조건의 성립 시

5) 임차인에 의한 임대계약 해지

다음과 같은 상황이 발생한 경우 임차인은 임대계약을 해지할 수 있다.

① 임대물이 약정한 내용에 부합하지 않아 임차목적을 실현할 수 없는 경우
② 임대인이 임대물을 인도하지 않고 최고(催告)후에도 인도하지 않는 경우
③ 임대물의 결함이 임차인의 신변안전을 위협하는 경우
④ 임대기한을 정하지 않은 비정기(非定期)임대
⑤ 불가항력적이거나 기타 법적으로 규정된 상황이 발생한 경우
⑥ 임대인과 약정한 기타 계약해지조건의 성립 시

6) 임대료의 지불

① 임차인은 약정한 기한에 임대료(租金)를 지불하여야 한다.
   지불기한을 약정하지 않았거나 명확하지 않은 경우에 임대기간
   이 1년 미만인 것은 임대기간 만료 시에 지불하여야 하며, 임대
   기간이 1년 이상인 것은 1년이 만료되는 때마다 지불하여야 하
   고, 잔여기간이 1년 미만인 것은 임대기간 만료 시에 지불하여
   야 한다.
② 임차인이 정당한 이유없이 임대료를 지불하지 않거나 연체 지불
   할 경우 임대인은 임차인에게 적정기간 내에 지불하도록 요구할
   수 있다. 임차인이 적정기간 내에 지불하지 않을 경우 임대인은
   계약을 해제할 수 있다.

(3) 기술계약(技术合同)

1) 일반 규정

① '기술계약'이라 함은 당사자가 기술의 개발(开发)·양도(转让)
   ·자문 또는 서비스(咨询和服务)와 관련하여 체결하는 상호간
   의 권리와 의무를 확립하는 계약을 말한다.
② 기술계약의 내용은 당사자가 약정하며 일반적으로 다음과 같은
   조항들이 포함된다.
   • 프로젝트 명칭
   • 목적물의 내용과 범위·요구조건
   • 이행의 계획·진도·기한·장소·지역과 방식
   • 기술정보와 자료의 비밀보장
   • 위험책임의 부담
   • 기술성과의 귀속과 수익배분의 방법
   • 검수표준과 방법

- 대금·보수 또는 사용료 및 그 지급방식
- 위약금 또는 손해배상의 계산방법
- 쟁의의 해결방법

③ 기술계약대금과 보수 또는 사용료의 지급방식은 당사자가 약정하는데 일괄결산을 하면서 일괄지불(一次总算)·분할지불(分期支付)·공제지불(提成支付) 또는 공제지불에 가입비 선불을 추가(提成支付附加预付入门费)하는 방식을 적용할 수도 있다.

④ '직무기술성과(职务技术成果)'의 사용권·양도권이 법인 또는 기타조직에 속하는 경우 법인 또는 기타조직은 당해 직무기술성과와 관련하여 제3자와 기술계약을 체결할 수 있다. 이 경우 취득한 수익에서 일정한 비율을 직무기술성과를 완수한 개인에게 장려금이나 보수를 지급하여야 한다.

'직무기술성과'란 법인 또는 기타 조직의 사업임무를 집행하거나 주로 법인 또는 기타 조직의 물질기술조건을 이용하여 완수한 기술성과를 말한다.

⑤ '비직무기술성과(非职务技术成果)'의 사용권·양도권은 기술성과를 완수한 개인에게 속하며 기술성과를 완수한 개인은 당해 비직무기술성과와 관련하여 제3자와 기술계약을 체결할 수 있다.

기술성과를 완수한 개인은 유관 기술성과문서에 기술완성자의 권리와 취득한 영예증서 등을 기재할 수 있다.

2) 기술개발계약(技术开发合同)

① '기술개발계약'이라 함은 당사자 간에 새로운 기술(新技术), 새로운 제품(新产品), 새로운 기술공정(新工艺) 또는 새로운 재료(新材料) 및 그 시스템(其系统)의 연구·개발에 관하여 체결하는 체약을 말한다.

‘기술개발계약’에는 ‘위탁개발계약(委托开发合同)’과 ‘합작개
발계약(合作开发合同)’이 포함된다.

② ‘위탁개발계약’은 다음 규정에 따른다.

- 위탁인은 연구개발경비와 보수를 지급하고 기술자료와 원시
  수치를 연구개발자에게 제공하며 협력사항을 지원하고 연구
  개발성과를 인수한다.

- 연구개발자는 연구개발계획을 수립·실시하고 연구개발경비
  를 합리적으로 사용하며 연구개발사업을 완성하고 연구개발
  성과를 위탁인에게 인도하여야 한다.

- 위탁개발에 의하여 완성한 발명창조는 당사자가 정한 별도의
  약정을 제외하고 특허출원권은 연구개발자에 귀속한다.

- 당사자의 일방이 약정위반으로 인하여 연구개발사업이 정체
  ·연체 또는 실패한 경우에는 위약책임을 부담한다.

③ ‘합작개발계약’은 다음 규정에 의한다.

- 계약의 당사자는 약정에 따라 기술투자를 포함한 투자를 하고
  분장업무에 따라 연구개발사업에 참가한다.

- 합작개발에 의하여 완성된 발명창조는 당사자가 별도로 약정한
  것을 제외하고 특허출원권은 합작개발한 당사자가 공유한다.

- 합작개발계약 당사자가 약정을 위반하여 연구개발사업이 정
  체·연체 또는 실패를 초래한 경우 위약책임을 진다.

③ 위탁개발 또는 합작개발에 의하여 완성된 기술비밀성과의 사용
권·양도권 및 손익분배방법은 당사자의 약정에 따른다.

3) 기술도입계약(技术转让合同)

가. 기술도입계약의 내용

① ‘기술도입계약’에는 특허권양도(专利权转让), 특허출원권양도
(专利申请权转让), 기술비밀양도(技术秘密转让), 특허실시허가

계약(专利实施许可合同)이 포함되며 서면형식을 취해야 한다.

② 기술도입계약의 양도인(让与人)은 제공한 기술의 합법적 소유자로서 제공한 기술이 완전·정확·유효하며 약정한 목표에 도달할 수 있음을 담보하여야 한다.

③ 기술도입계약의 양수인(受让人)은 약정한 범위와 기한에 따라 양도인이 제공한 기술에서 미공개된 비밀부분에 대하여 비밀보장의무를 부담하여야 한다.

④ 양도인이 약정에 따라 기술을 양도하지 않거나 양수인이 약정한 사용료를 지불하지 않는 경우 위약책임을 부담하여야 한다.

나. 기술도입계약의 유형

2002년 1월 1일부터 시행하고 있는 <기술수출입관리조례>에 의하면 기술도입계약은 다음 3가지 유형으로 나누어 관리한다.

① 수입금지기술: 이는 도입할 수 없는 기술이다.
② 수입제한기술: 이에 속하는 기술은 허가에 의해서만 도입가능하다.
③ 수입자유기술: 이에 속하는 기술은 계약서의 등록관리를 실시한다.

다. 기술도입절차

ㄱ. 수입제한기술(进口制限技术)

수입제한기술은 다음과 같은 절차를 거쳐야 한다.

① 상무부서에 관계부서의 허가서류를 첨부하여 기술도입신청서를 제출한다.
② 상무부서는 관계부서와 함께 신청서를 심사하고 신청서 접수일로부터 30일 이내에 허가 여부를 결정하여야 한다.
③ 신청인은 기술도입허가의향서를 취득한 후 외국측과 기술도입

계약을 체결한다.

④ 신청인은 기술도입계약을 체결한 후 상무부서에 기술도입계약서 부본 및 관련서류를 제출하여 기술도입허가증을 신청한다.

⑤ 상무부서는 기술도입허가증 신청일로부터 40일 이내에 기술도입에 대한 허가 여부를 최종 결정한다.
기술도입계약은 기술도입허가증이 발급된 날로부터 효력을 발생한다.

ㄴ. 수입자유기술(进口自由技术)

① '수입자유기술'은 법에 의하여 기술도입계약서를 체결할 때 효력을 발생하고 체결한 계약서는 등록관리를 실시한다.

② 상무부서는 다음의 등록신청서류를 접수한 날로부터 3일내에 기술도입계약서에 대한 등록을 실시하고 기술도입계약서의 등록증을 발급하여야 한다.
• 등록신청서
• 기술도입계약서 부본
• 계약 당사자의 법적 지위를 증명하는 서류

4) 기술자문·서비스계약(技术咨询和服务合同)

① '기술자문계약'에는 특정기술항목과 관련하여 제공하는 타당성검토(可行性预测), 기술예측(技术预测), 특정부문 기술조사(专题技术调查), 분석평가보고(分析评价报告) 등의 계약이 포함된다.
'기술서비스계약'이란 당사자 일방이 기술지식으로 다른 일방의 특정기술문제를 해결하기 위해 체결하는 계약으로서 건설공사계약과 수주계약은 포함되지 않는다.

② 기술자문·서비스계약의 위탁인(委托人)은 약정에 다른 기술

자료와 데이터를 제공하고 협력사항을 지원하여야 하며 사업성
과를 인수하는 동시에 보수를 지불하여야 한다.

③ 기술자문계약의 수탁인(受托人)은 약정한 기한에 자문보고를
완성하거나 제기된 문제를 해답해야 하며 제출한 자문보고는 약
정한 요구에 도달하여야 한다.

④ 기술서비스계약의 수탁인(受托人)은 약정한 서비스를 완싱하고
기술문제를 해결하며 사업의 질을 담보하고 기술문제해결을 위
한 지식을 전수하여야 한다.

⑤ 기술자문·서비스계약의 이행과정 중 수탁인이 이용하는 위탁
인이 제공한 기술자료와 근로조건에서 완성한 신기술성과는 수
탁인에 속하며, 위탁인이 이용하는 수탁인이 근로성과에서 완성
한 신기술성과는 위탁인에 속한다.

[법적인 효력을 갖는 계약서의 작성]

Q : 중국에서 사업을 하는 한국인 중에는 계약서 작성을 소홀히 하여 큰 손실을 입는 경우를 볼 수 있다. 법적인 효력을 갖는 계약서 작성 시 주의할 점은?

A : 법적인 효력을 갖는 유효한 계약서를 작성하려면 먼저 다음 사항을 유의해야 한다.

① 계약 내용 중에 중국법을 위반하는 내용이 있어서는 안 된다.
 : 계약서는 당사자간에 계약자유의 원칙에 따라 작성하지만 법규를 위반했을 경우에는 계약 자체가 무효가 된다.

② 계약의 주체를 명확히 해야 한다.
 : 중국 계약법은 계약의 주체만 법적인 책임을 부담한다. 특히 합자/합작기업의 경우 중국측 당사자는 법인, 조직, 기업이외에 개인은 계약의 주체가 될 수 없다.

③ 분쟁의 해결방안을 정확하고 유리하게 작성해야 한다.
 : 상거래 등으로 분쟁 발생에 대비하여 반드시 상사중재 신청조항을 명기할 필요가 있다.

④ 계약서 내용을 중국어와 한국어로 각각 작성한다.
 : 중국어는 단어 하나에 여러 가지 뜻을 함축하거나 우리가 소홀히 할 수 있는 중요한 의미를 갖는 단어가 많으므로 한국어로된 계약서를 별도로 작성해 둘 필요가 있다.

⑤ 계약서의 위험을 피하기 위해서는 계약서에 사인하기 전에 전문가의 검토를 받거나, 공증을 받는 방법 또는 심사허가기관의 심사허가를 받아두는 방법이 있다.

[한국어로 체결된 계약의 유효성]

Q : 한국의 K기업은 상해의 S한국독자기업을 인수하면서 중국에서 중문으로 지분양수도 계약서를 작성하였다. 중국어와 중국상거래 상황을 전혀 이해하지 못하고 그저 한국적 사고만으로 계약서에 서명한 한국투자자는 추후 계약의 내용이 본의와 틀리다고 주장하였으나 의미가 없었다. 이의 대책은?

A : ① 실제로 한국투자자가 중문으로 작성된 계약서에 통역을 통하여 내용을 설명받은 후 경솔하게 서명하는 경우가 많다. 분쟁발생 후 사기나 협박 등의 사유에 의한 계약의 무효를 입증하지 못하는 한 중문 내용에 따라 처리하므로 불이익을 당하게 된다.

② 중국에서 한국어로 계약을 작성할 수 있으며 법적 효력에 하자가 없으므로 차라리 상황에 따라 한국어로 계약서를 작성하는 것도 방법이다.

한국어로 작성한 계약서에 문제가 발생하여 소송이나 중재를 신청할 경우에는 반드시 중문으로 된 번역문을 제공하여야 한다.

[경영범위를 초과하여 체결한 계약의 유효성]

Q : 대련의 D기업은 당초 경영범위를 생산기업으로 심사비준부서의 비준을 받았으나 최근 건설업을 하고자 마침 값싸게 나온 토지사용권을 취득하였다. 기업의 경영범위를 벗어난 이 계약은 유효한지?

A : ① 모든 외상투자기업은 경영범위에 대해 먼저 심사비준부서의 비준을 받은 후 등기신청을 하여야 하고, 그 경영범위가 다른 관계부서의 허가가 필요한 경우 등기신청 전에 관련허가를 먼저 취득하여야 한다.

② 한편 계약법에 대한 법원의 해석에 의하면 당사자가 경영범위를 초과하여 체결한 계약에 대하여 국가의 경영금지규정을 위반한 경우가 아니라면 계약자체는 무효로 인정하지 않는다.

[계약내용의 임의수정]

Q : 한국의 K회사는 중국측 합작선과 합작계약을 하고 1차자본금 납입 후 곧장 중국사업을 거두어야 했다. 사유인즉 중국측 합작선이 합작계약서의 내용을 서류를 주관기관에 제출시 계약내용을 그에게 유리하게 몰래 수정해 버렸기 때문이다. 즉 원래는 쌍방이 출자자본을 동시에 납입하기로 했는데 이를 한국측 투자자가 먼저 납입해야 한다고 바꿔치기하고서 한국투자자가 자본을 납입하자마자 납입금을 제멋대로 써버린 것이다. 이 경우 유의할 점은?

A : ① 대부분의 합자/합작계약서는 중국측이 당지 심사기관에 제출하여 심사허가를 득한 후 공상행정관리국에 공상등기를 하고 영업허가증을 발급받는다.

② 이 경우 쌍방이 계약서에 사인한 후 심사기관에 제출하는 사이에 중국측이 계약내용을 자기에게 유리하게 수정해버린 것이다.

③ 이는 계약서 작성시 수정한 부분에는 반드시 쌍방이 도장을 추가로 찍어야한다고 규정해두지 않아 몰래 수정한 것을 알면서도 증명할 방법이 없었다. 아울러 계약서 작성시 간인(間印) 또한 필수적이다.

[계약의 무효 - 见证]

Q : 한국의 T회사는 산동지역에서 중국측과 타이어 재생공장을 설립하기로 합의하고 중국측은 공장부지와 건물을 한국측은 생산설비와 기술 및 자본을 제공하기로 계약하였다. 그런데 중국측이 제공하기로 한 공장건물이 당초의 약속과 차이가 많아 '계약서의 무효'에 관련한 분규가 발생하였다.

　이때 한국측 투자자가 주장한 것이 제삼자가 증인의 신분으로 계약서에 서명(이른바 '见证')한 것이다. 이 '见证'의 효력은?

A : ① 많은 외국인들은 중국의 '见证'과 '公证'을 구분하지 못하는 것이다. '见证'은 제삼자가 증인의 신분으로 계약서에 서명한 것이나, 그 목

적은 계약의 당사자들이 자발적으로 계약서에 사인했음을 증명하는 것일 뿐 계약의 내용과는 아무런 관계가 없다. 즉 见证한 계약서는 당사자들이 위협적이거나 정신이 몽롱한 상태에서 사인한 것이 아님을 증명하는 정도에 불과하다.

② 중국에서 자주 '계약서의 무효'에 관한 분규가 발생한다. 한국적 사고로는 계약서에 사인하고는 곧장 투자나 매매를 진행하는데 이후 분규가 발생하여 계약서의 조항을 따지는 과정에서 비로소 그 계약서가 무효였다는 것을 발견하게 된다.

[계약서에서 본인의 확인방법]

Q : 중국내수시장을 개척중인 상해의 S기업은 중국 다수지역의 대리점과 자사제품 판매대리 계약서를 작성준비중이다. 이 경우 당사자 본인을 확인할 수 있는 방법은?

A : 중국에는 인감제도가 없으므로 계약서등의 법률문서에서 본인을 확인할 수 있는 방법은 신분증(身份证) 또는 영업집조(营业执照)로 확인할 수 있다. 계약서 작성 시에는 신분증 또는 영업집조 사본을 첨부하고 본인의 서명날인을 받아두는 것이 좋다.

[회사의 인감은 없고 회사대표의 서명만 있는 계약의 유효성]

Q : 청도의 Q업체는 중국기업과 하도급계약을 체결하면서 계약서에 회사의 인감은 없고 회사대표의 서명만 있는 사실을 확인하였다. 추후에 문제가 없는지?

A : 법인기업대표가 회사를 대표하여 직권을 행사하고 회사명의로 대외행위를 하는 것은 회사가 책임을 부담해야 하며, 회사인감의 날인 여부는 계약의 효력발생을 위한 필수요소가 아니다.

단 계약의 일방이 상대방의 법인대표가 직권을 초월하여 계약을 체결함을 알고서도 계약을 체결한 상황에서 회사대표의 서명만 있고 회사의 인감은 없을 경우 회사는 책임이 없다.

[의향서(意向书)와 임시결정(暂定)]

Q : 상해의 S기업은 상해시 ○○구정부 토지관리국과 국유토지 취득의향서(土地批租意向书)를 체결하고 토지대금을 전액 지불하고서 상해시 토지관리국에 본 계약을 요청하였으나 해당토지의 가격상승을 이유로 추가토지대금을 지불하거나 구정부와 체결한 계약의 취소를 요구받았다.

구정부 토지관리국과 체결한 '土地批租意向书'와 계약상의 토지양도대금 '暂定出让价'의 의미는?

A : ① 중국에서 국유토지를 유상취득 시에는 현급 혹은 현급 이상의 인민정부와 국유토지 사용계약을 체결하여 대금(出让金)을 지불하고 토지사용권을 취득한다. 그러므로 구정부는 국유토지 사용계약을 체결할 권한이 없다

② 구정부와 체결한 '土地批租意向书'는 계약서가 아니라 하급기관인 구정부에서 상급기관인 상해시정부에 해당 토지의 토지사용권을 양도하겠다는 의향(의도)을 표시하는 의향서이므로 이는 상급기관에서 하급기관의 결재요청을 거부할 수 있다는 의미를 내포하고 있다.

⑤ '暂定出让价'란 임시로 결정된 양도가를 의미하며 최종 결정가액은 아니다.

[계약의 해지]

Q : 상대방이 계약이행을 계속 지체하고 있어서 계약해지를 고려중인데 유의할 점은?

A : ① 계약당사자는 상대방이 계약이행을 지체할 경우 최고를 하여 상대방이 이행할 수 있는 합리적인 기간을 주어야 한다.

② 당사자가 계약의 해지를 주장할 경우에도 상대방에게 통지하여야 한다. 계약해지에 이의가 있는 경우 법원 또는 중재기구에 계약해지의 효력확인을 청구할 수 있다.

③ 계약이 해지된 후에는 미이행 부분은 이행할 필요가 없다. 이미 이행한 부분은 상대방에게 원상회복을 요구하거나 기타 구제조치를 취할 수 있으며 발생한 손해에 대해서는 손해배상을 청구할 수 있다.

[매매목적물의 위험부담 이전시기]

Q : 매매계약에 의한 매매목적물의 위험부담 이전시점은?

A : ① 목적물의 멸실·훼손 등의 위험부담은 목적물의 인도시점을 기준으로 하여 인도 전에는 매도인이 부담하고 인도한 후에는 매수인이 부담한다. 그러나 당사자간의 계약으로 위험부담의 이전시점을 약정할 수 있다.

② 매수인의 귀책사유로 인하여 목적물을 약정한 기한 내에 인도할 수 없을 경우 또는 매수인이 약정을 위반하여 목적물을 인수하지 않은 경우, 목적물의 멸실·훼손에 대한 위험은 약정을 위반한 날로부터 매수인이 부담한다.

③ 목적물이 약정한 품질수준에 부합하지 않는 경우 매수인은 인수를 거절하거나 계약을 해제할 수 있으며, 목적물의 멸실·훼손의 위험은 매도인이 부담한다.

[피라미드 판매방식]

Q : 중국에서 피라미드 판매조직을 이용한 물품판매가 가능한지?

A : 중국은 2005년 11월 1일부터 피라미드 판매방식을 불법으로 규정하고 이를 판매에 이용하는 것을 금지하는 조례를 시행하고 있다.

[임대물의 결함으로 인한 임대계약의 해지]

Q : 심양의 A외자기업은 공장으로 사용하기 위해서 중국기업 소유의 공장건물을 임차하였다. 그러나 입주후 얼마 지나지 않아 건물 천정에서 발생한 누수로 인하여 주요 생산기계에 물이 들어가 설비의 수리에 많은 비용이 소요되었다. 더욱이 임대기업은 A회사의 거듭된 보수요구에도 응하지 아니하고 있다. 이 경우 임대계약의 해지와 손해배상이 가능한지?

A : ① 임대인이 인도한 임대물이 임대계약의 약정에 부합하지 않아 임대목적에의 사용이 불가능한 경우 임차인은 임대계약의 해지를 요구할 수 있다. 또한 임대물의 결함으로 임차인의 안전과 건강이 위협받는 경우 계약체결시 임차인이 이 사실을 인지하고 있었다 하더라도 임대계약을 언제든지 해제할 수 있다.

② 임대기간 중 임대인은 임대물을 약정한 용도로 사용하는데 적합하도록 유지할 책임이 있다. 공장건물의 누수로 임차인의 생산설비에 물이 들어가 손실이 발생하였다면 임대인은 임차인이 입은 손실을 배상하여야 한다.

[임차인의 임의전대로 인한 임대계약의 해지]

Q : 북경의 A기업사장은 직원기숙사 용도로 임차한 건물을 임차기간 내에 B기업에게 재임대해 주었다. 얼마 후 이를 알게 된 건물주가 A사장에게 재임대 불가를 이유로 임대등기까지 완료한 임대계약을 해지하겠다고 통보하였다. 이의 대책은?

A : 임차인이 임대인의 동의를 받지 않고 재임대를 한 경우 임대인은 부동산 임대계약을 해지하고 해당 부동산을 회수할 수 있다. 또한 임대기간 만료 전에 임대가 중지되었으므로 임대인은 임차인을 상대로 손해배상을 청구할 수 있다.

[임차주택의 경매 시 임차인보호]

Q : 심양 서탑지역에 1년에 3만元의 임차료를 지불하고 APT를 임차하여 직원 기숙사로 사용하고 있는데 집주인이 은행대출금을 변제하지 않아서 집이 법원경매에 들어갔다. 집이 경매가 되면 세입자는 보호받을 수 있는지?

A : ① 임대차계약이 6개월 이상인 경우에는 반드시 서면 계약서를 작성하여야하며 서면 계약서를 작성하지 않은 경우에는 부정기임대차로 간주되어 언제든지 계약을 해제할 수 있다.

② 경매에 의하여 집주인이 변경된다 하더라도 기존 임대차계약은 영향을 받지 않으므로 임차인은 약정한 임차기간동안 사용할 수 있다.

③ 임대인이 일반매매 방식으로 주택을 매각할 경우 매각하기 전의 유효기한 내에 임차인에게 통지하여야하고 임차인은 동등한 조건으로 우선 매입할 권리를 가진다.

[초과투자액 발생시의 부담방법]

Q : 중국측 투자자와 50:50의 부동산 합작개발계약을 체결하고 대형 건물건축공사에 착수하였는데 건축공사비가 당초에 계획한 금액보다 훨씬 초과할 것 같다. 초과공사비의 부담은 어떻게 해야 하는지? 또 부동산 분양대금으로 투자금을 대체할 수 있는지?

A : ① 투자액이 합작개발계약에서 약정한 금액을 초과하는 경우 늘어난 투자액의 부담비례와 관련하여 당사자간에 협상이 성립되지 않은 경우에는 당사자간 과실책임에 따라 이를 확정한다. 당사자간 과실책임이 없거나 확정할 수 없는 경우에는 약정된 투자비율에 따른다. 약정된 투자비율도 없는 경우에는 약정된 이윤분배비율에 따라 확정한다.

② 합작개발계약의 당사자가 부동산 분양수입금을 투자금으로 충당하기로 하고 이윤분배에 참여하고자 하는 것은 중국법상 인정되지 않는다.

[특혜대우 협약서의 효력]

Q : 평소 중국 내수시장 진출에 관심이 많던 서울의 S중견기업은 각종 우대조건을 제시하는 중국 하북성의 지방 개발구 투자유치단의 적극적 투자유치 노력에 따라 수차례의 현지답사를 거쳐서 투자를 결정하고 해당 개발구측과 이른바 "특혜대우협약서" 를 체결하였다. 그 내용을 보면 생산품의 중국 내수지원, 재정보조, 외환대출 협조, 부가가치세 환급지원, 세관수속 신속화, 토지사용권 무상지원 등등이다. 이 경우 "특혜대우협약서" 는 계약으로서의 효력이 있는지?

A : ① 외자를 유치하기 위하여 중국정부는 각종 산업·지역·세수정책을 통하여 외국투자자에게 많은 우대정책을 실시하고 있지만, 지방정부가 외국투자자에게 법률범위를 벗어난 특혜의 부여는 인정받기 어렵다.

② 지방정부가 그 권한범주 내에서 부여한 특혜는 현실성이 있지만, 지방정부의 권한을 벗어난 사항은 지방정부 스스로도 이행하기 어렵다. 그러므로 외국투자자와 지방정부간의 특혜대우 약정의 법률적 효력은 불확정적인 것이고 쟁의 발생시 법의 지원을 받기가 어렵다고 보아야 한다.

[사회 공익적 증여약속의 불이행 가능여부]

Q : 상해의 S외상투자기업의 사장은 회사 창립기념일에 상해 교외 농촌지역의 낙후된 중등학교 교장과 교사를 불러놓고 향후 매년 동 학교에 교육용 기자재를 일정금액이상 기증하겠다고 약속하였다. 그러나 1년후부터 회사의 경영이 어려워 기증약속을 지키지 않자 동 학교에서는 약속이행을 요구하라는 소송을 제기하였다. 이의 대책은?

A : <중국계약법>에 따르면 증여계약은 수증자가 증여자의 증여의사표시를 받아들임으로써 성립한다.

　또한 증여자는 증여물의 이전 이전에 증여를 철회할 수 있다. 단 재난구조나 빈곤구제 등 사회 공익적 행위의 증여나 공공기관에 대한 증여는 철회할 수 없다. 그러므로 S회사의 증여약속은 사회 공익적 증여이기 때문에 철회할 수 없다.

[기술도입 시의 세금문제]

Q : 한국의 K기업은 중국의 C기업에게 특허기술을 양도하려고 한다. 이경우의 과세문제는?

A : ① 중국은 기술도입계약의 대금을 특허권사용료로 인정하고 "외국기업이 중국 내에서 취득한 이자 등 소득에 대하여 소득세를 감면징수하는 문제에 관한 국무원 통지" 에 의하여 기본적으로 10%의 소득세를 부과하고 있다.

② 또한 기술계약의 내용은 무형자산의 양도나 용역제공에 해당하므로 영업세를 납부하여야 하고 이경우의 세율은 5%이다.

　다만 외국기업이 기술이전으로 취득한 수입은 국가세무총국의 허가를 받아 영업세를 면제받을 수 있으며, 기술을 제외한 기타 무형자산의 양도는 면세받지 못한다.

"사랑해요(我爱你), 애완동물(宠物)"

　매번 아파트를 나서면 가장 먼저 눈에 띄는 것이 바로 여기저기 뛰어다니는 애완견들이다. 종류도 어찌나 많은지 조그만 강아지부터 집채만한 개까지 여기가 사람들을 위한 산책로인지 개들을 위한 천국인지 분간이 안될 정도다.

　최근 중국에서 애완동물 열풍이 불면서 관련 시장의 규모도 급팽창하여 이를 '애완동물(宠物) 경제'라고 부른다. 중국에서 애완견을 기르는 비용은 800~1,000元으로 어린 아이의 한 달 양육비용 1,000元정도와 맞먹는 수준이다. 신화통신의 통계에 따르면 중국 애완동물 관련 시장 잠재력은 현재 150억元(애완동물 사료시장 60억元 포함)으로 애완동물 관련 산업은 지난 10년동안 매년 20%씩 성장하였고 2010년이 되면 관련 시장규모는 400억元(애완동물 사료시장은 160억元)에 달할 것으로 전망된다.

　애완동물 시장이 커지면서 애완동물과 관련된 새로운 직업도 등장하고 있다. 애완견 전문 미용사, 애완견 심리 치료사, 애완견 보모, 애완견 산책사 등 종류도 다양하다. 소득증대와 고령화의 심화로 중국의 애완동물 시장은 앞으로도 계속 급성장할 것으로 예상된다.

제2장 중재법
(仲裁法)

중재(仲裁)란

중재(仲裁)란 경제적 분규(经济纠纷) 발생시 적시에 공정하게 중재를 보장하고 당사자의 합법적 권리와 이익을 보호하기 위하여 법원의 판결에 의하지 아니하고 민간인 신분의 제3자를 중재인으로 선정하여 분쟁을 해결하는 자주법정방식의 제도이다.

평등한 주체로서 법인과 기타 조직 및 공민사이에 발생하는 계약상의 분쟁과 기타 재산상의 권리와 이익의 분쟁은 중재의 방식을 통하여 해결할 수 있다.

또한 외상투자기업과 중국의 법인·자연인 및 경제조직 사이의 경제 무역 등의 쟁의를 해결하는 중재방식으로 「중국중재법」과 함께 2000년 10월 1일부터 시행하고 있는 <중국 국제경제무역중재위원회 중재규칙>을 적용하고 있다.

1. 중재합의(仲裁协议)

(1) 의의

① 중재합의(仲裁协议)란 당사자들이 계약서에 명기한 중재조항 또는 기타 방식으로 합의한 중재에 관한 서면합의서를 말한다.
중재합의는 계약시 체결한 중재조항과 분쟁발생 전후에 서면으로 합의한 중재청구합의서가 포함된다.

② 중재합의는 계약서의 기타 조항과 분리된 독립적으로 존재하는 조항으로서, 계약의 변경·해지·종료 또는 무효는 중재합의의 효력에 영향을 미치지 아니한다.

③ 당사자가 중재방식으로 분쟁을 해결할 때에는 쌍방의 자율적인 중재합의가 있어야 한다. 중재합의가 없이 일방이 신청한 중재에 대해서는 중재위원회가 접수를 받지 않는다.

④ 당사자간 중재합의를 하고 일방이 인민법원에 기소한 경우 인민법원은 접수를 받아들이지 아니한다. 단 중재합의가 무효인 것은 제외한다.

⑤ 중재원은 중재위원회가 법률·경제무역·과학기술 등 전문지식과 실제경험을 갖고 있는 인사를 초빙하여 임명한다.

(2) 중재합의의 내용

당사자 간의 중재합의에는 다음과 같은 내용이 포함되어야 한다.

① 중재청구에 대한 의사표시
② 중재사항
③ 선정한 중재위원회

2. 중재의 대상과 요건

(1) 중재의 대상

당사자가 자유로이 처분할 수 있는 사법상의 분쟁으로서 현재 또는 장래에 발생할 분쟁 모두가 중재 대상이다. 따라서 당사자가 자유로이 처분할 수 없는 법률관계(형사사건, 비송사건, 강제집행사건, 행정소송사건 등)는 중재의 대상이 아니다.

① 거래형태별 대상: 매매(동산·부동산·유가증권 및 기타자산), 대여금, 임대차, 고용, 제도, 가공, 공급, 도급, Management 계약(연예인, 운동선수 등), 광고, 보증 등
② 거래행위별 대상: 상행위, 대리, 중개, 위탁매매, 운송, 신탁, 보험 등
③ 거래외형별 대상: 무역, 합작투자, 기술제휴, 건설, 특허, 대리점, 수출입알선, 부동산매매, 건물전세, 상품제조판매, 도소매 등

(2) 분쟁의 원인

① 채무불이행에 의한 손해배상청구
② 불법행위에 위한 손해배상청구
③ 부당이득에 대한 반환청구
④ 사무관리에 의한 배상청구
⑤ 채무부존재 확인

(3) 중재의 요건

① 중재합의가 있어야 한다.
② 구체적인 중재청구와 사실이유가 있어야 한다.
③ 중재위원회의 수리범위에 속하는 것이어야 한다.

④ 중재당사자는 행위능력상의 결격사유가 없어야 한다.

3. 중재절차(仲裁程序)

(1) 신청과 수리(申请和受理)

1) 신청(申请)

① 당사자가 중재신청을 할 때에는 중재위원회에 중재합의서, 중재
신청서 및 사본을 제출해야 한다.
② 중재신청서의 내용
• 당사자의 인적사항 및 법인 또는 기타조직의 명칭·주소·법
정대표자 등
• 중재청구와 사실이유
• 증거와 증거의 출처·증인의 성명과 주소

2) 수리(受理)

① 중재위원회는 중재신청 접수일로부터 5일 이내에 수리 여부를
결정하여 당사자에게 통지하여야 한다.
② 중재위원회는 중재신청 수리후 중재규칙상의 기한 내에 신청인
에게 중재규칙과 중재원명부를 송달하고, 피신청인에게는 중재
신청서 사본과 중재규칙·중재원명부를 송달해야 한다.
피신청인은 중재신청서 사본을 받은후 45일 내에 중재위원회에
답변서를 제출해야 한다.
③ 신청인은 중재청구를 포기 또는 변경할 수 있다. 피신청인은 중
재청구를 승인 또는 반박할 수 있으며 중재통지서를 받은 날로
부터 60일 내에 반청구를 제출하여야 한다.

④ 당사자는 변호사나 기타 대리인에게 위탁하여 중재활동을 할
   수 있다.

(2) 중재정의 구성(仲裁庭的组成)

① 중재정은 3명의 중재원(仲裁员) 또는 1명의 중재원으로 구성한다.
   3명으로 중재정을 구성할 때에는 수석중재원을 둔다.
② 당사자가 3명의 중재정을 구성할 때에는 각자가 1명씩 선정하거나
   중재위원회 주임에게 위탁하여 지정하고, 제3중재원은 공동으로
   선정하거나 중재위원회 주임에게 지정을 위탁한다.
   당사자가 1명의 중재정을 구성할 경우에는 당사자들이 공동으로
   선정하거나 중재위원회 주임에게 위탁하여 중재원을 지정한다.
③ 중재원이 기피(回避) 또는 기타 원인으로 인하여 직책을 수행할
   수 없을 때에는 상기 절차에 따라 중재원을 새로 선정하거나 지정
   해야 한다.

(3) 심리(审理)

① 중재는 개정심리(开庭审理)하거나 당사자 쌍방이 동의시 서면심리
   (书面审理)하며, 중재정은 중재신청서·답변서 및 기타 자료에 근
   거하여 재결(裁决 판단하여 결정)한다.
② 신청인이 정당한 이유없이 출정하지 않거나 중재정의 허가없이 중
   도에 퇴장하면 중재신청을 철회한 것으로 간주할 수 있다.
   피신청인이 정당한 이유없이 출정하지 않거나 중재정의 허가없이
   중도에 퇴장하면 궐석재결을 할 수 있다.
③ 당사자는 중재신청 이후에도 자율적으로 화해(和解)할 수 있다. 화
   해 합의가 이루어지면 화해합의에 근거하여 재결서를 작성해 줄
   것을 중재정에 청구할 수 있고 중재신청을 철회할 수 있다.

④ 중재정은 재결하기 전에 먼저 조정(调解)을 할 수 있다. 이 경우 중재정은 반드시 조정을 해야 하며, 조정이 이루어지지 않으면 적시에 재결해야 한다.

(4) 재결(裁决)

① 재결결정은 다수결원칙에 따르며 다수 의견이 일치하지 않을 때에는 수석중재원의 의견에 따라 재결한다.
② 재결서에는 중재청구, 쟁의사실, 재결이유, 재결결과, 중재비용의 부담과 재결일자를 명기해야 한다. 재결서는 작성일로부터 법적효력을 발생한다.
③ 중재정이 필요하다고 인정하거나 당사자가 제기하여 중재정이 동의할 경우, 중재과정의 어느 때든지 사건의 어떠한 문제에 대하여 중간재결(中间裁决) 또는 부분재결(部分裁决)을 결정할 수 있다.
④ 중재정은 중재재결서에 당사자 쌍방이 중재위원회에 지불하여야 할 중재비 및 기타 비용을 재정할 권한이 있다.
⑤ 중재재결은 당사자에게 구속력을 가진다. 당사자 어느 일방도 법원에 제소하지 못하며 기타 다른기구에 중재재결 변경을 청구하지 못한다.

4. 재결취소신청(申请撤消裁决)

(1) 재결취소의 사유(撤消裁决的原因)

당사자가 재결결정에 다음 각 사항에 해당하는 증거를 제시하는 경우 중재위원회 소재지의 중급인민법원에 재결취소 신청을 할 수 있다.

① 중재합의가 없는 경우

② 재결사항이 중재합의 범위에 속하지 않거나 중재위원회의 구성에
　하자가 있는 경우
③ 중재정의 구성 또는 중재절차가 법정절차를 위반한 경우
④ 재결 시 근거한 증거가 위조인 경우
⑤ 상대 당사자가 공정한 재결에 영향을 줄 수 있는 증거를 은폐한
　경우
⑥ 중재원이 해당사건 중재 시 뇌물을 강요하여 수취하고 위법적인
　재결행위를 하였을 경우

(2) 취소결정(撤消決定)

① 당사자가 재결취소를 신청할 경우에는 재결서를 받은 날로부터 6
　개월 이내에 제출하여야 한다.
② 인민법원은 재결취소 신청을 접수한 날로부터 2개월 이내에 재결
　취소 또는 신청기각 결정을 내려야 한다.

5. 집행(执行)

① 당사자는 재결결정을 이행하여야한다. 당사자 일방이 이행하지 않을
경우에는 다른 일방 당사자는 민사소송법의 관련 규정에 따라 인민법원에 집
행신청을 할 수 있다. 집행신청을 접수받은 인민법원은 이를 집행해야 한다.
② 당사자 일방이 재결집행을 신청하고, 다른 당사자 일방이 재결취소 신
청을 한 경우에는 인민법원은 집행중지를 결정해야한다.
　인민법원이 재결취소를 확정할 경우 집행종결을 판결하며, 재결취소 신청
이 기각된 경우에는 집행회복을 판결한다.

6. 간이절차(簡易程序)

(1) 대상

쟁의금액이 인민폐 50만元 미만이거나, 50만元을 초과하더라도 당사자가 서면으로 동의한 경우 간이절차를 적용한다.

(2) 절차

① 당사자는 공동으로 단독중재원 1명을 선정하거나 중재위원회 주임에게 위탁하여 지정하게 한다.

② 피신청인은 중재통지서를 받은 날로부터 30일 내에 중재위원회에 답변서와 관련 증명서류를 제출하여야한다.

③ 중재정은 서면심리 또는 개정심리를 결정할 수 있다.
개정심리하기로 결정한 경우 중개정은 1차만 개정한다. 확실히 필요한 경우 중재정은 재차개정을 결정할 수 있다.

④ 개정심리하는 사건에 대하여 중재정은 개정심리한 날 또는 재차개정한 날로부터 30일 이내에 중재재결서를 당사자에게 송부하여야 하며, 서면심리하는 사건은 중재정 구성일로부터 90일 이내에 중재재결서를 당사자에게 송부하여야 한다.

⑤ 상기 이외의 기타 사항은 정규 절차를 적용한다.

[한국법원의 판결 또는 중재판정이 중국에서의 집행가능여부]

Q : 한국의 H기업은 이미 중국시장에 진출하여 중국 내수시장에 기반을 가진 C외상투자기업의 전체지분을 양수하면서 분쟁발생 시의 관할법원을 한국법원으로 계약하였다. 이 경우 한국법원의 판결이나 중재판정이 중국에서 집행가능한지?

A : ① 현재 한국과 중국은 외국법원 판결의 승인과 집행에 관한 사법공조조약을 체결하지 않았고, 공동으로 이에 관한 국제조약에 가입하지도 않았으며 사실상의 호혜원칙도 없다.

그러므로 한국법원의 판결은 중국법원의 승인과 집행을 받을 수 없으므로 한국법원의 판결내용은 중국에서 현실적인 의미가 없다.

② 한편 한국과 중국은 "외국중재판정의 승인과 집행협약"에 가입되어 있으므로 한국 중재기관의 중재판정은 중국법원의 승인과 집행을 받을 수 있다.

[한국중재기관의 중재판정을 중국에서의 집행방법]

Q : 한국중재기관의 중재판정을 중국에서 집행할 경우 관할법원과 제출서류는?

A : ① 한국중재기관의 중재판정을 중국에서 집행할 경우 피신청인의 주소지 또는 재산소재지의 섭외사건 관할권이 있는 중급인민법원에 집행신청을 한다.

② 신청인이 한국중재기관의 중재판정을 신청 시 인민법원에 다음의 서류를 제출해야 한다.
- 중재판정 집행신청서
- 중재계약서
- 신청자의 신분증명 또는 등기등록증명, 법인대표자의 신분증명과 위임서
- 한국중재기관의 중재판정문
- 기타 중국법원이 요구하는 서류

③ 중재판정의 집행신청기한은 당사자의 일방이 개인인 경우에는 1년, 당사자 쌍방이 법인 또는 기타조직일 경우에는 6개월이다. 이 경우 집행신청기한의 기산일은 중재판정에 확정된 채무이행기의 최후일자부터 기산한다.

[효과적인 매출채권 회수방법]

Q : A외자기업은 생산한 제품을 B중국기업이 판매하고 B는 물품을 인수한 후 30일 이내에 대금을 지급하는 장기매매계약을 체결하였다. 계약 초기에는 성실히 약속을 이행하던 B는 점차 대금을 미지불하기 시작하여 현재는 상당액의 외상대금이 발생하였다. 이 경우 효과적인 채권회수 방법은?

A : ① 당사자일방이 계약의 의무를 이행하지 아니하거나 계약의무를 이행하는 것이 약정에 부합되지 않은 경우 응당 구제조치나 손해배상을 부담하여야 하며, 일방이 대금을 지급하지 않을 경우 상대방은 지급을 요구할 수 있다.

② 계약 쌍방이 협상으로 해결하지 못할 경우 소송 또는 중재를 통해서 해결할 수 있다. 소송은 통상적으로 피고의 주소지 또는 계약 이행지의 관할 법원에 제기하여야 한다. 중재는 계약서에 중재조항이 있거나 쌍방간 중재합의가 있는 경우에만 가능하다.

[쟁의발생시의 적절한 해결방법]

Q : 중국에서 쟁의발생시 소송이외의 효과적인 해결방법은?

A : 중국에서 거래, 상행위, 무역상의 분쟁이 발생시 소송을 통하여 해결할 수도 있으나 중국법원은 국제적인 관례에 따르기 보다는 자국의 이익을 우선하여 판결하는 경향이 있고 설사 소송에서 승소하더라도 집행이 연기되거나 불가능한 사태가 빈번히 발생한다.

　그러므로 소송보다는 가급적 중재나 화해로 분쟁을 처리하는 것이 바람직하며 우리나라와 중국간에는 상사중재협정이 체결되어 있어서 양국의 중재원에서 채택하여 권장하는 표준 중재조항을 이용하는 것이 유리하다.

[중재결정의 공정성]

Q : 서울의 행운부동산개발회사는 중국 대련시내에 복합 상가아파트를 건설하여 분양하기 위해서 중국측과 합작회사를 설립하였다. 중국측은 토지를 제공하고 한국측은 건축물 신축을 부담하는 50:50으로 수익분배비율과 중재합의 계약을 거쳐서 공사에 착공하였다.

　공사착공 후에야 중국측 합작선이 제공한 토지의 평가액이 실제보다 많이 과대평가된 사실을 확인한 한국측 투자자는 중국측에 수익지분의 축소를 요구하였고 급기야 계약분쟁이 발생하여 상호 중재합의를 결정하였다.

　이 경우 중재위원회에서 중국측 입장만 들어주는건 아닌지?

A : ① 중재는 공정성을 보장하기 위하여 당사자에게 스스로 중재인을 선임할 권리를 부여하며 동시에 중재인 후보를 배척할 수도 있다.

② 중재는 단심제로 운영하기 때문에 일단 내려진 중재판정은 변경될 수 없다. 따라서 분쟁당사자는 중재인에게 충분한 변론기회와 변론시간 그리고 증인 또는 증거 제출의 기회를 요구할 수 있다. 그러므로 중재판정은 사실관계에 의해서 판단하므로 어느 일방에 유리하게만 판단하지는 않는다.

③ 중재원은 실체적 진실을 정확하게 찾아내기 위하여 분쟁분야에 대한 해박한 지식과 경험이 있는 전문가로 하여금 사건을 검토하고 판정토록 한다. 중재원은 법률전문가, 전문 지식인, 교수 등으로 구성된다.

[중재판정의 효력]

Q : 합작투자 시 중재합의가 체결된 중국측 합작선과 분쟁이 발생하여 중재를 신청하기로 합의하였다. 이 경우 중재판정의 법적 효력은?

A : ① 중재판정은 분쟁당사자에게 법원의 확정판결과 동일한 효력이 있다. 여기서 '확정판결과 동일한 효력'이라 함은 불복신청을 할 수 없어 당사자에게 최종적 구속력을 갖는다는 의미이다. 즉 판정에 불만이 있더라도 재판처럼 2심 또는 3심 등 항소절차가 없다.

② 중재판정은 국제적으로는 "외국중재판정의 승인 및 집행에 관한 UN협약('뉴욕협약'이라 칭함. 한국과 중국은 모두 가입)"에 의하여 국제적 효력을 인정받고 있다.

이 협약에 따라 우리나라에서 내려진 중재판정이 외국에서도 승인 집행되며, 외국에서 내려진 중재판정 역시 우리나라에서도 승인되고 집행이 보장된다.

[중재판정의 소요기간과 비용]

Q : T 외상투자기업은 중국에서 내수를 하고 있는데 중국측 지방대리점과 제품과 그 대금지급에 관한 분쟁이 발생하여 중재를 신청하고자 하는데, 중재판정의 소요기간과 비용은?

A : ① 중재판정은 신속성을 극대화하기 위하여 집중심리로 심리회수를 줄이고 예비회의 제도를 활성화하여 심리자체의 소요시간도 단축하여 진행한다. 소송은 대법원까지 2~3년이 걸리지만 중재는 국내중재가 약 6개월, 국제중재가 약 7개월 정도 소요된다.

② 중재심리는 당사자간의 분쟁발생 책임소재에 대한 공격과 방어과정에서 실체적 진실을 파악하는데 있다. 그러므로 당사자가 허락하지 않는 한 중재와 무관한 제3자의 심리과정 참여를 허용하지 않으며 그 절차도 공개하지 않는다.

③ 중재제도가 단심제이고 신속성에 중점을 두고 있으므로 비용은 재판비용 보다 훨씬 저렴하다. 일반적으로 재판비용의 20~30%의 비용이 소요된다.

[중국보험회사 약관의 해석방법]

Q : 인화성 물질을 취급하는 회사로서 사고예방을 위해 중국보험회사의 화재보험에 가입하려고 한다. 보험회사에서 준비해온 계약약관 내용을 보면 가입자에게 불리한 조항이 다소 있는데 추후 이들 조항에 분쟁이 발생 시 해석방법은?

A : ① 정형화된 약관은 일방이 동 약관을 중복 사용할 목적으로 미리 만들어 놓은 것으로 상대방과 계약체결시 상호협의를 거치지 않은 것이다.

② 중국법률은 약관의 이해에 대해 발생한 분쟁은 통상적인 이해에 따라 해석해야 하며 특정조항이 2가지 이상의 해석이 있는 경우에는 약관을 제공한 측에 불리한 해석을 선택해야 한다고 규정하고 있다.

③ 정형화된 약관으로 계약을 체결하는 경우 약관제공자는 상대방의 설명요청이 있을 시 자세한 설명을 해주어야 한다.

④ 약관 제공자측이 자신의 책임을 면탈하거나 상대방의 책임을 가중시키거나 상대방의 주요 권리를 배제하는 조항을 약관에 둔 경우 동 조항은 무효다.

[중재결정의 불이행으로 인한 법원의 강제집행]

Q : K외자기업은 C중국기업과 상거래분규가 발생하여 상호 합의하에 중재신청을 하였고, 중재결과 C에게 K가 입은 손실액 100만元을 변상하라고 판결하였다. 그러나 C는 중재 결정의 이행기간 내에 배상의무를 이행하지 않아서 K는 부득이 법원에 강제집행을 신청하려 한다. 강제집행의 관할 법원과 신청기한은?

A : ① 강제집행은 피집행인의 주소지 또는 재산소재지의 제1심 법원이 집행한다. 피집행인 또는 집행대상재산이 타지에 소재한 경우 해당지역 법원에 대리집행을 위탁할 수 있다.

② 강제집행의 신청은 반드시 강제집행기간 내에 신청하여야 한다. 쌍방 혹은 일방 당사자가 개인인 경우 집행기한은 1년이고, 쌍방이 법인 또는 기타 조직인 경우의 집행기한은 6개월이다. 집행기한 개시일은 법률문건이 규정한 배상이행기한의 마지막 날이다.

중국대학, '상아탑'해외인재 유치 팔 걷었다.

중국 상하이(上海)의 명문 푸단(复旦)대학과 자오통(交通)대학이 우수 외국 학생들에게 학교 추천 무시험 전형을 실시하여 한국과 일본의 몇몇 우수 고교에 추천을 의뢰하였다.

중국의'수능시험인 까오카오(高考)의 성적만을 반영하는 다른 대학의 입학사정과 달리 푸단대가 2007년 일단 40명 내외의 외국학생을 학교장 추천과 면접만으로 입학여부를 결정하기로 한 것은 우수한 외국학생을 '입도선매'하겠다는 것이다. 푸단대가 처음으로 미국식 학교장 추천 방식을 전면 도입함에 따라 우수 외국학생을 빼앗기지 않으려는 베이징(北京)대학과 칭화(清华)대학 등의 움직임도 주목된다.

한편 푸단대는 우수 외국학생의 유치를 위해 2005년 이후 본과 외국학생의 입학 규모를 500~800명 규모로 확대하면서 이들에게 매년 1억 2,000만원 규모의 장학금을 지급해오고 있다.

중국 차(茶)목욕 다이어트 유행

베이징, 상하이를 중심으로 한 중국 대도시에는 월급의 10분의 1이 넘는 돈이 드는데도 차(茶)목욕 다이어트가 유행하고 있다. 다양한 중국 茶들의 등장은 색다른 목욕문화를 열며 천연재료들도 목욕 다이어트에 합류하고 있다.

특히 다이어트차(减肥茶)로 일컫는 우롱차(乌龙茶), 철관음차(铁观音茶), 보이차(普洱茶)는 지방분해와 체지방 연소효과가 탁월한 것으로 입증되어 이들 차를 이용한 목욕법에 관심을 돌리면서 건강과 다이어트를 동시에 만족하려는 노력이 급부상하고 있다.

베일 벗는 중국 억만장자의 생활

중국부자들의 존재가 외부로 알려지고 있지만 이들의 생활은 베일에 가려져 있었다. 이 가운데 베이징(北京) 부자라면 최소한 창안(长安)클럽회원권을 가진 공위엔6호(贡院6号)거주자라는 필수조건이 있다. 이곳은 어떤 곳일까?

베이징 중심가에 위치한 창안클럽은 1층 로비부터 사치스럽게 장식돼 마치 황궁같은 분위기를 연출하고 있다. 8층에는 베이징 최고의 중국식당 칭쥔홍쥐(清樽红烛)가 있고 9층에는 세계 최고의 재료로 요리하는 일본식당과 이태리식당이 있다.

이 클럽의 회원조건은 기업을 소유한 45~55세 사이의 남성이며 회사자산이 최소 5,000만元 이상이어야 하고 영어회화가 가능해야 한다.

공위엔6호는 총 3동의 건물로 구성되어 있으며 ㎡당 가격은 4만元~6만元이고 주택의 크기는 133㎡~470㎡이다.

여기에 거주하는 王씨는 베이징에 아파트만 6채를 소유하고 있으며 이들의 가격은 총 5,000만元(한화로 약 65억원) 정도에 이른다. 王씨가 거주하는 집의 응접실 한쪽면은 금박으로 장식했고 침실벽면은 실크벽지이며 말꼬리로 만든 베개, 금가루가 들어간 베니스산 수정전등 등이 있다. 최근 王씨는 베이징 시내의 식당보다는 윈남(云南), 광동(广东) 등 현지에서 음식을 즐기고 있으며 800만元을 지불하고 자가용 비행기를 주문해 놓고 있다.

외부로 잘 알려지지 않은 억만장자, 이들의 생활은 일반 서민들에겐 그저 '꿈' 같은 이야기로 들릴 뿐이다.

제3장 담보법
(担保法)

이미 세계의 중심적 경제시장으로 부상하고 한국과 가장 큰 교역량을 이루고 있는 거대한 중국 내수시장을 공략하기 위하여 중국에 진출한 우리의 외상투자기업들은 거래처, 대리상, 소비자 등과의 관계에서 자금유통과 상품유통 및 채권확보를 실현하기 위하여 반드시 담보관계법을 익히고 나서 중국시장에 접근하여야만 사업실패를 줄일 수 있다고 사료된다.

중국은 일반 상거래상의 상품과 자금의 유통을 촉진하고 채권의 실현을 보장하기 위하여 「담보법」을 시행하고 있다. 채권자는 매매, 대차, 주문가공, 화물운수 등의 경제활동을 수행 시 담보방식을 통하여 채권을 보장해야 할 경우 이 법의 규정에 따라 담보를 설정할 수 있다.

「담보법」이 정하고 있는 담보방식에는 보증·저당·질권·유치와 보증금이 있다.

1. 보증(保证)

보증은 채무자가 채무를 집행하지 아니할 때 보증인이 채무를 이행하거나 책임을 지기로 한 보증인과 채권자 사이의 약정을 말한다.

(1) 보증인(保证人)

① 보증인의 자격은 다음과 같다.
- 채무를 대신 변제할 수 있는 법인(法人), 기타조직(其他组织) 또는 개인(公民)은 보증인이 될 수 있다.
- 기업법인의 분점(分支机构)과 직능부서(职能部门)는 보증인이 될 수 없다. 단 기업법인의 분점이 본점으로부터 서면으로 권한을 위임받은 경우에는 그 위임받은 범위 내에서 보증을 제공할 수 있다.
- 학교, 유치원, 병원 등 공익을 위한 사업부문이나 사회단체는 보증인이 될 수 없다.

② 하나의 채무에 두개 이상의 보증인이 있는 경우 보증인은 보증계약에서 약정한 분담액(保证份额)에 따라 보증책임을 부담한다. 보증분담액을 약정하지 않았을 경우 보증인은 연대책임(连带责任)을 진다.

(2) 보증계약(保证合同)과 보증방식(保证方式)

1) 보증계약의 내용

보증인과 채권자는 서면형식으로 보증계약을 체결해야 하며, 보증계약의 내용은 다음 내용을 포함해야 한다.

① 보증받은 주채권의 종류와 금액

② 채무자의 채무이행기한
③ 보증의 방식
④ 보증담보의 범위
⑤ 보증의 기간
⑥ 기타 쌍방이 합의한 사항

2) 보증의 방식

보증에는 일반보증(一般保证)과 연대책임보증(连带责任保证)의 두 가지가 있다.

① '일반보증'이라 함은 채무자가 채무를 이행할 수 없을 때 보증인이 책임을 지기로 약정한 보증을 말한다.
② '연대책임보증'이란 보증인과 채무인이 채무에 대하여 연대책임을 지기로 약정한 보증을 말한다.
③ 당사자가 보증방식에 대하여 약정하지 않았거나 약정이 명확하지 않은 경우에는 연대책임보증 방식에 따라 보증책임을 부담한다.

(3) 보증책임(保证责任)

① 보증담보의 범위는 주채권과 이자·위약금·손해배상금 및 채권의 실현비용을 포함한다. 보증계약에서 따로 정한 경우에는 그 약정에 따른다.
② 보증기간에 채권자가 법에 따라 주채권을 제3자에게 양도(转让)한 경우 보증인은 원 보증담보 범위내에서 계속하여 보증책임을 져야 한다. 보증계약에서 따로 약정한 경우에는 그 약정에 따른다.
③ 보증기간중에 채권자와 채무자가 주계약을 변경(变更)하는 경우 보증인의 서면동의(书面同意)를 득해야 한다. 보증인의 동의를 거치지 않은 경우 보증인은 더 이상 보증책임을 부담하지 않는다.

④ 보증인과 채권자가 보증기간을 약정하지 않은 경우 보증기간은 주
채무 이행기한(主債务履行期)이 만료된 날로부터 6개월로 한다.

2. 저당(抵押)

저당이란 채무자 또는 제3자가 저당물에 대한 점유를 이전하지 않고 그
재산을 채권에 대한 담보로 제공하는 것을 말한다.
여기에서 채무자 또는 제3자가 저당자(抵押人)이고 채권자는 저당권자
(抵押权人)가 되며 담보로 제공한 재산은 저당물(抵押物)이 된다.

(1) 저당물(抵押物)

1) 저당가능 재산

다음의 재산은 저당할 수 있다.

① 저당자 소유의 건축물과 기타 지상정착물
② 저당자 소유의 기계장치·차량운반구
③ 저당자가 법적처분권을 갖고 있는 국유의 기계장치·차량운반구
④ 저당자가 법적으로 도급받은 황무지의 토지사용권으로서 소유
자의 동의를 받은 것
⑤ 저당자가 취득한 국유토지상의 건물을 저당하는 경우 그 국유토
지상의 건물 및 국유토지사용권
⑥ 법에 따라 저당할 수 있는 기타 재산

2) 저당불가능 재산

다음의 재산들은 저당할 수 없다.

① 토지소유권
② 집체소유의 토지사용권. 단 상기 저당가능재산의 ④항 및 ⑤항
　　은 제외
③ 학교, 유치원, 병원 등 공익을 위한 사업부문이나 사회단체의
　　시설
④ 소유권·사용권이 불분명하거나 분쟁이 있는 재산
⑤ 법적으로 봉인·차압·감시감독하고 있는 재산
⑥ 기타 법적으로 저당하지 못하는 재산

(2) 저당계약(抵押合同)과 저당물 등록(抵押物登记)

1) 저당계약의 내용

저당계약은 다음의 내용들을 포함해야 한다.

① 담보된 주채권의 종류와 금액
② 채무자의 채무이행기한
③ 저당물의 명칭·수량·상황·소재지·소유권자 또는 사용권자
④ 저당담보의 범위
⑤ 기타 당사자가 약정한 사항

2) 저당물의 등록

저당물 등록을 접수하는 기관들은 다음과 같다.

① 지상건축물이 없는 토지사용권을 저당한 경우
　: 해당 토지사용권의 증명서를 발급한 토지관리기관
② 도시의 부동산 또는 향(진)·촌에 소재한 기업의 공장건물 등
　　건축물을 저당한 경우

: 현급 이상의 지방인민정부에서 지정한 기관

③ 임목을 저당한 경우

: 현급 이상의 임목주관기관

④ 항공기·선박·차량을 저당한 경우

: 운수수단의 등록기관

⑤ 기업의 설비와 기타 동산을 저당한 경우

: 해당 재산소재지의 공상행정관리기관

(3) 저당의 효력(抵押的效力)

① 저당물은 저당등기를 해야 하며 저당계약은 등기일로부터 효력이 발생한다.

② 저당담보의 범위는 주채권 및 이자·위약금·손해배상금과 저당권 실현비용을 포함한다. 저당계약에 별도약정이 있을 경우에는 그 약정에 따른다.

③ 채무이행기간이 만료되었음에도 채무자가 채무를 이행하지 않은 경우 저당물이 법원에 의해 차압되는 날로부터 저당권자는 저당물의 소유 및 사용수익권이 있다.

④ 저당권은 채권과 분리하여 단독으로 양도하거나 기타 채권의 담보로 이용할 수 없다.

⑤ 저당자의 행위가 저당물의 가치를 감소시킬 때 저당권자는 저당자의 행위를 중지하도록 요구하고 가치감소분에 해당하는 담보의 제공을 요구할 수 있다.

⑥ 저당권은 담보된 채권과 동시에 존재하며 채권이 소멸되면 저당권도 동시에 소멸된다.

(4) 저당권의 실현(抵押权的实现)

① 채무이행기간이 만료된 후에도 저당권자가 채권을 변제받지 못한 경우 저당권자는 저당자와 협의하여 저당물을 환가 또는 경매·매각하여 채권을 번제받을 수 있다.

② 동일재산을 둘 이상의 채권자에게 저당한 경우의 저당계약은 저당물 등기의 순서(登记的先后顺序)에 따라 변제한다. 순서가 같을 때에는 채권비율(债权比例)에 따라 변제한다.

③ 황무지의 토지사용권 또는 건축물 점유범위 내의 토지사용권을 저당한 경우, 저당권 실현 후 법적절차에 거쳐야만 토지사용권을 받을 수 있다.

④ 경매로 취득한 국유토지사용권은 대금(출양금)을 지급한 후에 저당권자는 저당권을 갖는다.

3. 질권(质押)

질권이라 함은 채무자 혹은 제3자가 동산(动产)이나 권리(权利)를 채권자에게 인계하여 점유하게 함으로서 채권의 담보로 하는 것을 말한다.

여기에서 채무자 혹은 제3자는 피질권자(出质人)이고 채권자는 질권자(质权人)이며 인계된 동산은 질물(质物)이라 한다.

(1) 동산질권(动产质押)

1) 질권계약의 내용

동산의 질권계약은 다음의 내용을 포함해야 한다.

① 주채권의 종류와 금액
② 채무자의 채무이행기한

③ 질물의 명칭·수량·품질·상황
④ 질권담보의 범위
⑤ 질물 인계시일
⑥ 기타 당사자가 필요하다고 약정한 사항

2) 질물의 보관(保管质物) 및 채권의 변제(清偿债权)

① 담보된 질물의 범위는 주채권 및 이자·위약금·손해배상금·질물보관비용과 질권의 실현비용을 포함한다. 질권계약에 별도 약정이 있을 경우에는 그 약정에 따른다.
② 질권자는 질물을 적절하게 보관할 의무가 있다. 보관을 잘못하여 질물이 소멸되었거나 훼손되었을 경우 질권자는 민사책임을 져야 한다.
③ 질물이 파괴되거나 가치가 현저히 저하되어 질권자의 권리를 손상시킬 가능성이 있을 때에는 질권자는 피질권자에게 상응한 담보를 제공하도록 요구할 수 있다.
④ 채무이행기한이 만료되어 채무자가 채무를 이행하거나 피질권자가 채권을 변제하였을 경우 질권자는 질물을 반환하여야 한다.
⑤ 채무이행기한이 만료되었음에도 질권자가 변제를 받지 못하였을 때에는 피질권자와 협의하여 질물을 환가하거나 법에 따라 경매·매각할 수 있다.

(2) 권리질권(权利质押)

1) 질권의 대상

다음의 권리는 질권을 설정할 수 있다.

① 환어음(汇票), 약속어음(本票), 수표(支票), 채권(债券), 예금증서

(存款单), 창고증권(仓单), 선하증권(提单)
② 법적으로 양도할 수 있는 주식(股份), 증권(股票)
③ 법적으로 양도할 수 있는 상표권, 특허권, 저작권 중의 재산권
④ 기타 법적으로 질권을 설정할 수 있는 권리

2) 질권의 관리와 등록

① 상기 질권의 대상 ①항과 ②항의 증권 인출일자나 양도가 채무
이행기한보다 먼저인 경우, 담보된 채권을 앞당겨 변제하거나
제3자에게 보관하여야 한다.
② 상기 질권의 대상 ②항의 주식을 질권으로 설정한 경우, 증권
등록기구에 질권 등록을 해야 한다.
③ 상기 질권의 대상 ③항의 재산권을 질권으로 설정한 경우, 관리
기관에 질권 등록을 해야 한다.

4. 유치(留置)

유치(留置)라 함은 계약에서 약정한대로 채권자가 채무자의 동산을 점유
하고 채무자가 계약에서 약정한 기간에 채무를 이행하지 않을 경우, 채권자
가 동 재산을 유치할 권리가 있고 동 재산의 환가 또는 경매·매각수입으로
채권을 변제받는 것을 말한다.

① 보관계약(保管合同), 운수계약(运输合同), 가공도급계약(加工承揽
合同)으로 발생한 채권은 채무자가 채무를 이행하지 않을 경우 채권자는 유
치권을 가진다.
② 유치권자는 유치물을 적절히 보관할 의무가 있다. 보관이 불완전하여
유치물이 소멸되거나 훼손되었을 경우 유치권자는 민사책임을 져야한다.
③ 채권자는 채무자의 재산을 유치한 후, 채무자는 채무이행기한을 2개월

이내로 약정해야 한다.

　기한을 약정하지 않은 경우 채권자는 채무자의 재산을 유치한 후 2개월 이상의 기한을 정하여 채무자에게 통지해야 한다.

　④ 유치권은 다음의 원인으로 소멸한다.

　•채권이 소멸된 경우

　•채무자가 별도의 담보를 제공하고 채권자의 동의를 얻은 경우

5. 보증금(定金)

　당사자는 일방이 상대방에게 보증금을 지불하여 채권을 담보하기로 약정할 수 있다. 채무자는 채무를 이행한 후 보증금을 상쇄하거나 회수할 수 있다.

　① 보증금을 지불한 일방이 약정한 채무를 이행하지 않을 경우 보증금 반환을 요구할 권리가 없다.

　보증금을 받은 일방이 약정한 채무를 이행하지 않을 경우 보증금을 배(双倍)로 반환해야 한다.

　② 당사자는 보증금 계약에서 보증금 지불기한을 약정해야 한다.

　보증금 계약은 보증금의 실제 지불일로부터 효력을 발생한다.

　③ 보증금의 금액은 당사자가 약정하나 주계약대상액의 20%를 초과하지 못한다.

[보증기간 만료 후에 채권자가 발송한 최고통지서에 서명한 경우의 효력]

보증책임기간이 경과한 후에 채권자가 보증인에게 '채무자와 보증인은 계속 담보계약 및 계약상의 기타 의무를 이행한다' 라는 내용의 최고통지서를 보내고, 만약 보증인이 서명 또는 날인한 경우 새로운 보증계약이 성립한 것으로 간주되며 보증인은 새로운 보증계약의 약정에 따라 책임을 부담해야 한다.

[지방관리의 구두보증을 믿고 투자실패한 사례]

모 한국건설회사는 요녕성 소도시 지방관리가 보증해준다는 말을 믿고 토지개발 합자사업에 상당한 금액을 투자하였다. 그러나 중국측 파트너는 약속불이행은 물론 한국측 회사가 투자한 돈을 멋대로 다 써버렸다. 추후 중국측 투자자를 상대로 손해배상소송을 제기하였으나 그를 찾을 길조차 없었다. 하는 수 없이 지방관리를 찾아가 보증책임을 요구하였으나 그 관리는 아무런 법적 보증책임이 없다.

[중국내수시 대리점으로부터 대금회수방법]

청도의 C의류제조회사는 중국 현지인과 대리판매권 계약을 하면서 보증인 소유의 건물을 담보로 제공받고 담보등기를 하고서 담보한도 내에서만 제품을 출하하고 있다. 이 회사는 대리점계약 후 5년 이상이 되도록 외상대금 때문에 어려움을 겪어본 적이 없다.

담보 없는 보증, 등기하지 않은 보증은 의미가 없다는 사실을 명심해야 한다.

[중국내수시장 개척]

한국의 D의류업체 사장은 상해를 들러보고 5개월도 안되어 곧장 중국에 진출하여 내수를 시작했다. 한국의 재고를 중국에 가져와 할인판매를 하고 매장의 인테리어도 한국식으로 새로 꾸미고 하면서 재고처분에 전심전력하였다.

진출 초기 매출은 기대이상이었고 영업이익을 한국으로 회수하는 법을 필자에게 상담해왔다.

그러나 점차 사업초기의 고객이 그 회사 브랜드를 무시하기 시작하였고 머지않아 이 업체는 고객들에게 완전히 외면을 당하게 되고 결국 무일푼으로 철수하고 말았다.

필자가 보기에 중국 내수시장은 우리의 살길일 수 있다. 그러나 결코 쉽게 덤벼들었다가는 백전백패한다고 보아도 틀림없다. 중국의 발전속도가 빠르다고 우리도 급히 움직이다가는 일을 그르치기 십상이다.

중국은 재고처리 시장이 절대 아니다. 중국의 저가시장은 이제는 모두 중국에 모두 빼앗겼다고 보아야 한다. 중국의 중·고가 시장에 진입해야 승산이 있다. 중국시장이 성숙하기 전에 부자의 나라 중국의 고급시장을 우리의 것으로 만들어야 한다.

[외상대금 축소방법]

중국 내수시장에서 대리상이나 완판(물건과 대금을 주고받고 반품을 하지 않는 계약)을 통한 영업시 계약분쟁으로 인한 중재문제에까지 가지 않기 위한 확실한 방법은 물품대금을 받기에 앞서 물건을 주지 않는 방법이다.

일반적으로 중국 소상인들의 상거래 습관은 돈을 받기 전에는 물건을 먼저 주지 않는다. 우리도 같은 생각으로 돈을 먼저 받지 않고 주는 물건은 공짜로 주는 것이라고 생각하면 된다. 이것만 잘 지켜도 상거래시 외상대금 문제로 크게 낭패를 겪는 일은 줄어들 것이다.

[계약위반시의 위약금과 예상수익을 변제받을 방법]

Q : 대련개발구에 소재한 A한국외자기업은 B중국기업과 2년간의 원자재 매입계약을 체결하고 계약불이행시의 위약금을 50만元으로 약정하였다.

이후 B가 약정한 기한 내에 원자재를 인도하지 않아서 A는 완제품 납품 계약 상대방에게 45만元의 위약금을 부담하게 되었다. 이에 A는 부득이 B를 상대로 계약불이행 위약금 50만元과 B가 계약이행시 A가 얻을 수 있었던 예상수익 80만元의 배상을 요구하는 소송을 제기하였다.

법원은 B는 A에게 위약금 50만元을 지급하라고 판결하고 예상수익 부분은 기각하였다. 이 경우 예상수익을 변제받을 방법은?

A : ① 당사자의 일방이 계약서상의 의무를 불이행할 경우 계속이행, 구제조치 또는 손실배상 등의 위약책임을 부담해야 한다.

② 이 경우 손실배상액은 위약으로 인해 발생한 손실에 상당해야 하며, 위약측이 계약체결시 예견할 수 있었던 손실액을 초과할 수 없다. 그러므로 예상수익에 대한 변제는 쉽지 않다고 판단되어진다.

또한 불가항력으로 계약을 이행할 수 없을 경우에는 책임의 전부 또는 일부를 면제받을 수 있다. 그러나 불가항력이 발생한 후 즉시 상대방에게 통지해야 한다.

③ 당사자가 약정한 위약금이 발생한 손실보다 과도하게 적거나 높을 경우 당사자는 법원 또는 중재기구에 위약금의 증액 또는 감액을 청구할 수 있다.

④ 계약에 근거한 '위약책임'과 계약에 근거하지 않은 '권리침해책임'이 경합할 경우 당사자는 이 두 가지중 하나를 선택하여 청구권을 행사할 수 있다.

[저당권과 임차권간의 관계]

Q : 위해 문등의 M기업은 이미 저당권이 설정된 건물을 임차하여 사용하던 중에 저당권자의 저당권 실현으로 손실을 입게 되었다. 이의 대책은?

A : "담보법"에 의하면 저당권과 임차권간에는 다음과 같은 두가지 관계가 존재한다.

① 저당권의 성립이 우선하는 경우
 : 임대인이 이미 저당권을 설정한 재산을 임대할 경우 그 임대차계약은 저당권이 실현된 후의 양수인에게 구속력이 없다.

이로 인하여 임차인이 손실을 입었다면 임대차계약 시 임대인이 서면으로 임차인에게 저당권 설정사실을 고지하였다면 임차인이 손실을 부담하고, 임대인이 서면으로 임차인에게 저당권 설정사실을 고지하지 않았다면 임대인이 손해배상책임을 져야한다.

② 임차권의 성립이 우선하는 경우
 : 저당권설정자는 이미 임대한 재산을 저당권 설정할 경우 임차인에게 서면으로 고지하여야 하며 기 임대차계약은 계속 유효하다.

그러므로 이미 임대한 건물에 대하여 저당권을 설정하여도 임차인에게 불리한 영향이 없지만, 이미 저당권을 설정한 건물을 임차할 경우에는 손실발생의 여지가 있으므로 임대차계약을 체결하기 전에 해당 건물의 저당권 설정여부를 반드시 확인하여야 할 것이다.

[질권설정계약의 효력발생시점]

Q : 상해의 S기업은 자사제품의 중국내수를 하기위해 질권으로 중국대리점 소유의 건물을 점유하려한다. 이 경우 질권설정계약의 효력발생시점은?

A : 질권설정계약의 효력발생시점은 질물 또는 권리증서를 질권자에게 이전시켜 질권자가 해당 질물을 점유하는 시점이고, 주식이나 증권 및 지적재산권을 질물로 하는 질권설정계약은 등기일로부터 효력이 발생한다.

[외상대금 반환소송중의 재산은닉에 대한 대책]

Q : K외자기업의 중국내 판매대리점 C는 외상대금의 변제를 계속 미루어 K는 부득이 C와의 거래를 종결하고 C를 상대로 법원에 외상대금 반환소송을 제기하였다. 소송 진행 중에 C는 소유재산을 은닉하려는 의도가 발견되었다. 이 경우 K의 대책은?

A : ① 소송 당사자는 상대방 당사자가 재산을 이전, 은닉, 훼손 또는 기타 행위로 판결을 집행할 수 없거나 집행하기 곤란하다고 판단할 경우 법원에 '재산보전신청'을 할 수 있다. 긴급한 상황일 경우에는 제소 전에도 재산보전 신청을 신청할 수 있다.

② 법원은 재산보전신청 접수 후 통상 48시간 이내에 결정을 내리며, 재산보전조치를 내릴 때 신청인으로 하여금 적당한 담보의 제공을 요구하며 담보 액수는 보전청구금액에 상당한다.

[계약이행보증금(定金)과 계약금(订金)의 차이]

Q : 중국에서 상거래나 민사거래 또는 여행 등의 일상생활에서 동일한 발음(ding jin)의 계약이행보증금(定金)과 계약금(订金)에 대해서 혼돈이 생기는데 그 차이는?

A : ① 계약이행보증금(定金)은 법정 담보방식의 하나로서 계약이행을 확보하기 위해 계약 일방이 상대방에게 일정한 액수를 지불하는 것으로 실제로 지불했을 때부터 효력이 발생한다.

계약금(订金)은 계약을 이행하기 위한 보증금의 성격은 없으며 계약을 약정하는 약정금의 성격을 갖고 있다.

② 계약이행보증금(定金)의 벌칙은 강제적이기 때문에 이 방식으로 담보를 할 경우에는 신중을 기해야한다.

일방이 약정한 채무를 이행하지 않을 경우 보증금(定金)은 반환을 요구할 수 없지만, 계약금(订金)은 반환받을 수 있다.

보증금을 받은 일방이 채무를 이행하지 않을 경우 받은 보증금의 2배로 반환해야 한다.

③ 보증금의 금액은 당사자가 약정하나 일반적으로 주 계약금액의 20%를 초과하지 못한다. 20%를 초과할 경우 그 초과부분은 법원이 인정하지 않는다.

푸얼차(普洱茶) 인기몰이 위해 푸얼시(市)로 개명

한국인에게 '보이차'로 잘 알려진 '푸얼차'의 인기몰이에 힘입어 중국은 2007년 4월 8일부터 푸얼차 생산지인 윈난(云南)성 스마오시(思茅市)의 명칭을 푸얼시(普洱市)로 바꾸었다. 아울러 스마오시 관할의 푸얼현(县)은 '푸얼'이라는 명칭을 상급시에 내주고 닝얼현(宁洱县)으로 변경하였다.

현재 스마오시 인구의 절반 이상이 푸얼차 산업에 종사하고 있으며 푸얼차가 한국, 일본 등에서 각광을 받으면서 이 지역 주민의 소득과 생활수준도 크게 향상되었다. '푸얼시'는 앞으로 푸얼차의 지명도를 높이고 푸얼차 산업의 확대를 위하여 10억위안을 투자하여 푸얼차 박물관 등이 들어서는 '천하 푸얼차국(国)'단지를 건설키로 하였다.

중국에서 '회색수입'이 가장 많은 직종은

중국에서 합법적인 수입은 '백색수입', 불법수입은 '흑색수입', 백색수입과 흑색수입 사이에 있는 세금 없는 애매한 수입은 '회색수입'이라고 부른다. 물론 개혁개방 이전에는 '회색수입'이라는 말이 존재하지 않았다.

그러면 이러한 '회색수입'이 가장 많은 수입은 어떤 직종일까? 중국재정일보의 보도에 의하면 다음의 직종은 리베이트, 돈봉투, 과외와 부업, 폭리 등으로 상당한 금액의 '회색수입'을 올리는 것으로 조사되었다.

1위: 관광가이드

2위: 의료보건종사자

3위: 교육종사자

4위: 장의업

지난 5년간 법 제·개정 해마다 2만여 건
– '관시'보다 준법경영 힘써야

중국이 WTO 가입 이후 2002년부터 2006년까지 5년 동안 각종 법규(法规), 규정(規章 지방정부 차원의 법규), 의견(意见) 및 통지(通知)의 제·개정 건수가 무려 11만여 건에 달한다. 최근 중앙정부 차원의 법률법규 건수는 다소 줄어들고 있지만 지방정부가 발표하는 규정은 크게 증가하는 추세에 있다.

특히 주목할 점은 WTO가입 4차년도인 2005년까지만 해도 시장개방 관련 법률법규가 주류를 이루었으나 2006년 이후에는 세제, 노동, 환경관련 규제성 입법으로 전환하여 중국정책이 기업의 책임과 의무를 강조하는 방향으로 가고 있다.

中国, "우리도 고속철 만들어"

중국이 열차 속도에서 만만디(慢慢地)의 시대와 이별하게 됐다.

중국은 1997년 '티쑤(提速 속도향상)'라는 이름의 제1차 열차속도 업그레이드 사업을 시작하여 시속 200km 넘게 달리는 고속열차 '허시에(和谐)호'를 본격 생산하여 현장에 투입하였다. 허시에(和谐)호의 생산으로 중국은 독일·프랑스·일본에 이어 세계에서 네 번째로 고속열차를 생산하는 국가가 되었다.

허시에(和谐)호가 투입된 구간의 도시 간 열차운행 시간이 크게 줄어들었고 중국 전체의 여객 운송능력은 무려 18%나 증가하게 되며 화물 수송능력도 12% 증가하게 된다.

제4장 어음법
(票据法)

1. 어음 일반(票据一般)

중국은 어음행위를 규범화하고 어음활동에서 당사자의 합법적 권익을 보장하며 경제질서를 수호하기 위하여 「어음법」을 제정하여 실시하고 있다.

한편 중앙은행인 중국인민은행은 2006년 12월 18일부터 베이징, 티엔진, 상하이, 광동, 허베이, 션전의 6개 지역에 어음영상교환시스템(CIS)을 구축하여 이들 지역간 어음통용업무를 실시하기 시작하여 2007년 7월부터는 이를 전국적으로 확대하여 운영하고 있다.

본법에서 어음(票据)이라 함은 환어음(汇票), 약속어음(本票)과 수표(支票)를 지칭한다.

(1) 어음당사자(票据当事人)의 책임(责任)과 권리(权利)

① 어음발행인(票据出票人)은 어음 발행시 어음에 기명날인하고 기재된 사항에 따라 책임을 져야한다.

② 어음소지인(票据持票人)은 어음에 기명날인하여 어음을 제시하고 어음권리를 행사한다. 여기서 어음권리라 함은 지급청구권(付款请求权)과 소구권(追索权)을 포함한 어음채무자에 대한 어음소지인

의 어음금액 지급청구권을 지칭한다.

③ 어음채무자(票据债务人)는 어음에 기명날인한 경우 어음에 기재된 사항에 따라 어음책임을 져야한다. 어음책임이라 함은 어음소지인에게 어음금액을 지급하여야할 어음채무자의 의무를 말한다.

(2) 어음권리의 제한(票据权利的制限)

① 사기·절도·협박 등의 수단으로 취득한 경우나 동 상황이 있음을 알면서 악의로 어음을 취득한 경우에는 어음권리를 향유하지 못한다.

② 중대한 과실로 인하여 어음법 규정에 위배되는 어음을 취득한 경우에도 어음권리를 향유하지 못한다.

③ 어음상의 기재사항은 진실(真实)해야 하며 위조(伪造)나 변조(变造)해서는 안 된다. 어음상의 서명(签章)이나 기타기재사항(其他记载事项)을 위조나 변조한 경우 응당 법률책임을 부담하여야 한다.

④ 어음상의 서명을 위조나 변조한 경우 어음상의 기타 진실한 서명에는 영향이 없다.

⑤ 어음상의 기타기재사항을 변조한 경우 변조 이전의 서명인은 원래의 기재사항에 책임을 부담하며, 변조 이후의 서명인은 변조이후의 기재사항에 책임진다. 어음상의 변조 이전과 이후를 구분할 수 없는 경우에는 변조 이전의 서명과 동일한 것으로 본다.

(3) 어음의 분실(票据丧失)

① 어음을 분실한 자(失票人)는 즉시 어음지급인(付款人)에게 통지하여 지급을 중지하게 할 수 있다. 지급중지 통지를 받은 지급인은 잠정적으로 지급을 중지하여야 한다.

② 어음분실자는 어음 분실통지를 한 후 3일 내에 법원에 공시청구(公示催告)를 하거나 법원에 소송(诉讼)을 제기할 수 있다.

(4) 어음권리기한(票据权利期限)

어음권리를 다음기한 이내에 행사하지 아니할 경우에는 그 권리가 소멸한다.

① 어음발행인과 지급인에 대한 어음소지인의 권리는 어음만기일로부
  터 2년, 일람불(见票即付)의 경우는 어음발행일로부터 2년
② 수표발행인에 대한 소지인의 권리는 수표발행일로부터 6개월
③ 전 소지인에 대한 어음소지인의 소구권(追索权)은 인수거절 또는
  지급거절일로부터 6개월
④ 전 소지인에 대한 어음소지인의 재소구권(再追索权)은 상환일 또는
  기소된 날로부터 3개월

2. 환어음(汇票)

환어음은 발행인이 일정금액 전액을 일람 시(见票时) 혹은 지정한 날짜
(指定日期)에 무조건(无条件) 어음소지인이나 피지급인에게 지급하도록
지급인에게 위탁하는 어음으로서, 은행환어음(银行汇票)과 상업환어음(商
业汇票)이 있다.

'은행환어음' 은 어음발행은행이 지급인이 되어 일람 후 수취인이나 어음
소지인에게 실제 결제금액을 무조건 지급하는 어음으로서, 동일어음교환 이
외지역간의 개인이나 회사의 각종대금 결재에 사용된다.

'상업환어음' 은 발행인이 지급인(인수인)에게 지정일에 확정금액을 수
취인 또는 어음소지인에게 무조건 지급하도록 위탁하는 어음으로서, 기업
및 기타조직간의 실제거래관계나 채권채무관계의 자금결재에 사용된다.

(1) 발행(出票)

발행이라 함은 발행인이 어음에 기명날인하여 피지급인에게 교부하는 어음행위를 말한다.

1) 환어음의 기재사항

다음의 규정사항중 하나라도 누락된 환어음은 무효이다.

> ① "환어음"임을 표시하는 문자
> ② 무조건 지급을 위탁
> ③ 확정금액
> ④ 지급인(付款人)의 명칭
> ⑤ 수취인(收款人 피지급인)의 명칭
> ⑥ 발행일
> ⑦ 발행인의 기명날인

2) 기재사항의 누락

> ① 지급일(付款日期)의 기재가 없는 경우, 일람불(见票即付) 환어음으로 간주한다.
> ② 지급지(付款地)의 기재가 없는 경우, 지급인(付款人)의 사업장·주소 혹은 거주지를 지급지로 간주한다.
> ③ 발행지(出票地)의 기재가 없는 경우, 발행인(出票人)의 사업장·주소 혹은 거주지를 발행지로 간주한다.

3) 지급일(付款日)의 종류

> ① 은행환어음: 일람불(见票即付)
> ② 상업환어음:

- 확정일 출급(定日付款),
- 발행후 정기출급(出票后定期付款),
- 람후 정기출급(见票后定期付款)

(2) 배서(背书)

어음소지인은 어음권리를 타인에게 양도하거나 어음의 일부권리를 타인에게 수권행사하게 할 수 있다. 이 경우 어음소지인은 배서하고 어음을 교부하여야 한다.

배서(背书)라 함은 어음의 뒷면에 관련사항을 기재하고 기명날인하는 어음행위를 말한다.

1) 배서의 형식

① 배서에는 배서인이 기명날인(签章)하고 배서일(背书日期)을 기재하여야 한다.

배서일을 기재하지 아니한 것은 환어음 만기 전의 배서(到期日前背书)로 간주한다.

② 어음증빙에 배서인의 사항을 모두 기재할 수 없을 경우 별지보전(附粘单)에 기재하여 어음증빙에 첨부할 수 있다. 별지보전의 제1기재인은 어음증빙과 별지 보전에 각각 기명날인하여야 한다.

③ 배서에 의하여 양도한 환어음의 배서는 연속(连续)이어야 한다.

배서의 연속(背书连续)이란 환어음 양도과정에서 양도배서인과 피양도배서인의 기명날인이 선후(前后)순서로 이루어지는 것을 말한다.

④ 배서는 무조건(不得条件)으로 하여야 한다. 배서에 조건을 첨가했을 경우에 그 조건은 효력이 없다.

⑤ 은행환어음은 배서양도(背书转让) 시 실제 결재금액이 기재되

지 않거나 발행금액을 초과하면 배서양도가 불가능하다.

2) 배서의 제한과 배서인의 책임

① 배서에 "양도하지 못한다(不得转让)"는 문자의 기재가 있는 환어음의 후소지인이 환어음을 배서에 의하여 양도하였을 경우에는 원배서인은 후소지인의 피배서인에 대하여 보증책임을 부담하지 아니한다.

② 배서에 "위탁수금(委托收款)"이라는 문자의 기재가 있는 환어음의 피배서인은 배서인을 대리하여 어음권리를 행사할 권한이 있다. 그러나 피배서인은 다시 배서에 의하여 어음권리를 양도하지 못한다.

③ 인수거절, 지급거절 혹은 지급제시 기한이 지난 환어음은 배서에 의하여 양도하지 못한다. 이 경우 배서에 의하여 양도하였을 경우에는 배서인이 환어음의 책임을 져야 한다.

④ 배서인은 환어음을 배서에 의하여 양도한 후 환어음소지인에 대한 인수와 지급 담보책임을 부담하여야 한다.

(3) 할인(折扣)

상업환어음의 소지인은 소지한 어음을 금융기관에서 할인할 수 있으며 어음할인 요건은 다음과 같다.

① 은행에 예금계좌를 개설한 기업이나 기타조직이어야 한다.
② 발행인 또는 직전관계자와 실질적인 상품거래가 있어야 한다.
③ 직전관계자와 거래한 상품의 증치세세금계산서와 상품운송서류 복사본을 제공하여야 한다.

(4) 인수(承兌)

인수(承兌)라 함은 환어음 지급인이 어음 만기일에 어음금액의 지급을 약속하는 어음행위를 말하며, 지급인이 환어음을 인수한 후에는 만기에 지급책임을 부담하여야 한다.

1) 인수제시기한(承兌提示期限)

인수제시란 환어음 소지인이 지급인에게 환어음을 제시하고 지급인의 지급약속을 받는 행위를 지칭한다.

규정된 기한 내에 인수제시를 하지 아니한 환어음 소지인은 전소지인에 대한 소구권을 상실한다.

지급일에 따른 인수제시 기한은 다음과 같다.

① 은행환어음: 일람불 환어음은 인수를 위하여 제시할 필요가 없으나 통상 발행일로부터 1개월 이내
② 상업환어음: 만기일 이전(일람후 정기출급의 환어음 소지인은 어음 발행일로부터 1개월 내)

2) 인수의 형식(承兌形式)

① 지급인은 인수제시를 받은 후 어음소지인에게 인수제시 일자를 기재하고 기명날인한 영수증을 작성하여 주어야 한다.
지급인은 인수제시를 받은 날로부터 3일 내에 인수(承兌)하거나 인수거절(承兌拒絕)을 하여야 한다.
② 지급인이 환어음을 인수한 때에는 환어음 앞면에 "인수"라는 문자와 인수일자를 기재하고 기명날인하여야 한다. 일람후 정기출급의 환어음을 인수하는 때에는 지급일자(付款日期)를 기재하

여야 한다.
③ 지급인의 환어음 인수는 무조건(不得条件)이어야 한다. 조건부
인수는 인수거절로 간주한다.

(5) 보증(保证)

환어음의 채무는 보증인이 보증책임을 부담할 수 있다.
보증인은 환어음 채무자가 아닌 타인(他人)이 담당한다.

1) 기재사항

보증인은 환어음 혹은 그 보증서에 다음 사항을 기재하여야 한다.

① "보증"이라는 뜻의 문자
② 보증인의 명칭과 주소
③ 피보증인의 명칭(미기재시 인수한 환어음은 인수인이, 미인수
환어음은 발행인이 피보증인이다)
④ 보증일자(미기재시 발행일이 보증일이다)
⑤ 보증인의 기명날인

2) 보증의 형식(保证形式)과 보증인의 책임(保证人责任)

① 보증은 무조건(无条件)이어야 한다. 보증에 첨부한 조건은 환어
음 보증책임에 영향을 미치지 아니한다.
② 보증인은 환어음을 적법하게 취득한 소지인이 향유하는 환어음
의 권리에 대한 보증책임(保证责任)을 부담한다. 단 기재사항의
결여로 인하여 피보증인의 채무가 무효로 된 경우는 제외한다.
③ 보증인은 피보증인과 함께 어음소지인에 대하여 연대책임(连带
责任)을 부담한다. 또한 보증인이 2명 이상잉 경우에는 보증인

간에 연대책임을 진다.

(6) 지급(付款)

1) 지급제시기한(付款提示期限)

어음소지인(또는 위탁수금은행이나 어음교환소)은 다음 기한 내에 지급을 위한 제시를 하여야 한다.

① 은행환어음(일람불 환어음) : 발행일로부터 1개월 이내
② 상업환어음(확정일 출급, 발행후 정기출급, 일람후 정기출급 환어음) : 만기일로부터 10일 이내

어음소지인이 상기의 기한 내에 지급제시를 하지 아니한 경우, 그 사유를 규명한 때에는 인수인 혹은 지급인은 계속 어음소지인에 대한 지급의무를 부담한다.

2) 지급절차(付款程序)

① 어음소지인(持票人)이 지급제시기한 내에 지급제시를 한 경우 지급인(付款人)은 당일로 전액 지불하여야 한다.
② 지급을 받은 소지인은 환어음에 수금사인(签收)을 하고 환어음을 지급인에게 돌려주어야 한다.
③ 어음소지인의 위탁수금은행은 어음의 기재사항에 따라 어음금액을 소지인의 구좌에 입금(转入)시킨다.

3) 지급인의 책임(付款人责任)

① 지급인이나 그 대리지급인이 어음금액을 지급할 때에는 배서의 연속, 지급제시인의 합법적 신원증명 및 유효한 증명서류를 심

사(審査)하여야 한다.

지급인이나 그 대리지급인이 악의(恶意) 혹은 중대한 과실(重大过失)로 지급하였을 경우에는 그 책임을 부담하여야 한다.

② 확정일 출급, 발행후 정기출급 혹은 일람후 정기출급 환어음의 소지인이 기한 전에 지급했을 경우에는 지급인이 그로 인하여 발생하는 책임을 부담하여야 한다.

③ 지급인이 법에 따라 전액 지급한 후에는 전체 환어음채무자의 의무가 해제(责任解除)된다.

(7) 소구권(追索权)

1) 소구사유

환어음이 만기에 지급되지 아니하는 때에는 소지인은 배서인, 발행인 및 기타 채무자에 대하여 소구권을 행사할 수 있다.

환어음 만기 전에 다음의 사유가 발생한 경우 소지인은 소구권을 행사할 수 있다.

① 환어음의 인수의 거절이 있은 경우

② 인수인 혹은 지급인이 사망하거나 도주한 경우

③ 인수인 혹은 지급인이 파산선고를 받았거나 위법행위로 인하여 업무활동 중지령을 받은 경우

2) 거절증서(拒绝证明)

① 어음소지인이 소구권을 행사할 때에는 인수거절증서(拒绝承兑证明) 혹은 지급거절증서(拒绝付款证明)를 제시하여야 한다.

인수인 또는 지급인은 어음소지인의 인수제시나 지급제시를 거절할 경우 반드시 거절증서(拒绝证明)나 어음반환 이유서(退票理由书)를 제시하여야 한다.

② 인수인 또는 지급인의 사망, 도주, 법원의 파산선고, 위법행위로
  인하여 영업활동 중지 및 기타 원인으로 인하여 소지인이 거절
  증서를 취득하지 못할 경우 법에 따라 기타 증명서(其他有关证
  明)를 취득할 수 있다.
③ 어음소지인이 거절증서나 어음반환 이유서 또는 기타 적법한
  증명서류를 제공하지 못할 경우, 전 소지인에 대한 소구권을 상
  실한다. 그러나 인수인 또는 지급인은 계속 소지인에 대한 의무
  를 부담한다.

3) 거절의 통지(拒绝通知)

① 어음소지인은 거절증서를 받은 날로부터 3일 내에 거절된 사유
  를 전 소지인에게 서면통지(书面通知)하고, 전 소지인은 통지
  를 받은 날로부터 3일 내에 또 그 전 소지인에게 서면통지하여
  야 한다. 어음소지인은 각 채무자에게 동시에 서면통지를 할 수
  도 있다.
② 어음소지인이 규정기한 내에 통지하지 아니하였을 경우에도 소
  구권을 행사할 수 있다. 그러나 통지지연으로 인하여 전 소지인
  이나 발행인이 손실을 입었을 경우에는 통지하지 아니한 어음당
  사자가 그 손실의 배상책임을 진다.

4) 당사자의 책임(当事人责任)

① 어음의 발행인, 배서인, 인수인, 보증인은 어음소지인에 대하여
  연대책임(连带责任)을 진다.
② 어음소지인이 발행인인 경우 그 전 소지인에 대한 소구권이 없다.
  어음소지인이 배서인인 경우에도 그 후 소지인에 대한 소구권
  이 없다.
③ 어음소지인은 소구권을 행사할 때 피소구인에게 다음의 금액과

비용의 지급을 청구할 수 있다.

- 지급거절된 어음의 금액
- 만기일 혹은 지급제시일로부터 변상일까지 인민은행이 정한 이자율에 따라 계산한 어음금액의 이자
- 관련 거절증서 취득 및 통지서 발송비용

3. 약속어음(本票)

약속어음은 발행인이 일람후 확정된 금액을 수취인(피지급인) 혹은 어음소지인에게 지급하기로 약속하고 발행하는 어음이다. 여기서 말하는 약속어음은 은행약속어음(银行本票)을 말한다.

(1) 약속어음의 기재사항

다음 기재사항중 하나라도 누락한 약속어음은 무효이다.

① "약속어음"임을 표시하는 문자
② 무조건 지불의 약속
③ 일정한 금액의 표시
④ 수취인(피지급인)의 명칭
⑤ 발행일
⑥ 발행인의 기명날인

(2) 기재사항의 누락

약속어음에는 지급지, 발행지 등의 사항을 명확히 기재하여야 한다.

① 지급지(付款地)의 기재가 없는 경우, 발행인(出票人)의 영업장소

를 지급지로 본다.

② 발행지(出票地)의 기재가 없는 경우, 발행인(出票人)의 영업장소
를 발행지로 본다.

(3) 지급일

① 약속어음의 발행인은 어음소지인이 일람을 위하여 제시한 경우 지
급의무를 부담한다.

② 약속어음의 소지인이 규정된 기한 내에 일람을 위한 어음제시를
하지 아니한 경우 발행인 이외의 전 소구권을 상실한다.

③ 약속어음의 만기는 발행일로부터 2개월을 넘지 못한다.

(4) 약속어음의 사용

① 약속어음은 기업이나 개인이 동일 어음교환지역에서 각종 경비 지
급 시 사용가능하다.

② 부정액어음과 정액어음의 2종류가 있으며, 한국의 자기앞수표처럼
사용되고 있다.

③ 자금이체가 가능하고 현금(現金)이라고 적힌 약속어음(本票)은 현
금인출도 가능하다.

(5) 환어음 규정 준용

약속어음의 배서·보증·지급·소구권 행사는 환어음 관련 규정을 준용한
다. 약속어음 발행행위도 상기 규정 이외에는 환어음 관련 규정을 준용한다.

4. 수표(支票)

　수표는 발행인이 예금업무를 취급하는 은행에 위탁하여 수표 일람 후(见票时) 일정한 금액을 무조건(无条件) 피지급인이나 수표 소지인에게 지급하도록 하는 어음으로서, 현금인출에만 사용하는 현금수표(現金支票)와 자금이체에만 사용가능한 전장수표(转帐支票)가 있다.

(1) 당좌예금계좌(支票存款帳户) 개설

① 수표를 발행하기 위해서는 은행에 당좌예금을 개설하고 일정한 자금을 예금하여야 하며 신뢰할만한 신용이 있어야한다.
② 당좌예금 개설 시 신청인은 자기의 실명을 사용하고 서명견본(签名式样)과 인감(印鉴)을 신고하고 보존하여야 한다.
③ 수표에 의하여 현금인출(取現金)을 할 수 있고 당좌입금(转帐)도 할 수 있다. 당좌입금을 위한 수표는 앞면에 당좌입금수표임을 밝혀야 한다. 당좌입금수표는 당좌입금 이외의 현금인출은 하지 못한다.

(2) 기재사항

다음 기재사항 중에서 하나라도 미기재 시 수표는 무효이다.

① "수표"임을 표시하는 문자
② 무조건 지불의 위탁
③ 일정한 금액
④ 지급인의 명칭
⑤ 발행일
⑥ 발행인의 기명날인

(3) 기재사항의 누락

① 피지급인(付款人)의 명칭이 없는 경우, 발행인의 위임하에 보충(补记)할 수 있다.
② 지급지(付款地)의 기재가 없는 경우, 지급인(付款人)의 영업장소를 지급지로 본다.
③ 발행지(出票地)의 기재가 없는 경우, 발행인(出票人)의 영업장소, 주소, 또는 일상 거주지를 발행지로 본다.

(4) 수표의 사용

① 수표는 동일 어음교환지역 내에서 각종 대금결재에 사용가능하다.
② 수표소지인은 발행일로부터 10일 이내에 지급제시(提示付款)하여야 한다. 다만 어음교환지역 외의 지급제시기한은 별도로 규정하고 있다.
③ 당좌차월 수표의 작성과 발행은 금지하고 있다.

(5) 지급일과 발행인의 책임

① 수표의 지급일은 일람불(见票即付)에 한한다. 다른 지급일을 기재한 것을 그 기재를 무효로 한다.
② 수표 소지인은 발행일로부터 10일 내에 지급제시를 하여야 한다.
③ 발행인은 발행한 수표의 금액을 수표 소지인에게 지급할 보증책임(保证责任)을 부담한다.

(6) 환어음 규정 준용

수표의 배서, 지급행위와 소구권의 행사는 환어음의 관련 규정을 준용하며 수표의 발행행위도 상기 규정 이외에는 환어음의 관련 규정을 준용한다.

5. 어음의 법률책임

다음의 어음 사기행위 중 하나에 해당할 경우에는 법에 따라 형사책임을 추궁한다. 다만 사항이 경미하고 범죄를 구성하지 아니하는 때에는 행정처벌을 부과한다.

① 어음을 위조·변조한 경우
② 고의로 위조·변조한 어음을 사용하는 경우
③ 공수표를 발행하거나 고의로 신고한 실명 서명견본 또는 인감과 일치하지 아니하는 수표를 작성 발행하여 재물을 사취하는 경우
④ 자금잔액이 없는 환어음·약속어음을 작성 발행하여 자금을 사취하는 경우
⑤ 환어음·약속어음의 발행인이 어음 발행시 허위기재하여 재물을 사취하는 경우
⑥ 타인의 어음으로 사기하거나 고의로 시효소멸 어음 혹은 폐기된 어음을 사용하여 재물을 사취하는 경우
⑦ 지급인이 발행인·소지인과 악의로 결탁하여 상기 ①~⑥호에 열거한 행위 중 하나가 있는 경우

6. 국내신용장(国内信用证)

중국의 국내신용장은 한국의 수출을 전제로 한 내국신용장과 달리 수출과는 상관없이 외상투자기업을 포함한 중국 국내기업간의 인민폐 결제를 전제로 상품거래를 위해서 신용장 방식을 이용한 것이다.

(1) 국내신용장의 특징

① 국내신용장은 취소(撤消)나 양도(转让)가 불가능하다.

② 국내신용장은 대체결산(转帐结算)에만 사용되고 현금인출을 할 수
없다.

③ 국내신용장은 인민폐(人民币) 결제에만 사용되고 진실한 상품거래
가 있어야한다.

④ 국내신용장은 각 유관 당사자의 거래 증빙서류(单据)이지, 상품이
나 노무의 증빙서류는 아니다.

(2) 국내신용장 개설신청

1) 개설절차

① 국내신용장 개설신청인은 구좌가 개설된 거래은행에 신용장 개
설을 위탁한다.

② 국내신용장 개설신청 시 관련 물품매매계약서, 신용장개설신청
서 및 개설승낙서를 제출하며 승낙서의 날인은 구좌개설시 은행
에 신고한 날인과 일치하여야 한다.

③ 국내신용장 개설은 우편 또는 전신에 의한 방식을 이용하며 우
편신용장은 개설은행이 신용장 전용인감을 날인하고 취급자가
날인하여 암호를 입력한 후 통지은행(신용장 개설은행의 위탁
을 받아서 수익자에게 신용장을 통지하는 은행)에 송부한다. 전
신신용장은 개설은행이 암호를 입력한 후 전신방식으로 통지은
행에 송부한다.

2) 개설보증금

① 개설신청인은 신용장 개설금액의 20% 이상의 개설보증금을 선
납하여야 한다.

② 개설은행은 신청인의 자산상황에 따라 저당, 질권, 기타 금융기
관의 보증서를 요구할 수 있다.

③ 개설은행은 신청인 구좌의 자금부족을 이유로 수익자에게 대금
　지급을 거절하지 못하며, 일단 대금지급이 완료된 이후에는 수
　익자 앞으로 대금상환 청구를 할 수 없다.

(2) 국내신용장의 내용

① 신용장 개설은행의 명칭과 주소, 개설은행의 "보증"문구
② 신용장개설일, 신용장번호, "취소불능·양도불능"의 문구
③ 신용장 개설신청인의 명칭과 주소
④ 수익자(일반적으로 물품매매계약서상의 공급자)의 명칭 및 주소
⑤ 통지은행의 명칭
⑥ 신용장의 유효기한(최장 6개월)
⑦ 화물의 명세, 화물운송서류 제출일
⑧ 대금과 대금 지불방식(일람불, 일람후지급 또는 매입연불지급)
⑨ 운송조항
⑩ 기타 상업송장, 보험관련 사항

[어음, 수표 발행 시 기표상 주의점]

Q : 중국에서 어음이나 수표를 발행할 경우 기입에 있어서 주의할 점은?

A : 중국에서 발행하거나 수취한 어음이나 수표가 다음 규정에 맞지 않을 경우 은행은 지급을 거절하고 한편으로는 발생한 손실의 책임문제가 제기되므로 주의를 요한다.

① 문자금액은 해서나 행서(또는 번자체)로 쓰며, 문자금액란에 사전에 숫자나 단위를 인쇄하면 안된다.

② 숫자금액 앞에 반드시 '인민폐'라고 적고, 뒤에는 여백을 두지 않고 연이어서 정확하게 숫자를 기입한다.

③ 금액이 元단위로 끝나면 금액 뒤에 '整'(또는 正)이라고 쓰고, 角단위나 分단위로 끝나면 금액 뒤에 '整'(또는 正)을 쓰지 않는다.

④ 아라비아 숫자 중간의 '0'은 '零'으로 표기하고, 아라비아 숫자 중간의 연속된 '0'은 '零'을 한번만 쓴다.

　또한 角단위는 '0'이고 分단위가 '0'이 아니면 元단위 뒤에 '零'으로 표기한다.

⑤ 어음발행일은 반드시 문자로 기입해야 하고, 변조를 방지하기 위해서 月이 壹, 貳, 參, 또는 日이 壹拾, 貳拾, 參拾일 경우 그 숫자 앞에 '零'을 표기한다.

[중국에서 어음거래의 안전성]

Q : 청도의 F가구제조회사에 어느 날 천진에 소재한 중국 가구판매회사로부터 가구 납품주문을 받았다. 대금결재는 계약금 20%에 제품인도 시 은행발행의 만기45일의 환어음(汇票)을 주겠다는 것이다. 이 경우 채권확보 측면에서 환어음의 안전성을 믿을 수 있는지?

A : 일반 상거래에서 채권확보를 위해서는 보증이나 담보제공의 방법을 많이 이용하나, 채무자가 발행인인 상업 환어음보다 은행이 발행인인 은행 환어음은 은행이 일정기간 후에 지불을 보증한 것이므로 안심할 수 있다. 단 상업 환어음은 오랜 신뢰관계가 형성되지 않으면 거래하기에 부담스럽다고 볼 수 있다.

[매출채권의 안전성 확보방법]

산동에서 제지공장을 운영중인 P회사는 중국대리점에 납품시 외상매출금 문제를 해결하기위해 대리점에 대해 신용한도를 설정하고 신용한도 초과분에 대해서는 일정금액까지는 은행환어음을, 그 이상의 초과금액에 대해서는 철저히 현금 결재하는 방식을 채택하여 매출채권의 안전성을 확보하고 있다.

[구입 원자재 대금으로 발행한 상업환어음 인수거부의 가능여부]

Q : A외자기업은 B중국기업으로부터 원자재를 구입하고서 B기업을 수취인으로 하는 상업환어음을 발행하였다. B기업이 은행에서 어음을 할인한 후 A기업은 B기업이 납품한 원자재의 하자를 발견하고서 B기업에 동 사실을 통지하였다. 이 경우 A기업은 발행한 상업환어음의 인수를 거부할 수 있는지?

A : ① 어음채무자는 자신과 어음취득자간의 항변사유를 이유로 정당한 어음소지자에게 지급의무를 거절할 수 없다. A기업은 환어음을 발행하고 인수하였으므로 어음채무자가 되어 어음소지자에게 어음금액을 지불할 의무가 있다. 은행은 B기업에 어음을 할인해준 후 어음의 합법적 소지인이 되었으므로 A기업에게 지급을 요구할 수 있다.

② 어음관계는 물품매매계약과 독립적인 법률관계를 형성한다. 즉 매매계약의 이행 여부는 어음관계 자체에 영향을 미치지 않으므로 당사자는 어음으로 인한 행위에 대해 대항력을 갖지 못한다. 그러므로 A기업은 원자재 품질문제에 있어서 B기업과 별도의 협상과 소송이 필요하다.

[어음의 무효]

Q : 광주에 진출한 C외자기업은 중국기업에게 제품을 판매하고 상업환어음을 수취한 후 은행에서 어음할인을 하려다 어음금액이 중문과 아라비아숫자가 틀리다며 어음이 무효임을 통보받고 소송을 준비중이다. 발행어음이 무효인 경우 관할 법원은?

A : ① 어음이 무효인 경우는
- 어음의 필수적 기재사항이 미기재된 경우
- 어음금액, 발행일, 수취인의 명칭이 변경된 경우
- 어음상 중문과 아라비아숫자가 상호 불일치하는 경우 등이다.

　② 어음관련 권리분쟁은 어음 지급지역 혹은 피고 주소지 관할 법원이 관할한다.

[계약서의 공증]

Q : 중국의 판매회사와 대리점 계약을 체결하고 계약서의 공증을 받으려한다. 공증서의 내용이 중국의 관련법규와 어긋나도 공증을 받을 수 있는지? 그리고 공증의 관할권은?

A : ① 공증서란 당사자간에 작성한 계약서의 법적 부합여부를 증명하는 것이기 때문에 계약서의 내용이 중국의 관련법규에 어긋나는 내용이 있을 경우에는 공증을 받을 수 없다.

② 공증계약은 당사자 주소지, 법률행위지 또는 사실발생지 공증처의 관할을 받는다.

[국내신용장의 이용]

Q : 중국에 일반적으로 상거래에서 이용하는 국내신용장을 외상투자기업이 이용시 그 효과는?

A : 중국내수 시장에 진출한 기업이 국내신용장을 이용시 대금회수가 보장되어 외상대금의 미회수로 인한 어려움을 덜 수 있으며, 어음거래시의 부도로 인한 위험을 해소할 수 있다. 그러나 수출입신용장과 비슷한 수준의 수수료로 인한 추가경비가 소요된다.

[중국내수시장 개척의 성공사례]

Q : 중국내수시장 개척에 성공한 사례가 있다면?

사례 1) 청도에 소재한 C의류제조업체는 여러 브랜드를 가지고 빠른 속도로 발전하면서 중국의 고가 소비시장을 공략하고 있다.

이 회사의 중요 영업전략은 중국 대도시의 대형 백화점에만 입점하는 것이다 .우선 중국의 대형 백화점을 먼저 공략하여 브랜드 이미지를 높힌 후 필요에 따라 단독매장을 내는 것이다. 실제로 재고의류 처리를 위하여 입점한 고급 백화점 인근에 단독 할인매장을 개장해보았으나 결과는 실패였다. 왜냐하면 같은 회사의 같은 제품임에도 소비자의 외면을 받은 이유는 '짝퉁(가짜품)'에 대한 중국 소비자의 마음속에는 깊은 불신이 갈려있기 때문이었다.

사례 2) 한편 중국 전역의 중소규모 한국기업체와 연계하여 상대방의 제품을 현지에서 대리판매하고 있는 기업체들도 있다. 즉 타회사 제품을 자기회사 거주지역에서 대리판매하는 대신 자기회사의 제품도 타지역에서 대리판매가 가능해 상호간 시장개척에 도움을 주고 있다. 설립된 지 10여년이 되는 이 조직은 중국 30여개의 도시에 60여 회원사를 두고 있으며 자체 홈페이지를 통하여 활발한 교류를 하고 있다.

사례 **3)** 청도의 T 유산균음료회사는 확고한 기술력, 이색적인 판매시스템, 공익사업을 통한 이미지 수립으로 중국 진출 한국기업의 성공모델로 자리매김하고 있다.

동사는 확고한 기술우위를 바탕으로 통일된 연두색 유니폼을 입은 대량의 영업사원(康使 '건강을 전하는 천사'라는 의미)이 매일 자사의 제품을 직접 고객에게 전달하며 판매망을 넓히고 있다. 또한 동사는 회사 이익금의 1%를 불우이웃돕기를 비롯한 사회공익사업에 환원하면서 상도(商道)를 지키고 있다.

동사의 내수시장 공략의 성공은 중국 각지로 영향력이 파급되어 청도에 이어 상하이, 선양에 공장을 세우고 있으며 중국 전역에 판매망을 구축하고 있다.

톈진공안(天津公安), 한국기업 도난용의자 공개심판

한국기업들을 상대로 기승을 부리고 있는 도난사건에 대하여 중국 공안(公安 경찰)이 용의자에 대하여 공개심판을 실시하였다.

톈진시(天津)에서 발생한 한국기업 이런텍전자와 JMC전자의 부품도난사건에 연루된 용의자로 검거된 중국인 11명에 대한 공개심판이 2008년 2월 초 한국기업 건물 앞에서 한국기업 대표, 한국 직원 및 톈진 시민들이 지켜보는 가운데 30여 분간 진행됐다.

이 공개심판에 대하여 톈진공안은 "이 같은 공개심판은 도난사건에 대한 경각 심을 불러일으키고 전 사회적으로 범죄에 대한 경종을 울리는 계기로 삼기 위해 마련했다"고 전했다.

중국 현지에서 보면 한국기업의 내부관리와 경비, 방범설비 등이 소홀한 점을 이용하여 도난사건이 늘고 있으므로 관리자들이 방범의식을 강화하고 자재와 창 고관리 차원에서 감시카메라나 경보기 등의 시설물 설치가 절실히 요구되고 있다.

중국, '외국인 장기이식' 전면금지

해마다 한국 환자들이 중국에 관광비자로 중국에 입국하여 비공식적으로 장기 이식 수술을 받아왔으나 앞으로는 외국인이 중국에서 장기이식 수술을 받는 것이 사실상 불가능해졌다.

중국 위생부는 '외국인의 장기이식 수술에 관한 통지'를 통해 외국인이 중국에 서 장기이식 수술을 하고자 할 경우 해당 의료기관은 반드시 위생당국의 허가를 받아야 하며, 만일 허가없이 불법으로 장기이식 수술을 한 의료기관에 대해서는 장기이식 진료허가를 취소하기로 했다. 중국에서는 해마다 150만명이 장기이식 을 필요로 하지만 장기이식을 받는 사람은 1만명 정도에 불과하고 상당부분의 장기는 많은 돈을 치르는 외국인에게 시술되는 것으로 알려졌다.

'배꼽잡는' 중국의 짝퉁 브랜드

중국에서도 짝퉁에 대해 좋지 않은 시선이 많아지는 등 소비문화가 점차 성숙되고 있기는 하나 아직도 버젓이 짝퉁제품이 시중에 팔리고 있다.

그 대표적인 사례는 다음과 같다.

☞ SONY(소니)배터리 → SQNY배터리; 브랜드명의 영문 알파벳 O를 Q로 바꾼 사례
☞ 三菱(미쓰비시)전기 → 四菱전기; 이같이 한자를 변경하는 사례는 흔하게 볼 수 있다.
☞ COCA COLA → CACA CALA; 영문 알파벳 O를 A로 표기하여 얼핏 들으면 발음이 비슷하다.
☞ 사이다 雪碧 → 碧液; 어짜피 碧로 표시된 제품이라는 의미를 준다.
☞ 음료수 QOO → QUU; 영문 알파벳 O를 U로 바꾸어 발음이 비슷하게 만든 짝퉁

맹자 탄생일은 '중국 어머니의 날'

중국 당국은 맹자 탄생일인 5월 18일을 중국 고유의 어머니날로 제정했다. 맹자를 가르치기 위해 세 번 이사했다는 '맹모삼천(孟母三迁), 아들이 학업을 중단하고 돌아오자 짜던 베를 잘라 훈계한 '맹모단기(孟母断机)'의 고사가 전해질 정도로 맹자 어머니는 현모의 본보기로 여겨지고 있기 때문이다. 이는 2006년 11월 이한추(李汉秋) 전국정치협상회의위원이 '1자녀 정책 때문에 대부분이 독자인 중국 청소년에게 효(孝)사상을 높이고, 젊은 부모에게 자식에 대한 책임감을 높이자'며 중국 고유의 어머니날을 만들자는 안건을 제안하면서 전국적인 관심이 쏠리기 시작하면서 얻은 결실이다.

중국 서부도시들 "우리 목표는 상하이"

지난 2000년, 장쩌민(江澤民) 공산당 총서기와 주룽지(朱溶基) 국무원 총리는 "2050년까지 가장 낙후된 서부지방을 가장 잘사는 동부 연안지역과 같은 생활수준으로 만들어 주겠다"는 약속을 했다.

이러써 탄생한 프로젝트가 '서부대개발'

그 중심은 중국 서부의 대도시 충칭(重庆)과 삼국시대 유비가 다스렸던 촉나라 땅 쓰촨성(四川)의 성도 청두(成都)다. 서부대개발 프로젝트가 시작된 이후 이 두 지역의 연평균경제성장률은 11~13%에 달한다. 중국정부가 경제특구로 지정한 충칭과 쓰촨성에는 불과 6년 만에 총연장 11만5,000km에 달하는 거미줄 같은 도로망과 1,789km의 고속도로, 2967km에 달하는 철도가 건설됐다.

☞ 충칭(重庆)

; 2011년이면 컨테이너 100만TEU를 처리할 수 있는 항구가 건설된다. 또한 중국의 자동차기지로 탈바꿈한 이곳은 포드, 마즈다, 스즈키 등 20여개 완성차 제조업체와 500여 자동차부품회사가 있으며 2010년에는 100만대의 자동차 생산량을 바라보고 있다.

☞ 청두(成都)

; 서부의 IT(정보기술) 허브로 자리잡은 청두는 모토로라, 인텔 등 세계 500대 기업 중 108개 기업이 이곳에 진출해 있다.

제5장 증권법
(证券法)

중국은

1998년 12월 29일 「중국증권법」을 제정하여 1999년 7월 1일부터 시행해 오다가, 2005년 10월 27일 투자자권익의 보호와 증권 감독관리의 조치와 수단을 강화하는 취지하에 내용을 대폭 보완 개정하여 2006년 1월 1일부터 시행하고 있다.

중국내에서의 주식(股票)과 회사채(公司债券) 및 국무원이 인증한 기타 증권의 발행과 거래는 이 법을 적용한다. 이 법에서 규정하지 아니한 사항은 「중국회사법」과 기타법률·행정법규의 규정을 적용한다.

증권발행과 거래활동은 법률·행정법규를 준수해야 하며 사기, 내부자거래 또는 증권거래시장 조종행위를 금지한다.

일찍이 중국에 진출하여 이익을 회수하고자 하는 여러 외상투자기업들이 "중국 증시 상장을 통한 투자회수"에 관하여 문의가 빈번 하였고 또한 앞으로도 많은 외상투자기업들의 관심과 응용이 많을 것으로 생각되어 「중국증권법」을 설명한다. 참고로 외상투자기업의 증권거래를 중심으로 설명하였으므로 증권거래소, 증권회사, 증권등록결제기구, 증권업협회 및 증권감독관리기구 등에 관한 설명은 생략한다.

1. 증권발행(证券发行)

증권을 불특정다수를 대상(不特定对象)으로 공개발행하거나 2백명을 초과하는 특정다수를 대상(特定对象)으로 공개발행할 경우 규정 조건에 부합해야 하는 동시에 국무원 증권감독관리기구 또는 국무원 수권부서에 보고하여 심사 비준을 받아야 한다.

심사비준은 증권발행 신청서류를 접수한 날로부터 3개월 이내에 결정한다.

(1) 주식발행(股票发行)

1) 설립 주식유한회사의 주식 공개발행

신규로 설립하는 주식유한회사(设立股份有限公司)가 주식을 공개발행하는 경우 「중국회사법」규정의 조건과 국무원 증권감독관리기구에서 규정한 조건에 부합하여야 하며 국무원 증권감독관리기구에 다음의 서류를 제출하여야 한다.

① 회사 정관
② 발기인 합의서
③ 발기인의 성명 또는 명칭, 발기인이 인수하는 주식수, 출자종류 및 납입자본증명
④ 주식모집설명서
⑤ 주금납입은행의 명칭과 주소
⑥ 증권의 수탁매출기구 명칭과 관련 협약서

2) 기존 주식유한회사의 신주 공개발행

신주를 공개발행 하고자하는 기존의 주식유한회사는 건전한 조직구조를 구비하고 재무상황이 양호하여야하며 최근 3년간 회계서류의 허위기재나 중대한 위법행위가 없는 경우, 국무원 증권감독관리기구에 신주모집 신청과 함께 다음서류를 제출하여야 한다.

① 영업집조
② 회사 정관
③ 주주총회 결의서
④ 주식모집설명서
⑤ 재무회계보고서
⑥ 주금납입은행의 명칭과 주소
⑦ 증권의 수탁매출기구 명칭과 관련 협약서

(2) 회사채발행(债券发行)

1) 회사채발행의 조건

① 주식유한회사(股份有限公司)는 순자산(净资产)이 3천만元 이상, 유한책임회사(有限责任公司)는 순자산이 6천만元 이상이어야 한다.
② 회사채잔액(债券余额)이 회사 순자산의 40% 미만이어야 한다.
③ 최근 3년간 평균 분배 가능한 이윤(可分配利润)이 사채의 1년간 이자를 지불할 수 있어야한다.
④ 회사채발행으로 형성된 자금은 국가산업정책에 부합하게 사용되어야 한다.
⑤ 회사채이자는 국무원이 한정한 이자율 수준을 초과해서는 안된다.
⑥ 기타 국무원에서 규정한 조건

2) 제출서류

① 영업집조
② 회사 정관
③ 회사채모집방법
④ 자산평가보고서와 자본금납입검사서
⑤ 증권감독관리기구에서 규정한 기타서류

(3) 증권의 수탁매출(证券承销)

1) 수탁매출의 방법

① 증권회사는 증권을 공개 발행하는 회사의 증권을 수탁매출 해야
한다. 증권의 수탁매출은 '대리판매'나 '인수판매' 방식을 택한다.
  • '증권의 대리판매(券证代销)'란 증권회사가 발행인을 대리하
  여 증권을 발행하여 매출하고 매출기간 경과 후 매출되지 아니
  한 증권은 위탁회사에게 전부 반환(全部退还)하는 방식이다.
  • '증권의 인수판매(包券证销)'란 증권회사가 위탁회사의 증권
  을 전부 구입하거나 수탁판매기간 만료 시 나머지 증권을 전부
  매수(全部自行购入)하는 수탁판매 방식이다.
② 공개발행하는 증권의 총액면가치가 5,000만元을 초과할 경우에
는 주 수탁매출 증권회사와 수탁매출에 참여하는 증권회사로 구
성되는 수탁매출그룹(承销团)이 수탁판매해야 한다.

2) 수탁매출계약 내용

증권회사가 증권을 수탁매출할 경우에는 위탁회사와 위수탁 판매계약을
체결하고 다음 사항을 명기하여야 한다.

① 당사자의 명칭·주소 및 법정대표자의 명칭

② 대리·인수판매 증권의 종류·수량·금액 및 발행가격

③ 대리·인수판매기간(90일 이내)

④ 대리·인수판매의 대금지급방식 및 일자

⑤ 대리·인수판매비용과 결재방법

⑥ 위약책임

⑦ 국무원 증권감독관리기구가 규정한 기타사항

2. 증권거래(证券交易)

(1) 일반규정(一般規定)

① 법에 따라 공개 발행하는 주식, 사채 및 기타채권은 증권거래소에
서 거래하거나 국무원에서 비준한 기타 증권거래장소에서 양도하
여야 한다.

② 증권을 증권거래소에 상장하여 거래할 경우 공개적인 집중 거래방
식 또는 국무원 증권감독관리기구에서 비준한 기타방식을 취해야
한다.

③ 증권거래소·증권회사·증권감독관리기구의 직원, 법률·행정법
규에서 주식거레를 금지하는 기타직원은 임기 또는 법정기한 내에
직접적이거나 가·차명의 명의로 주식을 소지하거나 매매하지 못
하며 타인으로부터 증여도 받을 수 없다.

④ 상장회사의 이사·감사·고급관리직원 또는 상장된 동일회사의 주
식 5% 이상을 소지한 주주가 당해 회사의 주식을 매입한 후 6개월
내에 매각하거나 매각 후 6개월 이내에 다시 매입하였다면 이로
인하여 취득한 소득은 당해 회사에 귀속한다. 이 경우 회사 이사회
가 발생소득 전액을 회수한다.

증권의 상장거래를 신청할 경우에는 증권거래소에 신청서를 제출하여 심사 비준을 받아야한다.

1) 주식상장(股票上市)

가. 주식 상장조건

① 국무원 증권감독관리기구의 주식 공개발행에 대한 심사비준을 득해야 한다.
② 회사의 발행주식자본금(股份总额)이 3천만元 이상이어야 한다.
③ 공개발행하는 주식이 회사 총주식수(股份总数)의 25%이상이어야 한다. (회사 주식자본금이 4억元 이상인 경우에는 10% 이상)
④ 회사에 최근 3년간 중대한 위법행위나 재무회계보고의 허위기재가 없어야 한다.

나. 증권거래소 제출서류

① 상장신고서
② 상장 신고에 대한 주주총회 결의서
③ 회사정관
④ 영업집조
⑤ 공인회계사가 회계감사한 최근 3년간 재무회계보고서
⑥ 법률의견서와 상장보증서
⑦ 최근 1회의 주식모집설명서
⑧ 증권거래소상장규칙 규정상의 기타서류

다. 공시(公告)

주식상장 거래신청이 증권거래소의 심사와 동의를 받은 후 상장회사는 규정한 기한 내에 아래의 상장관련 서류를 공시(公告)하고 당해서류를 지정장소에 비치하여 일반인이 열람하도록 해야 한다.

① 상기 나.항의 증권거래소 제출서류
② 주식을 증권거래소에서 거래할 수 있는 일자
③ 회사주식을 가장 많이 소지한 상위 10명의 주주명부와 소유지분 액수
④ 회사의 실제 통제인
⑤ 이사·감사 및 고급관리직원의 성명, 각자의 회사 주식과 채권의 소유상황

라. 상장의 일시정지(暫停上市)

상장회사가 다음의 하나에 해당될 경우 증권거래소는 주식상장 거래를 일시 정지한다.

① 회사주식총액이나 주식분포 등에 변화가 발생(发生变化)하여 상장조건을 구비하지 못한 경우
② 회사의 재무회계보고가 허위기재(虚假记载) 되어 투자자들이 오판할 가능성이 있을 때
③ 회사에 중대한 위법행위(重大违法行为)가 있을 때
④ 회사가 최근 3년간 연속하여 결손(三年连续亏损)이 발생하였을 때
⑤ 증권거래소상장규칙 규정상의 기타상황

마. 상장의 중지(终止上市)

상장회사가 다음의 하나에 해당될 경우 증권거래소는 주식상장 거래를 중지한다.

① 회사주식총액이나 주식분포 등에 변화가 발생하여 상장조건을 구비하지 못하고도 증권거래소에서 규정한 기한 내에 상장조건을 도달하지 못하는 경우(不能达到上市条件)
② 회사의 재무회계보고가 허위기재 되어 투자자들이 오판할 가능성이 있음에도 그 수정을 거절하는 경우(拒绝纠正)
③ 회사가 최근 3년간 연속하여 결손이 발생하여 이후 1년 이내에 이익으로 전환하지 못하는 경우(未能恢复盈利)
④ 회사가 해산(解散)하거나 파산선고(宣告破产)를 받은 경우
⑤ 증권거래소상장규칙 규정의 기타상황

2) 회사채 상장거래(债券上市)

가. 회사채 상장조건

① 회사채의 기한(债券的期限)은 1년 이상이어야 한다.
② 회사채의 실제발행액(实际发行额)은 5천만元 이상이어야 한다.
③ 회사채 상장신청 시 회사채 발행의 법정 조건에 부합하여야 한다.

나. 증권거래소 제출서류

① 상장신고서
② 상장신고에 대한 이사회결의서
③ 회사정관
④ 영업집조
⑤ 회사채의 모집방법

⑥ 회사채의 실제 발행액수
⑦ 증권거래소상장규칙 규정상의 기타서류

회사채의 상장거래 신청이 증권거래소의 심사와 승인을 받은 후 규정기한 내에 상장관련 서류를 공시하고 지정장소에 비치하여 일반인이 열람하도록 하여야 한다.

다. 상장의 일시정지(暫停上市)

회사채의 상장 후 회사에 다음 사항이 발생 시 증권거래소는 회사채의 거래를 일시정지 시킨다.

① 회사에 중대한 위법행위(重大违法行为)가 있을 경우
② 회사에 중대한 변화가 발생(发生重大变化)하여 회사채의 상장 조건에 부합하지 아니할 경우
③ 회사채로 모집한 자금을 심사 비준한 용도대로 사용하지 아니할 때
④ 회사채 모집 방법에 따른 의무를 이행하지 아니할 때
⑤ 회사가 최근 2년간 연속하여 결손을 보았을 경우(两年连续亏损)

라. 상장의 중지(终止上市)

① 회사가 상기 다.의 ①,④호의 상황에 있고 상황이 중대한 경우
② 회사가 상기 다.의 ②,③,⑤호의 상황에 있고 규정한 기한 내에 해당 요인을 제거하지 못하였을 경우
③ 회사의 해산(解散)또는 파산선고(宣告破产)를 받았을 경우

(3) 정보공개(信息公开)

상장회사가 법에 의거하여 공시하는 정보는 진실(真实)·정확(准确)·완벽(完整)해야 한다.

회사가 공시한 서류 및 각종 보고서에 허위기재나 사실을 오도하는 진술 또는 중대한 누락이 있어서 투자자가 증권거래에서 손실을 보았을 경우 상장회사는 손해배상책임을 져야하며, 상장회사·상장회사의 이사·감사·고급관리인과 기타 책임자 및 수탁매출 증권회사는 연대하여 손해배상책임을 진다. 단 잘못이 없음이 규명된 자는 제외한다.

1) 중간보고(中期报告)

상장회사는 매 회계연도의 반기 종료일로부터 2개월 이내에 국무원 증권감독관리기구와 증권거래소에 다음 내용의 중간보고를 하고 동시에 공시해야 한다.

① 회사의 재무회계보고서와 경영상황
② 회사와 관련한 중대한 소송사항
③ 발행한 주식·회사채의 변동상황
④ 주주총회에 제출하여 심의한 중대사항
⑤ 국무원 증권감독관리기구가 규정한 기타사항

2) 연차보고(年度报告)

상장회사는 매 회계연도 종료일로부터 4개월 이내에 국무원 증권감독관리기구와 증권거래소에 다음 내용의 연차보고를 이행하는 동시에 공시해야 한다.

① 회사개요

② 회사의 재무회계보고서와 경영상황
③ 이사・감사・고급관리직원의 소개 및 주식 소유상황
④ 발행한 주식・회사채의 상황(회사의 주식을 가장 많이 소유한
  상위 10명의 주주명부와 주식 소유액수 포함)
⑤ 회사의 실제 통제인
⑥ 국무원 증권감독관리기구가 규정한 기타사항

3) 임시보고(臨时报告)

상장회사의 주식거래가격에 큰 영향을 미치는 투자자가 알지 못하는 중대
사건이 발생한 경우, 상장회사는 국무원 증권감독관리기구와 증권거래소에
임시보고 하는 동시에 공시해야 한다.

다음상황은 중대사건에 해당한다.

① 회사의 경영방침과 경영범위의 중대한 변화
② 회사의 중대한 투자행위와 중요한 재산구입의 결정
③ 회사의 자산・부채・소유자권익 및 경영성과에 중대한 영향을
  미칠 수 있는 중요한 계약을 체결하는 경우
④ 중대한 채무 또는 만기에 중대채무를 변제하지 아니한 위약상황
  이 발생한 경우
⑤ 중대한 결손이나 손실이 발생한 경우
⑥ 회사 생산경영의 외부조건에 중대한 변화가 발생한 경우
⑦ 이사, 1/3 이상의 감사 또는 경리의 변동이 발생 시
⑧ 5% 이상 지분을 소유한 주주나 실제 통제인의 소유지분이나
  통제의 상황에 비교적 큰 변화가 있는 경우
⑨ 회사에 자본감소・합병・분할・해산 및 파산 신청의 결정이 있
  는 경우

⑩ 회사가 중대소송과 관련되어 법원이 법에 따라 주주총회, 이사
회결의를 취소하였을 경우
⑪ 회사가 범죄행위로 인하여 사법기관의 조사를 받거나, 이사·
감사·고급관리직원이 범죄혐의로 사법기관이 강제조치를 취
한 경우
⑫ 국무원 증권감독관리기구에서 규정한 기타사항

(4) 내부자(内幕信息的知情人)의 증권거래(证券交易) 금지

내부정보를 숙지한 자가 내부정보를 이용하여 당해 회사의 증권을 매매하
거나, 정보를 누설하는 행위, 당해 증권을 매매하도록 타인에게 건의하는
등의 증권거래활동을 하는 것을 금지한다.

1) 내부자(内幕信息的知情人)

다음의 인원은 증권거래 내부정보를 숙지한 자이다.

① 회사의 이사·감사·고급관리자
② 5% 이상의 지분을 소유한 주주 및 회사의 실제 통제인
③ 회사가 통제하고 있는 회사의 이사·감사·고급관리자
④ 회사와 직무관계로 회사 관련 증권거래정보를 취득할 수 있는 자
⑤ 증권감독관리기구의 업무직원과 법정의 직책으로 증권의 발행
과 거래를 관리하는 기타직원
⑥ 수탁매출 증권회사, 증권거래소, 증권등록결재기구, 증권서비스
기구의 관련자
⑦ 국무원 증권감독관리기구에서 규정한 기타인원

증권거래활동에서 회사의 경영·재무 또는 당해 회사 증권의 시가에 중대한 영향을 미치는 공개하지 아니한 정보는 내부정보이다.

다음의 정보는 모두 내부정보에 속한다.

① 회사가 국무원 증권감독관리기구 및 증권거래소에 임시보고하는 중대사건
② 회사의 이익배당 혹은 증자계획
③ 회사 주권구조의 중대변화
④ 회사 채무담보의 중대한 변경
⑤ 영업용 자산의 저당·매각 또는 폐기처분이 1회에 해당자산의 30%를 초과할 때
⑥ 회사의 이사·감사·고급관리자의 행위가 법에 따라 중대한 손해배상책임을 부담할 가능성이 있을 때
⑦ 상장회사의 증권 구매 관련방안
⑧ 국무원 증권감독관리기구가 인정한 증권거래가격에 현저한 영향을 미치는 기타 중요정보

3) 증권시세 조작(操纵证券市场)의 금지

누구든지 다음과 같은 방법으로 증권시세를 조작하지 못한다.

① 단독 또는 공모하여 자금이나 지분소유의 우위를 점하고서 연합하거나 연속 매매로 증권거래가격과 거래량(操纵证券交易价格和交易量)을 조작하는 방법
② 타인과 내통하여 사전에 약정한 일시·가격과 방식으로 상호간에 증권거래(相互证券交易)를 하여 증권의 거래가격이나 수량

에 영향(影响)을 미치는 방법
③ 자기가 실제로 통제하고 있는 증권계좌간에 증권거래(帐户之间证券交易)를 하여 증권거래가격이나 수량에 영향(影响)을 미치는 방법
④ 증권거래가격을 조작하는 기타 방법

4) 증권회사 종사자(证券公司从业人员)의 금지행위

증권회사와 그 종사자는 고객의 이익을 손상하는 다음의 사기행위를 금지하며 법에 의거하여 손해배상 책임을 부담한다.

① 고객의 위탁을 위반하고 증권을 매매해주는 행위
② 규정한 일시 내에 고객에게 거래관련 서면확인서류를 제공하지 아니하는 행위
③ 고객이 매매를 위탁한 증권 또는 고객의 구좌자금을 유용하는 행위
④ 고객의 위탁없이 고객의 증권을 매매하거나, 고객의 명의를 사칭하여 증권을 매매하는 행위
⑤ 수수료수입을 목적으로 고객을 유혹하여 증권매매를 하는 행위
⑥ 전파매체나 기타방식을 이용하여 투자자를 호도하거나 허위의 정보를 제공하는 경우
⑦ 고객의 진실된 의사표시를 위배하거나 고객의 이익을 손상하는 기타 행위

3. 상장회사의 구매(上市公司的收购)

1) 주식의 법정비율(5%) 구매 시 절차

① 증권거래소에서의 증권거래를 통하여 투자자가 1개 상장회사가 발행한 주식의 5%를 소유하였을 경우, 당해 사실 발생일로부터 3일 내에 국무원 증권감독관리기구와 증권거래소에 서면보고를 제출하고 해당 상장회사에 통지하는 동시에 공시해야 한다.

② 투자자가 1개 상장회사 발행주식의 5%를 소유한 후, 증권거래를 통하여 매 5% 증가 또는 감소할 때마다 ①항의 규정에 따라 서면보고하고 공시해야 한다.

2) 서면보고와 공시의 내용

상기의 규정에 따라 작성한 서면보고와 공시는 다음 내용을 포함한다.

① 주식 소유인의 성명·주소
② 소유주식의 명칭·액수
③ 소유주식이 법정비율(5%)에 도달했거나 소유주식의 증감변화가 법정비율에 도달한 일시

3) 구매보고서(收购报告书)의 내용

투자자가 증권매매를 통하여 1개 상장회사가 발행한 주식의 30%를 소유하고 계속 구매할 경우 투자자는 당해 상장회사의 주주 전원에게 구매청약(收购要约)을 발송해야 한다.

이 경우 구매인은 사전에 국무원 증권감독관리기구와 증권거래소에 다음 내용이 기재된 구매보고서를 제출하여야 한다.

① 구매인의 명칭·주소
② 구매인의 구매와 관련한 결정
③ 구매대상 상장회사의 명칭
④ 구매목적
⑤ 구매주식의 상세한 명칭 및 구매주식의 액수
⑥ 구매기간과 가격
⑦ 구매 소요금액 및 자금보증
⑧ 구매자가 소유한 구매 대상회사의 주식수가 당해회사의 주식총
　수에서 점한 비율

　상장회사의 구매에서 구매인은 구매완료 후 12개월 내에 그가 소유하고
있는 구매대상 상장회사의 주식을 양도하지 못한다.

[상장회사가 담보를 제공할 경우 주주총회 결의요건]

Q : 상장회사가 타회사에 일정한 담보를 제공할 경우 주주총회의 결의를 거쳐야하는지? 이 경우 주주총회 결의요건은?

A : 장회사가 제공하는 담보금액이 회사 자산총액의 30%를 초과하거나 추후 1년 이내에 중대자산을 구매하거나 매각하는 경우 주주총회의 결의를 거쳐야 한다. 이 경우 결의요건은 주주총회에 출석한 주주가 보유한 표결권의 2/3이상의 동의를 얻어야 한다.

[상장회사 이사와 특수관계에 있는 기업에 대한 사항의 결의]

Q : 상장회사 이사와 관련관계에 있는 기업에 대한 사항을 이사회에서 결의하는 경우 해당 이사의 표결권 행사는 가능한지?

A : ① 상장회사 이사는 이사회에서 관련관계(矢联矢系 특수관계)에 있는 기업에 대한 사항을 결의하는 경우 해당 결의에 표결권을 행사할 수 없으며 다른 이사를 대리하여 표결권을 행사할 수도 없다.

② 해당 이사회 회의는 관련관계가 없는 이사의 과반수이상이 출석해야 개회될 수 있으며 이사회 결의는 관련관계가 없는 이사의 과반수이상의 동의를 요한다. 만일 이사회에 출석한 관련관계가 없는 이사가 3인에 미달한 경우 해당 결의사항은 주주총회에 제출하여 심의하여야 한다.

[신용증권거래의 가능여부]

Q : 중국 증권거래소에서 증권거래시 증권회사는 고객에게 신용(융자)방식의 증권거래가 가능한지?

A : 종전의 「증권법」의 규정에 의하면 증권회사는 고객을 상대로 융자 또는 융통방식의 증권거래활동에 종사할 수 없었으나 2006년 1월 1일부터 시행

되는 개정 「증권법」에서는 이를 폐지하여 증권회사는 고객에게 융자방식의 증권거래가 가능하게 되었다.

[상장회사가 전환사채를 발행하기 위한 절차]

Q : 중국에서 상해나 심천의 주식시장에 주식을 상장할 경우 상장회사가 전환사채를 발행하기 위한 절차는?

A : ① 상장회사는 주주총회의 결의를 거쳐 주권으로 전환할 수 있는 사채를 발행할 수 있으며 그 전환방법은 사채모집방법에 규정한다. 또한 상장회사가 전환사채를 발행시에는 국무원 증권감독관리기관에 보고하여 허가를 받아야 한다.

② 전환사채를 발행하는 경우 채권에 '주권으로 전환할 수 있는 사채'라는 문자표시가 있어야 하며 사채원부에 전환사채의 액수를 명기하여야 한다.

[상장회사의 부실공시로 투자자에게 손실이 발생 시 손해배상책임]

Q : 상장회사가 공시한 재무제표에 중대한 과실이 있어서 증권투자자가 손실을 입은 경우 손해배상을 받을 수 있는지?

A : 증권발행회사나 상장회사가 공시한 주식모집설명서, 회사채권 모집방법, 재무회계보고서, 상장신고서류, 연차보고서, 중간보고서, 임시보고서에 허위기재나 오도성 진술 또는 중대한 누락이 있어서 투자자가 증권거래에서 손실을 입은 경우 증권발행회사나 상장회사는 손해배상책임을 져야 한다. 또한 책임을 져야하는 회사의 이사 · 감사 · 고급관리자와 기타 직접 책임이 있는 자는 연대 배상책임을 져야한다.

[증권거래가격 조작 등의 법률책임]

Q : 증권거래가격을 조종하여 부당이득을 취득한 경우의 법률책임은?

A : 누구든지 증권거래가격을 조종하거나 증권거래의 허위가격 또는 증권거래량을 위조하여 부당이득을 얻거나 위험을 이전하였을 경우 그 불법소득을 몰수하고 불법소득의 1배 이상 5배 이하의 벌금을 병과한다. 또한 범죄를 구성하였을 경우에는 형사책임을 추궁한다.

[증권회사의 설립과 형태]

Q : 중국에서 증권회사의 설립과 그 형태는?

A : ① 증권회사를 설립할 경우에는 국무원 증권감독관리기구의 심사 비준을 받아야 한다. 국무원 증권감독관리기구의 비준을 받지 아니하고는 증권업무를 경영하지 못한다.

② 증권회사는 유한책임회사나 주식유한회사의 형태를 취하며, 중국은 증권회사에 대하여 분류관리를 실시하여 종합류 증권회사와 중개류 증권회사로 나누고 국무원 증권감독관리기구는 그 유형에 따라 업무허가증을 발급한다.

[주식투자소득의 과세여부]

Q : 중국 상장회사의 주식투자시 투자이익에 대하여 세금을 부과하고 있는지?

A : 중국은 지난 1994년부터 현재까지 중국내 증권시장의 활성화를 위해 주식거래로 취득한 이익에 대한 과세를 중단하고 있다.

[상장기업의 주식투자 규제]

Q : 중국 당국이 시행하고 있는 상장기업의 주식투자 규제책은?

A : ① 중국 증권감독위원회(CSRC)는 2007년 3월 20일부터 "중국 상장기업이 지분매각이나 기업공개(IPO)로 얻은 자금으로 주식투자하는 것을 금지하고 또한 동일한 성격의 자금으로 전환사채(CB)나 금융파생상품도 매입할 수 없다" 라고 발표하여 상장기업의 주식투자로 증권시장 과열을 억제하고 동자금을 사업에 재투자하거나 배당금으로 지급하도록 규제하고 있다.

② 한편 금융당국은 2007년 초부터 주식 및 부동산투자 목적의 은행대출을 규제하여 대출심사의 강화는 물론 대출금의 실제 사용처를 관리감독하고 있다.

[A주식과 B주식의 구분]

Q : 중국 국내 증권시장에 상장된 주식의 구분은?

A : 중국에는 상하이와 선전에 증권거래소가 있으며, 증권시장에 상장된 주식은 A股(주식)와 B股가 있으며, 홍콩 증권시장에는 H股가 있다.

① A股: A주식의 정식 명칭은 '인민폐일반주식' 이다. 이는 중국 국내의 회사가 발행하며 중국 국적의 자연인과 법인으로 투자자격이 제한되어 중국 내의 기관, 조직 또는 개인(홍콩·마카오·대만인은 제외)이 인민폐로 구매 및 거래를 하는 일반주식이다.

그러나 2002년 12월부터 허가를 받은 외국 기관투자자에게 A주식에대한 투자가 제한적으로 허용되고 있다.

② B股: B주식은 해외자본을 직접 유치할 목적으로 외국인과 법인이 거래할 수 있는 주식으로 시작했으나 2001년 2월부터 내국인투자가 부분적으로 허용되었다.

　　B주식의 정식 명칭은 '인민폐특종주식'이다. 이는 인민폐로 그 액수를 표기하며 외국화폐로 구매 및 거래(상하이거래소는 미국 달러, 션전거래소는 홍콩달러)하는 주식으로서 외국인, 외국법인과 조직, 홍콩·마카오·대만의 개인과 법인조직, 구고이에 주거하는 중국국민은 B주식을 투자할 수 있다.

③ H股: 이는 중국국내에 본사를 둔 중국회사가 홍콩증시에 상장한 주식으로서 외국인과 법인조직은 H주식의 취득이 가능하며, 현재 한국에서 펀드형태로 취득하는 중국주식의 대부분은 H주식이다.

[A주식의 외국인 투자]

Q : 중국 국적의 자연인과 법인으로 투자자격이 제한되어 있는 A주식에 투자할 수 있는 외국인의 자격은?

A : ① A주식은 원칙적으로 중국 내국인과 법인의 투자 전용주식이나 2002년 12월 2일부터 중국 중앙은행인 인민은행과 증권감독관리위원회(CSRC)의 허가를 받은 외국인 기관투자자(주로 증권사)들에 한하여 내국인 전용 A주식과 국채 및 회사채 등에 대한 투자를 허용하고 있다.

② 외국인 기관투자자들이 A주식에 투자하려면 증권감독관리위원회(CSRC)로부터 '역외기관투자자(QFII: Qualified Foreign Institutional Investors)' 자격을 득하여야 한다. QFII인준을 받은 외국의 증권사는 투자규모가 제한되며 투자이득을 달러로 송금할 수 있으나 증권당국의 심의를 거쳐야 하는 등 엄격한 조건을 준수해야 한다.

중국남성 성공의 상징은 미녀 아나운서와 결혼?

중국사회 각 분야에서 능력을 인정받은 실력자들이 지성과 미모를 겸비한 방송국 아나운서(播音员)를 아내로 맞아들이는 현상이 유행처럼 번지고 있다. 여자 아나운서들도 든든한 후원자를 남편으로 두면 중앙방송(CCTV)으로 진출하거나 영향력 있는 프로그램을 맡을 수 있기 때문에 재혼도 기피하지 않는다.

☞ 중앙방송(CCTV)의 저녁 7시 메인 뉴스를 진행하는 **李修平**
; 그녀의 남편은 교통부장관을 역임한 현 湖南성 당서기인 张春贤이다.

☞ 젊음과 미모의 **许戈辉**
; 남편 丁健은 미국 나스닥시장에 상장된 정보기술(IT)기업 야신(亚信)의 회장으로 중국에서 젊은 재벌로 통한다.

☞ CCTV에서 가장 지성미 넘치는 아나운서로 평가받는 **敬一丹**
; 화타이(华泰)손해보험사의 王梓木회장이 그녀의 남편이다.

☞ 남편 따라 중앙에 입성한 **史小许**
; 그녀는 충칭(重庆)TV에서 활동하다 총칭시장이던 蒲海清와 결혼한 후 남편이 국무원 요직으로 승진하자 방송사의 꽃인 CCTV에 입성했다.

☞ CCTV의 저녁뉴스 앵커 **李瑞英**
; 그녀의 남편은 사회과학원 아태연구소의 수석 연구원 张于燕이다.

☞ CCTV의 마감뉴스 앵커 **海霞**
; 해외유학파 출신인 罗永章 청화(清华)대학 교수가 그녀의 남편이다.

☞ 미모의 아나운서 **沈冰**
; 그녀의 남편 蔡建国은 중국 최대 경제도시 상하이에서도 알아주는 부동산 재벌이다.

중국 젊은이들 결혼관 다원화

일부 한국 사람들은 중국이 사회주의 국가이기 때문에 중국인들의 생각이 보수적이고 폐쇄적이라고 생각한다. 하지만 성(性)이나 결혼에 대한 생각은 한국인에 비해 중국 사람들이 개방적인 성향을 보인다.

현재 중국 젊은이들에게 다음과 같은 유형의 결혼을 둘러싼 새로운 현상이 점차 폭 넓게 받아들여지고 있다.

☞ '온라인 가상결혼'

; 이는 인터넷 상에서 결혼생활을 하는 온라인 게임식의 결혼이다. 한 신문사의 설문조사 결과 조사대상자의 절반가량이 '온라인 가상결혼을 이해할 수 있다'라고 답하고 있다.

☞ '초스피드 결혼'

; 최근 초스피드 결혼을 택하는 젊은이들이 늘고 있으며 만남에서 결혼에 이르기까지 최단시간 기록이 계속 경신되고 있다. 한 보도에 따르면 창춘(長春)시에 거주하는 한 커플은 만난 지 7시간 만에 혼인신고를 해 종전기록 13시간을 갈아치웠다.

☞ '독신주의'

; 한국과 마찬가지로 중국도 개성을 추구하고 솔로의 자유를 만끽하기 위해 결혼을 하지 않는 독신주의자들이 늘어나고 있다. 베이징 청년보(青年报) 신문이 중국 청년들을 상대로 실시한 설문조사 결과 응답자의 62.7%가 '결혼하지 않고 행복할 수만 있다면 독신도 나쁘지 않다'고 답하였다.

안 교 석

한국 · 미국공인회계사

◉ 약력(현재)

- 중국 안교석기업관리자문유한공사(安敎碩企業管理咨詢有限公司) 대표 상담위원
- 중국 청도농업대학교 객좌교수
- 중국 상해─만륭(万隆)회계사사무소유한공사 고문
- 중국 북경─중룡(中龍)회계사사무소유한공사 고문
- 중국 항주─중서강남(中瑞江南)회계사사무소유한공사 고문
- 중국 선양─만륭(万隆)회계사사무소유한공사 고문
- 중국 대련─동방(東方)회계사사무소유한공사 고문
- 중국 청도─금수강산(金水江山)회계사사무소유한공사 고문
- 중국 청도 한국상공회· 위해한국상공회 세무고문
- 중국 상해· 북경· 항주· 청도· 대련· 선양 등지의 유력 한국기업 세무고문
- 중국 선양(沈陽)시 인민정부 고문
- Kotra 청도무역관 청산지원 자문위원
- 대한상공회의소 국제위원회 중국 자문위원
- 인천도시개발공사· 인천관광공사 사외이사

◉ 강의

- 서울 대한상공회의소· 금융연수원 등 국내 유력기관과 대학원 중국전공과정 다수
- 중국 청도농업대학교 경영대학 재학생 및 무역대학 최고관리자과정
- 중국현지투자기업 ‘M&A와 청산방법’ ‘세무조사 및 이전가격과세
  대처방법’ 등

◉ 저서

- ‘중국투자 성공으로 가는 길’(2006년, 한국세정신문사)
- ‘중국 알고 나서 투자하자’(2007년, 중국M&A미디어사)
- ‘실무중심 중국세무회계제도’(2008년, 중국M&A미디어사)

☎ 책내용 문의

- 한 국 : (02) 597-6543 · 016-391-3750
- 중 국 : (0532) 8587-1223 · 133-450-15633

중국투자 성공하기

인쇄일 / 2008년 3월 20일
발행일 / 2008년 3월 30일
지은이 / 안 교 석
펴낸이 / 이 영 실
펴낸곳 / 중국 M&A 미디어사
　　　　주소 : 서울특별시 강남구 역삼동 837-11
　　　　　　　유니온센타 512호
　　　　전화 : 02)597-6543
　　　　FAX: 02)597-6542
편집 및 인쇄처 / 금양문화사

ISBN / 978-89-960341-1-8

정가 15,000원